字裡行間

華人作家對談錄

台灣卷

白睿文——著

如果有所偏激,那麼那種「偏激」一定屬於文學……我們是新的一代,所以有新的需要,對文學也有新的看法。

——白先勇

最重要的也許是「不忘初心」,不要對不起自己年輕時代的夢想。

——林懷民

文學可以很安靜,安靜反而可以對抗熾熱的情緒煽動和思想操縱,對抗頭腦的模糊,世界越是看起來模糊,就越需要文學。

——龍應台

我們做的工作,是認識另外一個生命,可能你本來不想認識、沒有認識可能性的生命,都算在內。

——吳明益

書寫能留存什麼?藝術能留存什麼?恐怕只存在創作的當下而已,未來不可靠,未知永遠無法把握。

——舞鶴

總序　談中得來

　　二十多年以來，除了學術研究和文學翻譯之外，我的另外一個學術方向就是文化口述歷史。初始的動機是因為我發現我所研究的領域特別缺少這方面的第一手資料。當時除了記者針對某一個具體的文化事件或為了宣傳一部新作品以外，比較有深度而有參考價值的口述資料非常少。但不管是從研究的角度來看或從教學的角度來考量，我總覺得聆聽創作人自己的敘述，是了解其作品最直接而最有洞察力的取徑。當然除了作品本身，這些訪談錄也可以幫我們理解藝術家的成長背景、創作過程，以及他們所處在的歷史脈絡和面臨的特殊挑戰。

　　當我還在哥倫比亞大學攻讀博士學位期間，便已經開始與各界文化人進行對談或訪問。一開始是應美國《柿子》（*Persimmon*）雜誌社的邀請，他們約稿我訪問資深翻譯家葛浩文（Howard Goldblatt）和中國作家徐曉等人。我後來在紐約經常被邀請替很多大陸和台灣來的作家和導演擔任口譯。跟這些創作人熟了之後，除了口譯我也開始私下約他們談；這樣一個長達二十多年的訪談旅程就開始了。我當時把我跟侯孝賢、賈樟柯等導演的訪談錄刊登在美國各個電影刊物，包括林肯中心電影社主編的《電影評論》（*Film Comment*）雜誌。後來這些訪談很自然地變成我學術生活中不可缺少的一部分。《光影言語：當代華語片導演訪談錄》是我出版的第一本對談集，該書收集了我跟二十位資深電影人的對談錄。後來又針對侯孝賢導演出了一本長篇訪談錄《煮海時光：侯孝賢的光影記憶》。實際上，從1998年至今，我採訪各界文化人的計畫一直沒有間斷，從導演到作家，又從音樂家到藝術家，一直默默地在做，而且時間久了，就像愚公移山一樣，本來屬於我個人的、一個小小的訪談計畫，漸漸變成一個龐大的文化口述史項目。之前

只刊登有小小的一部分內容，它就像冰山的一角，但大部分的口述資料一直未公開曝光，直到現在。

　　這一套書收錄的內容非常廣泛，從我跟賈樟柯導演的長篇訪談錄到崔子恩導演對中國酷兒電影的紀錄，從中國大陸的獨立電影導演到台灣電影黃金時代的見證人，從電影到文學，從音樂到舞蹈，又從建築到崑曲。希望加在一起，這些採訪可以見證半個多世紀以來的社會和文化轉變。它最終表現的不是一個宏觀的大歷史，而是從不同個人的獨特視角呈現一種眾聲喧嘩，百家爭鳴的文化視野。雖然內容很雜，訪談錄的好處是這個形式平易近人、不加文飾，可以深入淺出，非常直接地呈現創作人的創作初衷和心路歷程。從進行採訪到後來的整理過程中，我始終從各位前輩的創作人身上學到很多，而且每當重看訪談錄總會有新的發現。因為秀威的支持，這些多年以來一直放在抽屜裡的寶貴的採訪資料終於可以見天明。也希望台灣的讀者可以從這些訪談中獲得一些啟發。

　　生命一直在燃燒中，人一個一個都在離去。我們始終無法抓住，但在有限的人生中，可以盡量保存一些記憶和歷史紀錄留給後人。這一系列就是我為了保存文化記憶出的一份小小的力。是為序。

白睿文

推薦序　當代作家，眾聲喧「華」

　　白睿文（Michael Berry）是當代英語世界裡最重要的學者之一。他的專著《痛史：現代華語文學與電影的歷史創傷》（*A History of Pain: Trauma in Modern Chinese Fiction and Film*, 2016）縱論20世紀中國與華語世界的暴力與傷害，以及文學與電影作為見證不義、救贖傷痕的方法，出版即贏得廣泛關注。行有餘力，白睿文致力翻譯兩岸四地名家作品，從王安憶《長恨歌》到余華《活著》；從張大春《野孩子》、《我妹妹》到舞鶴《餘生》，再到近期方方的《軟埋》、韓松「醫院三部曲」，都出自他的筆下。除此，白睿文長期關注當代華語世界電影及通俗文化，推介賈樟柯、侯孝賢、張藝謀作品不遺餘力。他的識見與活力遠遠超過一般認知的學院型教授，堪稱一位眼光獨到的公共知識分子。

　　白睿文還與作家、學者、導演多有往來，每每把握機會，與他們深度對談，從個人作品到時代觀察，從成長經驗到工作甘苦，包羅廣闊但又不脫本行專業。這些對話不僅帶有鮮活的個人風采，也銘刻了一時一地的現場感；更重要的，為一個劇烈變動的文字與媒體時代，留下珍貴紀錄，饒富歷史興味。白睿文與侯孝賢的訪談專著《煮海時光：侯孝賢的光影記憶》（2014），與有關賈樟柯電影的兩本著作《鄉關何處：賈樟柯的故鄉三部曲》（2010）和《電影的口音：賈樟柯談賈樟柯》（2021）堪稱認識這兩位導演的最佳入門資料。《光影言語：當代華語片導演訪談錄》（2007）則呈現兩岸三地二十位導演——謝晉、田壯壯、陳凱歌、李安、蔡明亮、楊德昌、許鞍華、陳果、陳可辛……——的對話，儼然是當代華語影壇點將錄。

　　是在這樣的語境裡，《字裡行間：華語作家對談錄》的出版更顯別具意義。這部對談集分為三部分，〈中國文學的寫實與魔幻〉、〈華文創作的

國際視野〉、〈島嶼談藝錄〉。二十位背景、年齡、風格、立場各異的作家各就所長，暢所欲言。其中包括諾貝爾獎得主高行健，卡夫卡獎得主閻連科，當代科幻風雲人物劉慈欣、韓松，華裔英語小說第一人哈金，台灣文壇中堅駱以軍、吳明益，雲門創始人林懷民，還有「永遠的白先勇」。

這部訪問集意義獨特，不僅因白睿文有緣結識當代中國與華語世界的重量級作者，傾聽他們的願景與挫折，暢談文學的前世與今生，更因訪談所涉及的知識與言語造詣，遠超過此前的電影導演訪談錄。電影訴諸聲光色相，而文學是文字方塊的結晶。如何「繪影形聲」、有賴無中生有的想像力，以及觸類旁通的歷史感。這對成長於中文語境裡的讀者而言，已經是項挑戰，更何況白睿文這樣的非華裔學者。

《字裡行間》呈現作者對現當代中國文學脈絡的全盤掌握，對受訪作家、作品的深入傾聽、閱讀，以及對作家、作品，與他們所置身環境的「同情的理解」，在在令人驚豔。白睿文的中文了得，聽說讀寫俱佳，既能與作家閒話家常，也不避敏感話題。環顧當下漢學界，具有如此能量者幾希！

其次，白睿文訪談的作家來自四面八方，突顯了他對當代中文文學開闊的視野與包容力。20世紀中以降，海峽兩岸分為不同傳統，各自經歷起伏；久而久之，學界文壇各自為政，少有交集。白睿文這一輩學者因緣際會，不僅來往兩岸四地，學習、感受不同語境裡的文學脈動，也妥為利用「華夷」兼容的背景，從外部提供閱讀視角，鬆動內部的定見或成見。

訪談錄的軌跡將讀者帶向法國的高行健，加拿大的張翎；上海的王安憶，花蓮的吳明益；「西夏旅館」裡的駱以軍，外太空以外的劉慈欣。白睿文穿梭來往不同的世界，也啟發了不同的視界。將這三部訪問集合而觀之，我們不禁感嘆，當各地學者、讀者為文學的身分、認同、正統爭辯的不亦樂乎時，白睿文這樣的「老外」放眼天下，早已提出「眾聲喧『華』」才是文學的硬道理。

第三，在國族和身分辯證以外，白睿文和受訪的作家頻頻觸及「文學何為？」的命題。這自然是大哉問，但也是任何文學作者和讀者無從規避的

話題。當代文化傳媒千變萬化，文學的影響看似式微。弔詭的是，文學失去了上世紀——尤其是五四——的焦點位置，或文化、政治建制的青睞，反而獲得了空前解放。作家馳騁在文字建構與解構的天地裡，言說那不可說的，看見那不可見的，想像那不可想像的，如此「肆無忌憚」，卻令人心有戚戚焉。他們證明了「文字」這最古老的傳媒魅力依然無窮。王安憶談日日寫作有如鍛煉，白先勇談《紅樓夢》歷久彌新的靈感啟發，虹影談歷史經驗與文字想像的奇妙置換，韓松談科幻的幽暗辯證法，陳思宏談文字永遠都在「鬧鬼」⋯⋯，凡此皆令我們理解文字的千變萬化，招魂或驅魅的力道一如既往。

2013年，共和國領導人提出「講好中國故事」作為治國指標，不禁令人莞爾：曾幾何時，文學虛構敘事——尤其是講「好」故事——成為一切價值的樞紐：「加快構建中國話語和中國敘事體系⋯⋯要圍繞中國精神、中國價值、中國力量，從政治、經濟、文化、社會、生態文明等多個視角進行深入研究⋯⋯」。但什麼是「好」的故事，如何「講好」，耐人尋味。如果將「中國」二字換成「台灣」，彼岸「講好故事」的公式在此岸不是如出一轍？

白睿文訪問對象中不乏「講不好」故事的作家。旅法的高行健以《靈山》、《一個人的聖經》探索一代中國人歷經種種傷痕，如何重新安頓自己的心路與身路歷程；旅美的哈金見證天安門事件後選擇以英文敘說那不能說的中國故事。兩人因此無緣再踏上曾經的祖國土地。另一方面，閻連科因為《為人民服務》、《炸裂志》等一系列的荒誕「神實主義」作品，遭到全面封殺。而方方則因為《軟埋》、《武漢日記》等反思歷史、暴露現狀的書寫，成為國民公敵。這些作家對中國深情款款，卻對一黨一派的政治難以苟同。他們藉文學觀察，思考，批判，也因此遭到放逐或迫害。比起共和國、民國或更早的文人前輩，他們所經受的考驗未必更為深痛，但所代表的文學氣度和信念，卻同樣歷久而彌新。

據此，白睿文的訪問錄促使我們再思「當代」文學的定義。「當代」

指涉日新又新的此刻當下，或中國共產論述對1949之後歷史階段的命名。但受訪作家所示範的「當代」感更指涉一種敏銳的、具有批判力的時間意識，而這樣的時間意識恰恰來自作家面對歷史大勢或主流，種種的「不合時宜」（untimely）。唯其因為小說家審時度勢，洞若觀火，他們創造的世界總是夾處在多層時間皺褶中，也許來得太早，也許太遲；也許還沒到來就已經過去，也許「永遠不回來了，也許明天回來。」（沈從文《邊城》語。）

這樣的「當代」觀讓我們想到班雅明（Walter Benjamin）對歷史和時間的看法：歷史過去的某一個時刻，因緣際會，與此刻當下相遇，並產生了一種爆炸性過去所蘊藏的力量，居然在某一刻的「今天」、「現在」爆發出來，賦予我們新鮮的、震撼的「革命」感。阿岡本（Giorgio Agamben）的論述也可以帶來啟發：所謂當代感，就是時間皺褶中所發生的「不合時宜」的現象；就是從直面現實，在光明中看到黑暗，而在黑暗中反而看見不能逼視的光束的能量。更有意義的是魯迅所言：當代作家緊緊逼視他的時代，「自在暗中，看一切暗」（〈夜頌〉），他們的作品乃能發散灼熱的「黑暗之光」（beam from darkness）。

於是，白睿文從作家對談中看到如下奇觀：劉慈欣《三體》預言外星三體人入侵，人類文明必將覆亡；吳明益從「複眼人」無所不在的透視——或窺視——裡，幽幽訴說人類命運的殊途同歸；盧新華漂流海外，依舊舔舐四十年前文革難以癒合的傷痕，舞鶴徘徊霧社泰雅族抗暴事件遺址，思索「餘生」的意義；麥家企圖從無數密碼及風聲中打通「歷史的暗道」；王安憶藉著上海的不斷蛻變，探勘海上文明不變的內核；龍應台《野火集》曾燒遍中文世界，多年後化為無限滄桑的《大江大海》，方方爬梳家族往事，辯證歷史記憶的軟埋與甦醒……。

中國的、台灣的、海外華人作家的「故事」繼續衍生，講不完，也完不了。他們戳穿大人先生的表面文章，直面不能聞問的內裡。他們穿梭不同時空，打造最複雜的生命情境，拆解什麼是中國，什麼是台灣的宏大命題。於此同時，他們叩問救贖歷史、信仰，和愛的可能。

* * *

　　1996年我在台灣中央研究院客座訪學，一次參與臺灣大學的文學會議，會後一位美國大學生上前自我介紹。他年紀輕輕，一口新學的國語，自稱人人叫他「小白」。那是我和白睿文第一次見面。兩年後他錄取哥倫比亞大學博士班，正式進入現代文學領域。

　　小白學習中文充滿機緣巧合，但他的敏銳好學卻是一以貫之。他申請哥大博士班的資料之一正是余華《活著》英譯，當時他二十五歲不到，中文功力已經十分傲人。小白的博士論文處理兩岸三地歷史座標點，像是霧社事件的霧社、二二八事件的台北、文革知青下鄉的雲南、六四天安門廣場等，藉此探勘中國現代性的傷痕地圖。他明白政治之外，倫理——正義、悲憫、反思——才是文學的使命。日後他對當代文學電影的關照，無不出於這一信念。也因為向來的堅持，這些年儘管遭受大大小小的阻力和挑戰，他始終一如既往，無怨無悔。

　　白睿文人如其名，睿智而文雅，工作極其努力，處處與人為善。如今小白也不小了，已經成為學界領軍人物之一，但骨子他還是那個文藝青年，還是對文學與電影由衷熱愛。二十七年過去，我們的師生緣分轉為更深厚的友誼，多麼令人珍惜！謹藉《字裡行間》出版，聊志閱讀所得，並祝福小白「永保初心」。

王德威

王德威（David Der-wei Wang），現任美國哈佛大學東亞系暨比較文學系Edward C. Henderson講座教授。著有《想像中國的方法》、《如何現代，怎樣文學？》、《眾聲喧嘩以後》、《跨世紀風華：當代小說 20 家》、《被壓抑的現代性》、《歷史與怪獸》、《後遺民寫作》、《一九四九：傷痕書寫與國家文學》、《華夷風起：華語語系文學三論》、《史詩時代的抒情聲音》、《可畏的想像力：當代中文小說 31 家》、《危機時刻的知識分子》等書。

目次

【總序】
談中得來　　　　　　　　　　　　　　　　　　4

【推薦序】
當代作家，眾聲喧「華」／王德威　　　　　　　6

前言：字裡行間　　　　　　　　　　　　　　　12

台灣卷。島嶼談藝錄　　　　　　　　　　　16
　●白先勇 18　●林懷民 76　●龍應台 92　●駱以軍 112
　●吳明益 133　●舞鶴 159　●陳栢青 167　●陳思宏 195

前言：字裡行間

　　有時候小說的藝術更像是在變魔術，作家把我們日常生活中天天在使用的語言變成另外一種載體，而這種載體可以傳達的不只是「對話」、「人物」和「故事」，從「字裡行間」還可以傳達「七情六慾」與各種「情感」和「哲理」。這些無法用語言形容的「感觸」都是小說家的魔法所在。

　　如果作者是魔法師，這本書好比《綠野仙蹤》（*The Wizard of Oz*）裡桃樂絲揭開隱藏魔術師的大幕時，突然間看到歐茲魔法師不過是普普通通的一個人，而且跟桃樂絲一樣，也是一個逃亡者。作者也算是逃亡者，在寫作的過程中逃亡到另一個世界，而讀者像這個旅程中的乘客。有一點不同的是《綠野仙蹤》的魔法師是個騙子，作家也是騙子嗎？雖然他們一直不斷地塑造各種各樣的人物、變造各種各樣的故事和傳說、講述各種各樣從來沒有發生過也不可能會發生的事情，但是在「字裡行間」中傳達的情感或許是真實的，而且不論變出來的故事多麼地神奇或離譜，它們還是會帶動我們的哭泣和笑聲。揭開大幕之後，這本書試圖提供一個空間，讓我們這些「乘客」窺看魔術師是如何逃到另外那個世界：追隨他們的閱讀和寫作的旅程，了解他們天馬行空的想像力是從何處而來，聆聽他們作品中從沒有告訴過我們的祕密。

　　因為我是在一個非漢語的語境長大的，本書所採訪的部分作者都是在大學年代才開始進入我的視野。我在讀大學時就讀了盧新華的〈傷痕〉，它收錄在一本薄薄的《傷痕文學英譯讀本》，後來在台灣留學期間先後開始讀白先勇、林懷民、龍應台、虹影、高行健和王安憶的作品。像發現新大陸一樣，我興奮得不得了，天天拚命地閱讀。因為小時候的閱歷跟華文文學完全脫離了關係——都是在讀一些英美、歐洲和俄國的小說——這種拚命的閱讀

經驗也算是一種「補課」。因為要「補課」，我就很有系統地讀各個時代、各個地區的作品，從鴛鴦蝴蝶派到五四小說，從現代派到鄉土派，從反共小說到紅色經典，從尋根到先鋒，從通俗小說到後現代，無所不讀。但無論如何還會覺得落伍，不斷地在「補課」，甚至於現在，幾十年之後，在某種意義上，還在補課。

也許除了閱讀作品以外，另外一種「補課」的方式，是找機會與作家深談其作品的背後故事。每當有機會與作家坐下來談談他們學習、閱讀和創作的過程、聆聽他們的文學旅程，我總是受益匪淺。不知道具體是什麼時候決定把這些談話錄下來，但它無意中變成了持續二十多年的一個長期的訪談計畫。我從來沒想過，自己大學期間所仰視的、高高在上的「大作家」，都變成我日後採訪的對象。

不管是作家的背景和輩分，或作品的風格和類型，本書收集的對談錄不是集中而是雜散，其中還包含很多不同的視角和文類，包括政治小說、同志小說、歷史小說、科幻小說、後現代小說、紀實文學、懸疑小說……等等。等到要為此書設計一個結構的時候，內容的跨越性和多元性便變成了一個難題。本來想過按作家出生的年份來結構，但最後還是決定按照地區來劃分。《字裡行間》便分成兩卷，包含三篇：〈中國文學的寫實與魔幻〉；〈華文創作的國際視野〉以及〈島嶼談藝錄〉。雖然地域性還是有其缺點，比如說長期生活在美國聖塔芭芭拉但一直被許多人當作「台灣作家」的白先勇老師和旅德的台灣作家陳思宏，應該放在「台灣篇」還是「國際篇」？多年生活在英國但一直在中國內地文壇特別活躍的虹影，應該放到「中國篇」還是「國際篇」？我為了出版方便給每一位作家一個地域性的「標籤」，也許實質的意義並不大。文學本來應該是無邊界的，它的意義不在於固定的地域性，而是在把讀者從一個實實在在的地方，帶到一個未知的地域，或許是「外太空」，或許是個「荒原」；或許是過去，或許是未來……，但這些想像中的文學地域也算是一座一座的橋梁，不斷地帶著我們從一個世界到另外一個世界。或許在文學世界的跨越上，可以把這本訪談集當作一個小小的指

南書。

　　本書的作家來自不同的地方，代表不同的輩分，而且其作品也呈現不同的類型和文學觀，但放在一起，可以見證華人作家的多元性和眾聲喧嘩。鑑於採訪的對象如此不同，我採取的一些採訪策略則是一致的：我幾乎都會請他們談他們的文學啟蒙、影響他們的作家和作品、如何開始寫作……等等。這樣從某一種意義上，也是「一個青年藝術家的畫像」，讓這訪談集成為一本有關藝術家的自我成長的文字素描。或許他們整體的經驗，也可以給年輕一代作家（或想成為作家的青年）提供一種精神糧食。

　　除了學術研究和口述歷史以外，將近三十年以來，文學翻譯也變成我非常重要的一個「副業」。特別可貴的是，本書也收錄我曾經翻譯過的四位作家——王安憶、方方、韓松以及舞鶴。因為曾經跟他們的作品「共生」了一段時間，訪談時更是別有滋味。這四篇對談，都特別針對我曾翻譯過的作品——就是說跟王安憶談《長恨歌》、跟方方談《軟埋》與《奔跑的火光》、跟韓松談「醫院三部曲」、跟舞鶴談《餘生》。從譯者的角度來說，有機會跟原作者深談所喜愛的作品，是特別難得經驗，也很高興有機會跟讀者一起分享。

　　本書大部分的對談都是以中文進行的，但其中的幾篇是原先用英文交談而後來翻譯成中文。用英文對談的包括白先勇與陳毓賢談《紅樓夢》的前半（後半轉成中文）、白先勇談〈謫仙記〉和《最後的貴族》、林懷民、龍應台、哈金和陳思宏的部分內容（陳思宏那章是由兩個對談組成的，第一個是中文，第二個是英文，在編輯過程中，訪談的內容與順序經過一些融合和調整）。特別感謝這些章節的譯者。為此書擔任聽打和翻譯有侯弋颺、陳培華、張峰泷、郭雅靜、白睿文、潘星宇、陸棲霄、周繹凡。除了擔任幾篇訪談的翻譯以外，侯弋颺也為整本書擔任編輯助理一職，他把全書所有的內容都看了，進行修改和潤色。特別感謝弋颺為此書所付出的時間和精力。這是我跟秀威出版社合作的第四部書，特別感謝主任編輯尹懷君和編輯部經理鄭伊庭一路上的支持。最後特別感謝王德威教授為此書寫的序文，和接受採訪

的所有作家。

　　雖然我的本行是文學評論，有時覺得所有的評論、理論、分析和談話都是多餘的，要懂得作者，只能從作品本身入手，所有的答案都在作品裡。但正是因為如此，有時候聆聽作者的現身說法，可以呈現另外一層意義，也可以改變我們對作品的一些看法，增加我們對作品的欣賞、揭開那塊布幕。透過這本書，希望讀過的讀者可以從其中對討論的文學作品有一種新的認識，更希望還沒有讀過這些作品的讀者會受到刺激和啟發，然後找原著來看看，也許從這些小說的字裡行間會有新的感受、新的發現，對文學，也對自己。

台灣卷。

白先勇・林懷民
龍應台・駱以軍
吳明益・舞　鶴
陳栢青・陳思宏

島嶼談藝錄

白先勇：從現文到紅樓

　　1937年生於廣西桂林，白先勇是20世紀華文文壇重量級的作者，其創作跨越小說、散文、電影、電視劇、話劇、歷史和崑曲。1958年發表了第一篇短篇小說〈金大奶奶〉，兩年後與國立臺灣大學的同學李歐梵、王文興、陳若曦、歐陽子、劉紹銘等人創辦《現代文學》雜誌。1962年赴美國愛荷華大學的愛荷華作家工作坊（Writers' Workshop）。1965年獲得創作碩士學位後，到加州大學聖塔芭芭拉分校擔任中國語文及文學教授一職。白先勇的重要文學作品包括短篇小說集《臺北人》、《紐約客》、《寂寞的十七歲》；長篇小說《孽子》；散文集《樹猶如此》等作品。新世紀以來，白先勇先後推出《青春版牡丹亭》，帶動了崑曲的復出，通過《父親與民國：白崇禧將軍身影集》、《止痛療傷：白崇禧將軍與二二八》、《悲歡離合四十年：白崇禧與蔣介石》等書追尋父親白崇禧的歷史軌跡，又通過《白先勇細說紅樓夢》、《紅樓夢幻》等書把「紅學」推向新的高峰。

　　因為我曾經也在加大聖塔芭芭拉分校任教過，有多次機會與白老師進行學術交流。此章節收錄我跟白先勇老師在聖塔芭芭的三次對談的紀錄，這三次對談跨越十多年的時間，處理完全不同的主題。第一部分針對《現代文學》雜誌的創辦；第二部分是《最後的貴族》（謝晉導演）的映後對談紀錄，專門談短篇小說〈謫仙記〉到電影《最後的貴族》的改編過程；第三部分是跟白老師和陳毓賢女士深談《細說紅樓夢》。

以下提問為**粗黑體**，其餘主文為白先勇、陳毓賢回答

偶然也必然的《現代文學》

這些年我很榮幸有機會為白教授主持了幾次像今天這樣的活動。當我二十五年前初次見到白教授的時候，我感到非常緊張，因為白教授在中國文化領域上是一個那麼偉大的文化巨擘。他的小說，以及後來改編的電影、電視劇和舞台劇，在整個華人世界有深遠的影響。二十五年後的今天，見到了白教授，我依然還是那麼緊張，能夠跟白教授同台參與今天的活動，是我極大的榮幸。今天我將扮演的還是配角，主要是來聆聽白教授的談話。

我們先從您的青年時代開始吧。能否請您簡單地介紹《現代文學》創刊的背景？

現在回頭看，《現代文學》的創刊在某方面是個accident（意外）。為什麼我覺得是意外、偶然呢？那個時候我們班上剛好有一群年齡相仿的學生，對文學有一種passion（熱情），有理想，還有才華。光只有理想不行，literary talent（文學才華）也非常重要。另外，要是只有一、兩個人也辦不起雜誌。所以剛好有這麼一群人實在是偶然。在我們之前和之後都沒有這麼多人，只有少數幾個。我們那一班的人數特別多。

核心人物包括王文興、歐陽子、陳若曦、郭松棻和我，都是寫小說的。也有一批不搞創作，但對文學也持有相同看法的，像李歐梵等等。當然每一個人的想法不盡相同，但我們的文學觀大致相同，等於這麼一群人的理念和背景都很相近。

另一方面，所謂的偶然，一旦分析起來，又不是那麼偶然。怎麼說呢？因為我們這一群人，就年紀來講，都是在第二次大戰之後成長起來的第一代。我們等於是out of the ruins（來自於廢墟之中）。過去的舊社會全都垮了。舊的社會架構、社會價值，因為戰爭、因為革命，統統給打散了。我們是廢墟裡長出來的新的苗子。這種背景的好處是沒有傳統，因為五四已經

把傳統打垮了,所以我們不需要像五四那樣一定要打倒傳統,用不著!我們有一個機會重新開始。

我們這一代剛好是承平時代,沒有戰爭,沒有革命。我們成長的十幾二十年剛好有個比較安穩和安定的環境。環境的安穩讓我們在intellectual(知識)上面的追尋,有時間慢慢地成熟、慢慢地堅定。我們不像五四那一代,風吹草動,來不及消化外面的ideas(思想),隨手抓就用來革命,用來改變社會。我們那一代比較有空間和時間去慢慢消化和醞釀。如果比較我們辦的雜誌跟五四那代人辦的雜誌如《新青年》、《新潮》,你會發現我們的pace(節奏)慢得多,沒有什麼革命情緒,沒有那種東西。如果有所偏激,那麼那種「偏激」一定屬於文學——這是我們跟五四那一代很大的不同。我們是新的一代,所以有新的需要,對文學也有新的看法。

我在香港念初中。我開始讀巴金、魯迅等作家就是初中的時候。後來到了台灣,我手上還有那些當時的禁書。我個人對五四一代對文學的想法,並不算滿意。如果把他們的作品與傳統的《三國》、《水滸》,或者是把他們和西方的文學作比較的話,我們可以發現五四文學在底蘊方面比較淺。五四的作品在文字上不如傳統小說,在思想上——對人性的理解——不如西方文學。所以在我成長的時候,我心中有一種不滿。同時不少來到台灣的那些作家還是五四的遺緒,他們的那一套想法沒有太多改變。當然那些作家其中有一些人的文字造詣比我們好。說真話,他們真的受過非常好的訓練,比如琦君、張秀亞、林海音的中文都非常好。但嚴格說起來,好像還是有一種侷限,沒有那麼大膽。這是我們當時對五四一代的看法。

那麼您們如何把那種不滿的情緒轉成創辦雜誌的衝動?是否跟夏濟安教授曾經主編的《文學雜誌》有關?因為《文學雜誌》是在1960年停刊,不久之後《現代文學》便創刊。能否請您談談《文學雜誌》和《現代文學》之間的關係?夏濟安教授在《現代文學》創辦過程中是否曾經扮演任何角色?

那個時候夏濟安先生辦的《文學雜誌》是我們的一個榜樣,給我們一種inspiration(靈感)。我中學的時候開始閱讀夏濟安先生的文章。那個時候還有一本刊物——現在不大有人提,但我們學英文的時候它非常重要——臺大外文系趙麗蓮教授編輯的《學生英語文摘》(*The Student's English Digest*)。當時夏濟安先生是很重要的一個contributor(投稿者),每一期都有他的文章。當時每一期總有一篇分析英美經典名著的文章。夏先生就拿一、兩段或一頁來分析。我想他那個時候剛好是受了New Criticism(新批評)的影響,透過他,New Criticism對我們這一代學生也間接產生了很深的影響。比如說我記得他分析Hemingway(海明威)的*Farewell to Arms*(《永別了,武器》又譯《戰地春夢》)開始的那段,提到過去的河流乾掉,描繪那些pebbles(小石頭)就像人的骨頭一樣,是戰爭和死亡的象徵。完全是New Criticism的遣詞用句和分析方法。

我對這種文學分析很感興趣;就是「為什麼要在這裡使用這個字?如果用這個字,輻射出去,它的意義在哪裡?它的tone,它整個調子是什麼?」對我來說這是好東西!夏先生下了很大的功夫,在這方面他很厲害,真的很厲害。後來我拿我寫的小說給他看,他非常清楚哪幾個字用得好,哪幾個字用得不好。他對文字真的非常講究。

中學那麼年輕的時候就開始接觸到文學批評實在很難得。

對啊,我中學就讀了!我中學很用功啊!(笑)我總是6、7點鐘去聽趙麗蓮先生的英語課。趙麗蓮先生是混血兒,她的英文特別好聽,像個少女一樣,非常好聽!7點的時候我飯都不吃,就是為了去聽她唸那些文章。也因為如此,我就開始熟悉夏先生的那些文章。

後來夏先生的雜誌創刊了,我記得第一冊和第二冊出版的時候,我在台南學水利!當時我在工廠裡要做磨鐵之類的工作。

我還不知道您有這種念水利的背景！

我學過一年，莫名其妙。我那時候的ambition（理想）是要去三峽建壩！為中國的未來……那是年輕人的想法！（笑）我小時候去過三峽，美得不得了！那時候我大概希望一邊建壩一邊寫詩！（笑）反正，後來沒有興趣。

在台南的時候，我發現他們《文學雜誌》剛創刊。哇，那真是為我打開一扇窗子。夏先生一方面介紹西方的文學，一方面以新批評理論講評創作。有一篇評論彭歌的小說《落月》的文章讓我特別印象深刻。彭歌的小說講述一個京戲名伶的一生。夏先生批評那篇小說有一些不到位的地方，分析他為什麼那樣寫。他給我的影響很深。後來柯慶明還說我是因為受了那篇小說的影響才寫〈遊園驚夢〉——I don't know（我不知道）！但我有時候想可能是這樣。彭歌要表現那個唱京戲的女伶，夏先生就分析他應該怎麼寫。所以夏先生那種文學理論和方法對後來的《現代文學》絕對有所影響。我看到他寫的文章之後便想，以後我也要在這個雜誌投稿，而且他選稿也特別好。我後來念臺大外文系的一個主要原因，就是因為夏濟安先生在那裡。

進臺大後夏教授便成為您的輔導老師？

是啊。我們是他最後一代弟子，他教完我們就離開臺大到美國去了。他教我們英國文學史。課程緊張，夏先生教課一緊張，說話就不見得那麼流利中聽。我們常常到他宿舍去找他，私下談論文學的時候，他經常一針見血非常厲害。不管是講西方文學或中國文學，他真的有literary insight（文學洞察力）。我接觸過不少學者，還沒有遇到像他那麼厲害的。

我跟他談了我寫的小說，後來他錄用了！我真正的第一篇小說叫作〈金大奶奶〉是他拿去登在《文學雜誌》上面的。對我來說那是很大的鼓勵。他還跟我說那個結尾不是很好，他稍作修改後刊登。我很有福氣，因為他改得很好！（笑）

In a way（在某個程度上），特別是對我們那一代學生來講，他就像個文學導師。夏氏兄弟對我們那一代人的影響真的很深。後來看《文學雜誌》印象很深，像我記得看Edith Wharton（依蒂絲・華頓）的中篇小說 *Ethan Frome*（《伊坦・弗洛美》，1911），整篇翻譯刊登在《文學雜誌》上，翻譯得很好、很動人。夏先生好像偏愛Henry James（亨利・詹姆斯），他有幾本小說我很喜歡，但也有幾本我很不喜歡！（笑）他引導我們欣賞這一類作品，讓我們往現代這個方向走。但他沒有像我們後來走得那麼前衛，他還在19世紀、20世紀初那個階段。說保守是不好聽的，他就是比較「穩」一點，他的學問見識、年紀輩分我們都不能跟他相比。夏先生因為是教授要有分寸，我們的本錢就是年輕，什麼都不怕！（笑）

《文學雜誌》還有一個特點，那就是它把跟中文系跟外文系兩邊的教授和學生合起來，沒有偏袒任何一邊，而這也影響了我們後來走的路子。夏先生的《文學雜誌》已經變成一個prototype（原型）。這個原型定下來之後，我們就跟著做。因為夏先生自己很注重創作，很注重小說和詩，所以理論、創作統統來者不拒。

為什麼我們自己辦《現代文學》？因為夏先生走了。他離開以後侯健先生管理編務，有自己的風格，跟夏先生完全不一樣。而那時我們也開始慢慢地成長，我們都是大學三、四年級的學生了。於是我們覺得既然有這麼一群同好，那麼不妨開始辦。總體來看，時機、背景都有關係。

另外，臺大的風氣很自由。我們的老校長傅斯年把北大那個liberal tradition（自由派傳統）搬過來。有一些老北大，或在思想上比較開放的老師，像哲學系的殷海光先生。他教我們邏輯課，但從某個角度看，他專門教我們去subvert（顛覆）那些權威！（笑）他不直講，但我們聽了都明白。其實這樣看來，《現代文學》也是一種「不滿」，一種「叛逆」，雖然我們不像五四那樣明講或喊口號，但我們實際上也帶有那麼一點反叛精神。

您前面提到《文學雜誌》不偏中西，後來創辦的《現代文學》也是走這個路線。這一點非常可貴。就算是現在，大部分的文學雜誌不是西方的就是中國的，地域不分的純文學刊物還是不多。

　　對啊，現在還是分得很厲害！王文興走得很遠，他現在在台灣教唐詩！（笑）你看我也去弄崑曲去。我們這一群人在精神上先往西方走，然後再回歸傳統；從現代主義那種非常前進的方向回過頭來追尋傳統。這段journey（旅程）滿有意思的。余光中也是，先去做西方後來回歸傳統。這些台灣知識分子的心路歷程很有意思。甚至更年輕一代作家也有過相似的轉變。比如張大春早期寫大量的後現代跟後設小說，現在練書法寫文言詩。

　　對啊，他寫章回小說！（笑）滿有意思的現象。當時讀臺大期間您們有個學生團體叫「南北社」，好像是陳若曦開辦的。「南北社」跟《現代文學》的形成又有什麼關係呢？

　　為什麼叫「南北社」呢？因為我們那個社裡面成員有的來自南部的學校、有的是北部的學校，所以就叫「南北社」。基本的成員有我、歐陽子、陳若曦、王文興、李歐梵還有其他幾位，反正就是這一群人在裡頭。開頭只是一個學生團體。我們在一起就是志同道合。

　　那麼，您們聚在一起只是聊天？還是有一起去玩？

　　聊天、郊遊，還有一點像讀書會那樣，光是玩是沒有意思的。這可以說是開始辦雜誌的源頭。更重要的是，我們團員彼此鼓勵創作。一開始我們寫了一、兩篇小東西傳閱，後來每個人都寫。有的人寫散文，有的寫詩，有的寫小說。

　　我們做這個事情大概有一年左右，然後有一天我跟歐陽子說了些話。

歐陽子很細心，到現在還是每天寫日記的，所以我們那時候講什麼話，她都記得清清楚楚。她日記就有記錄大三的暑假的某一天──應該是1959年──我們去玩回來，在公共汽車上跟歐陽子講，我們這些年輕人不如辦一個雜誌，把大家的文章都登出來留下一個紀錄。等我們年紀更大的時候拿出來看，一定很有意思。這是我當時說的話。剛好我是南北社的社長，有一天開會我就公開說出我的想法，大家馬上有所反應，就這麼開始籌錢什麼的。1960年3月我們就真的成立了，創刊了！

您剛提到籌錢，我聽說辦雜誌的主要資源來自於您家裡的支持？

事情是這樣的，我們家當時有一個朋友叫李建興，是瑞芳煤礦工業的大老闆，他對我們很好。我們家到了台灣，家裡的情況沒有以前好，李建興一直很照顧我們。辦一本雜誌當然需要經費，李建興知道了，看在我父親的面子上，就給我們成立一筆基金，拿去放利，然後把利息的錢拿來養我們這個雜誌。那時候什麼都便宜，也沒有稿費什麼的，一切工作都是自己人動手，所以勉勉強強還可以維持。但我們還是最窮的一本雜誌，什麼都沒有。我們自己騎腳踏車去送雜誌，去印刷廠交稿，現在想起來滿有意思的！

創刊後您們同學之間怎麼分工？《現代文學》的編委好像曾經分為專輯組和創作組，能否請您談談雜誌的組織？

這很有意思，事情是這樣子的。我是總管，什麼都要管一下！王文興比較愛看書，他整天在圖書館裡面，他比較better informed（知道文壇最新消息），所以編委的事情他是頭。我們都提供意見，但大多以他為準。陳若曦比較外向，所以她搞PR（公關），跟那些作家往來、拉稿等等。歐陽子是個非常仔細的一個人，所以她管我們的財務！（笑）一筆一筆帳她都記得很清楚。她還管我們去拉訂戶。她父親是法學院很有名的教授，也是大法

官,他有很多學生弟子,那些學生弟子都是我們的訂戶!(笑)所以我們在臺大最核心的幾個同學是這樣分工的。

上面和下面一、兩屆同學也有參加,上面有劉紹銘、葉維廉,還有叢甦這些人。下面有王禎和、鄭恆雄等等,還有柯慶明,雖然他是中文系不是外文系的,但他是王文興的學生,算是我們的末代的editor(編輯)!(笑)我們是盛唐,他是晚唐!基本上都是我們這些學生的刊物。

回頭看,最有意思的是我們那個時候是非常年輕的一個刊物。年輕有它的好處和不好處,我們的刊物也有它的優點和缺點。

《現代文學》的文學願景

當初創辦的時候您們有什麼樣的原則?對文學有什麼樣的理想?

那時候我們創刊趕上了西方文學high modernism(極/高度現代主義)的潮流。我們閱讀的作家從James Joyce(詹姆斯・喬伊斯)、Virginia Woolf(維吉妮亞・吳爾夫),還有William Faulkner(威廉・福克納),Kafka(卡夫卡),一直到Beckett(貝克特)。他們的作品當時在台灣都出來了。我們接觸了這些人的作品之後,覺得好像新的一個時代來了。台灣當時的社會背景跟西方非常不一樣,但對西方現代主義的某些想法感同身受。現代主義對人生、對傳統有種懷疑、悲觀,這種dark vision(黑暗的視角)好像無所不在。它好像失去了宗教的支撐、失去對人的信仰。為什麼對我們的影響那麼大?那是因為中國也有類似的情況。經過中日戰爭、經過內戰,其實我們整個社會價值通通被打散了,全部崩潰掉了。所以我們對那種比較黑暗、陰暗的作品都能夠認同。你看Dubliners(《都柏林人》)的vision(視野)、Thomas Mann(托馬斯・曼)、Kafka,還有一本對我們的影響相當大就是Camus(卡繆)的 The Stranger(《異鄉人》)等。有相像才會有共鳴,要不然是引不起共鳴的。

我想最基本的原因是，我們當時對人生的那種看法在西方現代主義裡找到了對應。現在回頭分析，我很清楚是為什麼，不過當時理性上不一定知道為什麼，而且當時台灣的社會又是高壓社會，話不能隨便亂講，但沒有共產黨掌控得嚴厲。其實當時我們家是二十四小時都被監督了，但那是另外一回事，跟我父親在政治上的狀況有關，日常生活都沒有問題。我們有創作的空間，但確實感受到壓力。我們對上一代不信任，因為國家丟掉了、什麼都丟掉了，整個算是個failure（大失敗）！這也影響我們的看法。

　　另外還有一個現代主義的原則，不大有人提但很重要，應該算最basic、fundamental，最基本、基礎的東西，跟夏濟安先生的文學理論很有關係，也就是對文學的form（形式）的要求與堅持。夏先生批評五四以後中國文學太不講究文學的形式和文字的風格。他之所以特別介紹Henry James，就是來自他對個人風格的垂念。我想我們從一開始的時候就對文學的形式、對寫小說和詩的藝術和aesthetics（美學）有高於一切的要求。我們雜誌的唯一標準是，寫得好還是寫得不好。你寫什麼東西我們興趣不大，你講什麼革命都沒用——所以這是跟五四很不同的一點。五四時不管你寫得好不好，只在乎你的東西能不能煽動、能不能引起革命，而這些都是一時的。我現在再看茅盾的《子夜》，I couldn't stand it，不能忍受！他描寫上海，批評上海的股票和資本主義。尤其跟現在的上海一比，what an irony！當時寫那本書好像是宣布資本主義的死亡，現在跟上海對比不是很荒謬嗎？茅盾的文筆有時候很好，但不少時候被他的ideology（意識形態）和口號弄得很壞！所以我們當時的趨勢是跟五四相反。我們非常注重字寫得好不好，我們注重創意以及優秀的文學表現方式，那才符合我們的標準。

　　我發現很多作者的第一篇作品都是刊登在《現代文學》，很多篇都是我先看到的。我隨便講幾篇。我看到王禎和的第一篇〈鬼・北風・人〉的時候，覺得它有非常奇怪的voice，這是以前沒有的、很特別的，而且連文字也很怪，很有味道。當然現在知道他受張愛玲的影響，還有他自己對花蓮的那種vision，對台灣話、台語的運用通通都有關係。但那個時候我覺得這

是一個新的、一個new voice，我馬上感覺到這個人有才華。王禎和那個時候才二十歲，比我們還小。這麼年輕就能寫出這樣的東西來很有潛力。這一類作品我們《現代文學》最喜歡登。還有施叔青，她的〈壁虎〉也是非常奇怪，有很奇怪的voice。但我們喜歡這種創新的、打破過去文學格式的作品。另外還有三毛的作品。

三毛也算是您發現的嗎？

是啊！是我發現的！她寫了一篇人鬼戀的故事（編按：指三毛作品〈惑〉），那個時候才十六歲！我一看就覺得這個女孩子很奇怪！反正我們就喜歡這種在文字上和風格上很有自己一套的作品。我們最不能忍受就是陳腔濫調。一旦文字和思想碰到那種陳腔濫調，我們統統都不要！我們求新求變！我不是說要那種怪到看不懂的那種，不至於到那個地步。我們遵從的最大原則就是在小說創作在藝術層面上的要求。

當時您辦《現代文學》的時候還是一個大學生，對現代主義的想法和理解是什麼？您覺得您當時對現代主義的理解成熟嗎？

不成熟，我們那個時候畢竟還是學生。我們那個時候非常好奇因為畢竟是第一次接觸。當時還沒有成熟到可以寫理論方面的評論，雖然我們閱讀了和翻譯了很多理論，那些比較有名的批評家我們都有看。事後來看，我們翻譯的那些理論方面的文章對台灣文壇的影響還滿大的，是第一次把現代主義的那些東西引進台灣。

我們做兩件事情：第一就是翻譯那些創作，像《都柏林人》我們是全本翻譯，其他小說則是翻譯一、兩篇短篇，也有幾篇理論；幾位教授，像在師範大學教英美文學的何欣先生，也幫了我們許多忙。何欣先生投我們的稿，同時也翻譯和介紹了一些理論。我想我們當時對現代主義的理解比較

朦朧，但我們知道現代主義追求新的形式、新的思想，我們也知道兩次大戰對西方現代主義的影響。但主要影響我們的還是那些創作，譬如說卡夫卡（Franz Kafka）。他的東西太怪了，太有意思了！他的想法那麼奇怪，我們對學問的好奇心就把我們吸進去。*The Trial*（《審判》）跟*The Castle*（《城堡》）這樣的小說，我一看就覺得是共產黨，是卡夫卡的寓言！卡夫卡的小說有它現實的意義，不是空來的。《異鄉人》也不是亂來的，小說裡面的世界非常荒謬，像他媽媽死了他沒哭，就判了死刑，這種價值觀和看法對我們都是重要的啟發。

　　前面提到《現代文學》雜誌曾介紹不少西方現代主義大師級的作家，像Joyce、Kafka、Mann、Woolf，等等。那麼對您個人創作來講，那幾個作家對您的影響最深？

　　前面提的《都柏林人》我個人非常喜歡。但如果要我坦白講，我最欣賞的短篇小說家還是Chekov（安東·契訶夫），我最喜歡他的東西。我也喜歡Virginia Woolf。我記得我看*To the Lighthouse*（《燈塔行》）那本小說的感覺是，她的英文那麼美、那麼漂亮，唸起來那個節奏就美得不得了！我想那是最美的English prose。她的文字、她表現時間的方法，對我個人來說很重要。還有Faulkner，美國的小說家裡頭我最喜歡是Faulkner，喜歡的是他那種力量，還有他的人道主義，對人的那種同情心。另外一方面，像D. H. Lawrence（Ｄ·Ｈ·勞倫斯），他的英文也不得了。他作品中的那種image（畫面）好強。說到文字上的修煉，這些作家對我來說都很重要。中國方面是唐詩宋詞，但西方式的還有像*Sons and Lovers*（《兒子與情人》）這種小說，留給我很深的印象。

　　我也是十八歲讀大一的時候讀了*Sons and Lovers*，啟發滿大。

對啊！我年輕的時候看了，感動得不得了！《兒子與情人》是我最喜歡的一本英文小說之一。其實要講影響我的小說的話——雖然《現代文學》雜誌沒有介紹——我那個時候的英文課讀到Emily Bronte（艾米莉‧珍‧勃朗特）的Wuthering Heights（《咆哮山莊》）。那篇小說裡頭的那種生死戀，愛得死去活來，我最喜歡那種戀愛！（笑）我想直接或間接都有關係。

多年以來《現代文學》一直是您自己創作和初版新作品的舞台。《臺北人》和《紐約客》的大部分作品最早都是刊登在《現代文學》裡頭。能否請您談談《現代文學》與您個人小說創作的關係？您是《現代文學》的頭號人物，肯定有缺稿的時候。我想要是沒有這本雜誌，您的整個寫作路線是否會完全不同？

很有可能！那個時候沒有什麼稿子或稿子不夠的時候，我就會快點寫。《現代文學》頭一期我寫了兩篇，用了兩個不同的筆名寫了〈玉卿嫂〉跟〈月夢〉，原因就是稿子不夠！〈寂寞的十七歲〉是在我服役的時候寫的。服兵役期間他們在給我們上課，上課要看地圖，但我最不會看地圖。我最討厭看地圖，到今為止我還是完全沒有方向感的人。所以他們在上面講講講，我就坐在下面偷偷地寫〈寂寞的十七歲〉，因為我要趕稿子！（笑）

現在回頭看滿好玩。所以《現代文學》跟我的創作有一定的關係。當然《現在文學》給我最大的喜悅，就是突然發覺新作家寫得好的小說，就是看別人寫得好，自己欣賞之外，還在我們雜誌上登出來，那個過程就興奮得不得了。後來覺得這個雜誌有個特點，就是很open（開放），從來不會覺得你的思想跟我不一樣就排斥，完全沒有，真的沒有。那時候我們沒什麼本省外省的分別。像歐陽子、王禎和都是台灣人，後來也參加鄉土文學。

能否談談《現代文學》的出版情形？從創刊後您就是主編，後來的出版情況是怎麼樣？您們的主要讀者群有哪些人？還有到了美國以後，您怎麼

從海外繼續參與編輯上的各種作業？因為當時當然沒有電子郵件，甚至連傳真都沒有，您是怎麼遙控編輯們的？

對啊！只好寫信，寫好多信！寫信給柯慶明，還寄支票給他！很辛苦的！我們的編輯都不拿錢，柯慶明了不得，他那個時候不當助教，只是做講師，所以薪水不高。我想每個月寄兩、三百塊回去，總希望他拿一點當薪水，但他不要！他說：「這麼窮的一個雜誌，我怎麼敢拿！」所以我們是完全靠理想。居然給我們撐了那麼久！

那每一期的發行量多少？

大概都是不超過兩千本。

主要的讀者有誰？主要是學生嗎？

那不一定。很奇怪，有一些人很多年以來一直讀我們的雜誌。有一些是大學的文藝青年，後來出來做事，還是滿懷念所以繼續讀。
給你講一個故事。幾年前我們來聖塔巴巴拉演《牡丹亭》我們有兩個sponsors（贊助商），一個是原來讀臺大中文系的Jenny Chen（陳怡蓁），另外一個叫劉尚儉先生，他原來在臺大讀商學院，是個文藝青年，自己寫寫詩，看我們的雜誌。後來一直保持這種習慣，繼續看我們的東西，所以他才拿錢來支持我的崑曲。拿了很多錢，五十萬美金！陳怡蓁也是當文藝青年的時候念我的小說，看我們的雜誌！後來也是來幫忙。沒有想到《現代文學》後來會影響到這些人。
柯慶明講過他考文學系也跟《現代文學》有關係，他在念建國中學的時候看我們的雜誌，對文學有了興趣；甚至馬來西亞的一對夫婦王潤華跟淡瑩兩位詩人，都是因為在馬來西亞看我們的雜誌，特別跑到台灣來念書！有

一些說不出的影響。

　　所以當時除了台灣以外，《現代文學》還發行到東南亞、香港和其他地區？

　　對，就是香港跟星馬，所以香港也有一群人在看。雖然很少數，但這少數要緊的！這少數的人很有可能就開花了。

　　那個時候一般的書店能夠買到嗎？

　　雜誌攤買得到。有的擺得很好，但有些攤子因為銷路不好就塞到一堆書報裡面！（笑）我常常跑去看，還問老闆「有沒有《現代文學》？」他就會從一堆書報裡抽一本出來！

廢墟中的文藝復興

　　六〇年代和七〇年代曾有段時間，現代文學和鄉土文學之爭被媒體炒得很厲害，您當時怎麼看這個問題？

　　現在很多人覺得鄉土文學跟現代文學有種對立的關係，但完全沒有。那種看法完全不對。那時候我們也非常歡迎軍中作家來稿。外面的一些作家，像陳映真，也是我們非常重要的一個作者。雖然他的思想左傾，也沒關係，因為他文章寫得好。我們滿開放的。唯一的條件、標準是作品寫得好不好，不管你是老作家新作家，我們沒有歧視。朱西甯他們那一代作家我們也歡迎。

雖然當時的台灣被稱為「自由中國」，但是在另外一個層面上，社會還是相當封閉的。比如說，創刊不久後「雷震事件」便爆發了。在《現代文學》出版的歷史裡頭，有沒有涉及到敏感的政治問題或遇到審查上的麻煩？

創刊的時候，發行人要負刑事和政治責任，所以我就請一位立法委員幫忙。他就是對我們白家很好的白健民，他勢力很大。我請他擔任發行人一職，所以從頭到尾沒有政治壓力。這並不是說審查人員不注意，他們當然注意，那批人他們整天沒事做，就是審查出版。介紹卡夫卡的第一期《現代文學》出來的時候，他們就問：「卡夫卡是誰？」他們看了也看不懂！後來審查員覺得沒什麼，的確我們也沒有什麼政治意圖在裡頭。

說來也奇怪，因為我來自政治家庭，對政治很敏感，我父親搞政治搞了一輩子，但我自己很厭惡這個東西。文學需要說真話，而政治都說假話，政治人物常常撒謊。政治不是永恆的真理，我追尋的卻是永恆的真理。如果人性變來變去，那就沒有意義，不真了。人性不管如何基本是不變的。文學是不變的，政治是一時的。今天的政治是真理，明天就不是。不管他是右——國民黨那邊的，還是左——共產黨那邊的，我們統統不要，我們不讓政治來干涉我們的文學。這是我們最大最堅持的原則。甚至後來出現的鄉土文學論戰我們也不參加。他們攻擊我們，我們也不出聲，沒有回應，什麼都沒有。這一點是從頭到尾一直維持下去的。

中國的文壇不參加政治滿難的。但我的看法是，五四的文壇、三〇年代的文壇，就是被政治鬧壞了！好好的很多作家給政治牽進去，他們的東西就改了，到最後整個味道都變得不對。還好魯迅寫小說跟他寫政治的整個人格不一樣。《吶喊》寫的是人，而不是他那一套理論。

所以《現代文學》辦那麼多年一直都沒有什麼審查員找你講話？

沒有，真的沒有。我想其中一個原因是我們的影響也不大。我們只是一群大學生在學校搞東西，賣也賣不出去！（笑）我的雜誌不是很popular（流行），因為我們也不做什麼社會運動。要是我們搞了社會運動而且以那雜誌為媒介來搞，他們肯定會注意。但那個時候我們也沒想要做那種事。我們只是認認真真地寫文章。

　　《現代文學》對中國和台灣現代文學幾十年以來的發展有很大的貢獻。比如您前面已提到出版了好幾位日後重量級作者的處女作，還有引進西方文學理論到台灣來等等。您自己覺得《現代文學》最重要的貢獻在哪一方面？

　　我們剛好在一個時間點上面出現，也就是六〇年代整個台灣的文化在求新求變的時候出現。過了1949年整個社會穩定下來了、經濟政治都穩定下來了，要有穩定的社會才有文化發展的可能，如果天天打仗就不可能的。正好在那個時間點上面，我們戰後的這一代開始成熟，所以整個社會的知識界、文化界都有一種渴望，要一個新的文化模式、文學模式的出現。那個timing（時機）對了，才產生了這個東西。

　　我們的雜誌代表了一種新鮮的空氣、一種新鮮的潮流。除了我們的雜誌，後來又有一批新的作家出版了《文學雜誌》。在某一方面《文學雜誌》還留在彭歌那批作家時代裡。我們《現代文學》培養的新一代作家，要是投稿給普通的報紙像《聯合報》，大概也不會被採用，因為那時候的報紙都要成名作家。《現代文學》給了他們一個平台、一個園地，讓這些很有才氣的作家來耕耘。一個苗子剛剛發育的時候很要緊，要有好的土地。剛好《現代文學》提供這麼一塊地，讓這批年輕作家慢慢地成長，最後我們自成一家了。

　　另外，我們是最先比較有系統地介紹西方那些東西的，在我們以前都是零零碎碎的。我們也非常看重文學的標準。我們思考應該怎麼批評？怎麼判斷這是否為一篇好小說？這是否為一篇好詩？這樣《現代文學》就set the standard（訂下標準），這個很重要。所以大家才會覺得凡是在《現代文

學》登出來的作品都有一定的水準。

　　前面你講到這種中西合流的特徵，這也很要緊。西方的文學理論，透過柯慶明他們的介紹也影響到中文系去。中文系很保守，研究文學的方式還是經學、小學、考據那些東西。因為有了《現代文學》，西方的文學批評開始影響到他們對中國文學和中國傳統小說的看法。像夏志清的那本《中國古典小說》很重要，那本書我們還在《現代文學》裡翻譯出來了。對我個人來說，雖然那個時候很迷西方的現代文學，對中國文學也同樣感興趣。我還跑到中文系去聽課，聽葉嘉瑩講詩詞，聽鄭騫的課，還有王叔岷講莊子。那幾個老師非常好，我聽得受益不淺，好像為我日後回歸的路打點。（笑）

　　當時的《現代文學》的作家圈好像很親密，您們是否經常被彼此的作品影響？《現代文學》的同學中有誰的文學想法或作品對您的影響比較深？說競爭可能有點太過，但我想至少你們之間可能有點刺激對方的寫作吧？比如看到同學寫得那麼好，自己的下一篇也得再加努力。

　　你這樣問讓我想到《現代文學》的另外一個特點。你看五四整個一群人，他們的思想都是一致的。魯迅、林語堂、《新月》，他們在意識形態上有個比較明確的方向；《現代文學》反而比較少，幾乎沒有。除了在文學和藝術上的共同要求以外，我們幾個是各說各話。王文興、歐陽子、陳若曦和我的文風完全不同！我們的思想、對人的看法，都完全不一樣，但在這樣的情況下還能彼此欣賞，這可不容易！從來沒有吵過架，從來不會說：「嘿，你寫得不對！」從來沒有。我們反而總覺得不同很有意思。一方面，我們佩服對方，覺得我也要寫一篇好的作品。這感覺是有的，但真的沒五四文壇那種我抽你一刀你抽我一刀，真的沒有。我覺得這一點很難得，連後來鄉土文學那種個人攻擊也不少。我很討厭這個。像魯迅的話，我很喜歡他的小說，但不喜歡他的雜文，我覺得那個把風氣帶壞了。以後留下了的是他的小說而不是他的雜文。

您覺得讀者對您們發動的台灣現代文學運動最大的誤解是什麼？

我想最大的誤解應該是以為我們是完全崇洋，脫離現代台灣的現實，而且跟台灣的鄉土文學對立的。我想不是的！像王禎和、陳映真他們小說的substance（實質內容）是非常鄉土的，只是表現的方法很現代。我覺得現代跟鄉土一點都不衝突，不是像他們當時想的那樣，那些是表面的。的確我們是介紹西方的東西進來台灣，也許一開始我們還未成熟的時候甚至去模仿或copy（複製），那是有的。但我覺得《現代文學》那些作家很快就產生自己的風格。

這也是《現代文學》的一個特點。現代主義替他們開了另外一扇門，打開另外一個perspective（視角），但卻沒有傷害自己個人的獨立性。這也是很值得讓人知道的。

「現代」與古典的碰撞

辦《現代文學》的時候，您對現代主義的想法跟現在的想法有什麼不一樣？

當時我們看Joyce的《尤利西斯》（*Ulysses*）都覺得「哇，不得了！怎麼會有這種東西出來？」我們都非常吃驚，這麼新的形式，一天的敘述就能寫幾百頁，寫一個完全內心的世界，怎麼可能寫出這種？！真的不得了！但現在回頭再看，我最喜歡的還是他的《都柏林人》而不是《尤利西斯》！（笑）我曾經在UBC（University of British Columbia，加拿大英屬哥倫比亞大學）問了一個英國的教授：「你對《尤利西斯》有什麼看法？你覺得它是英國文學最好的作品嗎？」他回答：「《尤利西斯》……」很像不太以為然，「還是Jane Austen（珍·奧斯汀）好！」我想她還是英國文學的祖奶奶！（笑）

現在回頭看，我們當時可能在形式上特別求新，或許有時候太過了？作為一個試驗是可以，但長期呢？按理講，《紅樓夢》的形式在當時來說也是不得了，那麼龐大，那麼多人物，但《紅樓夢》了不得的一點是，能夠洞察人情世故，中國式的人情世故。雖然看起來婆婆媽媽的，但它觸及的東西是永恆的。像珍·奧斯汀的作品那樣。坐在客廳裡搧個扇子講gossip（流言），那東西也是永恆的，那是文學的東西！所以我現在想中間比較好，太偏向任何一邊就有點過。我修正我早期的想法，我現在主張中庸一點！（笑）

現在最喜歡的是杜甫的詩，只能看杜甫的詩，因為杜甫寫的是中國最心底、最厚實的東西。年輕的時候喜歡李白，他的詩的意境不得了。現在比較喜歡杜甫自然因為是年紀的關係。人情世故看多了，太陽底下沒有新事，你要新的東西，我不一定要看。看好萊塢新的電影我都看得頭昏腦脹，那些特效搞得我頭都昏了！（笑）我現在最喜歡看old movies（老電影），還是老電影比較令人動心。

雖然您一直被歸類為台灣文學現代主義派的代表作家之一，您的敘述和風格還保留著《紅樓夢》以來傳統小說的影響。這十幾年以來您更為中國傳統文化中的崑曲而奔走。能否談談在您在作品中怎麼在現代和傳統之間找到平衡點？

有一點：除非作品很好，不然我很不喜歡看翻譯的東西。他們都翻譯得不好，文字不好，不像中文，完全是照西方的文法翻的。當然有一些翻譯得很好，像喬志高他們翻余光中翻得很好。但我很不喜歡一般翻譯使用的語言。雖然我念的是西方文學，但我自己有意識去避諱那種西方式的風格和文句的結構。不管我怎麼西化——像我這樣的人應該算很西化，自己讀西方文學又在美國住那麼久——我的思想和思考的語言還是中國的！如果要我翻譯中文，我絕不會翻譯成西方式的中文。

雖然您的作品都被歸類為現代主義，文字總是帶有一種中國古典文學的雅和美。

　　有時候我想這是跟我喜歡唐詩宋詞這個大源流有關。尤其是我們的宋詞，那是中國文學最美的東西。宋詞的那種節奏和音樂性都美到極點。我想我的文字風格是從宋詞開始。我在中學的時候就背了一大堆，所以現在我回頭教學生，都教他們一定要背！要背書啊，不背不行！唐詩宋詞起碼要背一、兩百首。這樣你文字的基礎才有。所以我在無意間受到這些影響。

　　後來才看那些傳統小說，像《三國演義》、《水滸傳》、《紅樓夢》、《兒女英雄傳》、《隋唐演義》什麼的，統統都看。我很愛看那些東西。因為那些作品都是中國傳統的說唱，它最口語化，帶有最為生動的語言。那些說唱的人能用幾句話就把整個人的個性刻畫出來。那套東西也對我很重要。我看中國的小說，最喜歡看對話是怎麼處理的。翻幾頁，如果那個對話不好，我就看不下去。中國跟西方小說最不同的一點，就是中國小說是靠對話起家。我們還是很少有長篇大論的敘述，那是西方式的，西方小說最擅長那種敘述。你看Henry James有時候十幾二十幾頁的敘述，看得我頭都昏了！（笑）他就一直講一直講，十幾頁的分析，但中國傳統小說沒有的。中國的小說全靠對話。你看《金瓶》、《紅樓》都是對話寫得好。

　　所以對我來講，我學到的一方面是唐詩宋詞文字上的美，另外是演義小說的對話。《紅樓夢》最厲害的地方是，你隨便翻一頁看一句對話，把名字蓋起來，你還可以猜是誰講的。（笑）每一句話都individualized（有個人風格）。那個人講的話，這個人不會講。所以我隨便打開書都能看出來每一句話是哪一人物講的。我學到這一點是很要緊的。

　　既然您提到傳統小說對您寫作的影響，我再追問一下關於傳統和現代的關係。您年輕的時候曾經全力提倡「現代文學」，最近十幾年以來全力提倡「青春版崑曲」（或說「現代版崑曲」），您覺得這兩種在表面上看起來

完全不同的文藝活動有種共鳴嗎？

　　我年輕的時候辦了《現代文學》這個雜誌，除了寫小說以外可能還有個願望，就是一個想要繼承五四運動的雄心壯志！（笑）我們也要弄個五四運動那樣的renaissance（文藝復興）！所以辦這個雜誌其實也有一個滿嚴肅的目的。我們要創造一個新的文學，雖然我們規模不大，但可以說一個迷你renaissance。台灣小，而且我們那群人的力量也很有限，但還是一個迷你renaissance，因為我們有那個心。

　　後來去弄崑曲，我想跟整個中國文化的decline（衰退）有點關係，這事很令我傷心。我的心境有點像晚唐詩人李商隱的「夕陽無限好，只是近黃昏」。回頭看到中國文化衰退這麼厲害，文革之後就更不得了。文革對我的影響很大的，因為那個時候我真的認為我們中國的文明就完了，已退回到洪荒時代。所以文革以後，我想中國真的需要一個文藝復興，而且這個文藝復興可能不像五四那樣。我後來想，如果中國21世紀還要發生一個文藝復興的話，那應該是歐洲式的，就像發現古希臘文明那樣，從那邊去發現靈感。我想我們也應該回頭，在我們幾千年的文化裡頭找尋某些東西，並且拉到21世紀來。

　　最大的問題是，我們怎麼把中國幾千年的文明介紹到現在？於是我就想到這個「青春版」，我想給它一個新的生命。崑曲是我的一個medium（媒介、載體），我想試試看這個行不行。當然在美學上，我要嘗試要達到很高的境界，無論是文學、音樂、舞蹈都需要達到很高的境界。在衰萎了這麼久之後，我一直在想能不能給那麼古老的東西一個新的生命？我有沒有這個機會，把古代的東西拉到現代的舞台上面，讓它重新綻放光芒？這是我個人的一個悲願。

　　當然，好玩的是，我突然間變成了一個班主，拉了一群年輕人到全世界去演出。現在他們已經演了兩百二十場，最近還在山東濟南第四屆藝術節裡演出，很轟動！那個戲院很大，有一千七百個座位，演兩天都滿滿的。現

在年輕人開始對我們古文化有興趣,這個很要緊!這是一種redemption(贖罪),我們整個民族的靈魂都沒有了、丟掉了,自己的靈魂不見了,已經一個多世紀了。五四之後,共產主義來了,那就更不得了,共產主義就是西方文明的邪教!(笑)我們好的不學,怎麼就學這個東西來!共產主義把中國文化給革掉,問題大得不得了。所以最要緊的是我們內心需要一個redemption,需要一個救贖!所以做崑曲的時候,我覺得至少在演出的三個鐘頭裡,觀眾可以看到這種傳統文化的再現。

最讓我感動的是北大的學生。我們在北大演了三次,每次九個鐘頭,那個劇場好大但都滿了,學生都來看。上次是2009年演出,12月底而且冷得不得了,零下九度,但還是滿座的學生。他們看完了以後還跟我說:「哎呀,白老師謝謝您把那麼美的東西帶給我們看!」他們從來沒有看過,一直沒機會看。我們看到中國以前的古文化,看到它裡面的美和情。共產黨最糟糕的是把人給教壞了,把中國也教得那麼壞,美醜不分,混淆不清,這是最不可原諒的。

美學上沒有一個方向是很大的問題,當然現在慢慢開始恢復。如果說中國要發生一個文藝復興,必定是在21世紀,再晚我想就沒救了。現在應該是最好、最有希望的一個世紀,只希望它不會垮掉,只希望它慢慢變好,這樣中國和中國的文化還有希望,希望有一個新的生命出來。我想我推廣崑曲只是點一點火頭,看看能否燃燒。一個北大的學生還在網上寫:「這個世界上只有兩種人,一種是看過青春版《牡丹亭》,另一種是沒看過的!」(笑)我很高興現在看崑曲已經變成一種時尚,一種ritual(儀式),就好像西方人去聽古典音樂或看歌劇那種提升的味道。

幾十年過去,《現代文學》之後台灣文壇又經過許許多多的風風雨雨,從後現代文學到同志文學,又到原住民文學等各種風潮。您怎麼看《現代文學》的歷史意義?

《現代文學》主要就是開展了創新的一條路。我們絕對是鼓勵創新，思想上、風格上的創新。這一點影響滿大的。現在回頭看，我們這一群比當時其他人都還奇怪！我們比較新銳，我們不保守，我們的思想的確開放。有的人只做一小塊，也就是最奇怪的那一小塊，我們也支持，我們不排斥。

　　其實我們做的不只是現代文學，我們雜誌對古典文學也提倡新的看法。沒有什麼今古之分，完全不像五四那個時候要打倒舊的，對舊小說統統都要打倒。我們沒有這個看法。沒有新舊之分，只有好壞之分！（笑）只有好的文學、不好的文學，我們只有這種標準。

　　不好的文學不會留下來，但好東西，不管你寫什麼，它一定會留下來。我想這是我最後一句話。

＊　＊　＊

關鍵：1949年

　　我想關於白教授的作品，包括小說、電影等等，我們可以由他的短篇小說開始著手。雖然白教授的作品跨越各種領域，包括崑曲、小說、散文、文學研究、紅學，以及近幾年出版的幾本家史，我相信大部分人想到白先勇的時候，都會覺得他的幾本短篇小說集──《臺北人》和《紐約客》──最具有代表性。白教授就是短篇小說的大師。今晚我們看到的電影《最後的貴族》也是由他的經典之作〈謫仙記〉改編的。能否先請白教授談為什麼短篇小說如此吸引您？而且這麼多年以來，短篇小說好像一直是您比較偏愛的一個創作形式？

　　首先讓我簡單講一下我寫這故事的背景，這是我在1965年寫的短篇小說，很久以前了。你可能會注意到，那些拍中國學生的鏡頭，當他們第一次聽到共產黨的部隊進入上海，其實那個是有關中國共產黨當時所做的非法

行為,事實是1949年中國發生的事情,對在中國內、中國外和其他地方的華人,都有極大的影響。

在當時,特別是對中國在海外華人,在美國的學生,他們是完全沒有準備的,都感到很突然,雖然那是一段很漫長的戰爭,他們都沒有預計共產黨的勝利來得那麼快,他們完全沒有準備,對他們來說是一個震驚,當然對我們來說也是。我離開中國的時候十三歲,當然我也感覺到痛楚,那個故事由此而來。這就是那故事的背景,當然那是有些假設,不能完全描述當時在海外學習的中國學生的情況,有些適應生存下來,有些變成像李彤。

當然最近這幾年「1949」在中國文化世界上面成為一個熱門話題,其中代表書籍有台灣前任文化部長龍應台寫的《大江大海一九四九》。當然這個話題對某些人來說是很痛苦的經歷,但對某些人來說又有不同的回憶。在中國大陸來說他們認為是解放,但在台灣來說,他們認為失去了中國。雖然我們沒有在電影裡面看到直接的表達,但這些感覺很明顯,都在影響電影裡面的所有人物角色。您願意談一談1949的影響和您的其他作品嗎?

我想我所有的作品在某個程度上都是在環繞這件事,就是1949年之後的轉變,不同方面的改變。像《臺北人》,移居到台灣的人有不同的面目,從境外到台灣的人有著不同的方式,簡單地說就是生存的方式,如何去生存下來,在中國大陸的人也一樣。我在回想,中國人其實有著很強的生存能力,當然有些人遇上了悲劇的終結,像李彤。但大部分人都生存了下來。

請您將我們帶回到1965年寫這部原著的時候,當時的情況是怎樣的?您是怎樣寫出來的?在哪裡寫的?這些是怎樣地連接在一起?

我是在愛荷華州的玉米田裡寫的。當然,我來美國的時候第一個到達的城市是紐約,那給我很深刻的印象,我有一組收藏的《紐約客》(*The*

New Yorker）雜誌。因為我的兄弟姊妹，他們在紐約念書，住在紐約和紐澤西，都在紐約附近，所以我從台灣飛到紐約，在紐約住了一段時間。我實際上在紐約住了兩個夏天。當然紐約是一個大城市，所有東西對我來說都是很有新鮮感，我當時很年輕，充滿好奇和興奮，在紐約到處走走，紐約成為了我故事的主要場景。

那李彤這個人物是如何醞釀出來的？您記得起您是怎樣把他編排在一起的嗎？

我聽了很多海外華人的故事。其實我有兩個姊姊，她們在念書，而她們跟電影裡面的人物又極為相似，她們告訴了我很多她們朋友的故事。她們是早一輩的移民，都在1949年前來到美國，可能是二戰之後，她們來到了美國，電影就像我姊姊朋友的照片。

這個故事的場景在上海、紐約和威尼斯。我們剛才提到了紐約，是由於您個人的關係。但為什麼選擇威尼斯呢？

那是一個很容易令人醉的地方，我覺得那個城市很美，美得令人難以相信，同時也很性感，令人陶醉，是一個自殺的很好場景。

從〈謫仙記〉到《最後的貴族》

讓我們穿越二十五年，到將短篇小說改編成電影的那個時刻。這部電影有很多第一次，中國大陸第一次幾乎全部在美國取景的電影；有很多重要演員，像濮存昕因為扮演陳寅，從一個年輕演員變成了超級明星，還有英達等各類主要演員參與。這可能是您的第一部短篇小說在中國大陸被改編？

這是第一部。

這是一部重頭作品，由謝晉執導。謝晉是一個在中國電影界內的著名人物，或許我們先談談您跟謝晉的關係？

我第一次跟他見面是在洛杉磯，那是1986年，他來參加電影節，我在洛杉磯碰到他。我們談到女性，他對我的作品很感興趣。我想參與在他的電影裡，他創造女性人物的能力很強，像在《舞台姊妹》中的人物，他做得很成功。他對我創造的某些女性人物很感興趣，所以我們聊了這些，並且很快就有了相互瞭解和共識。

首先是我們有相同的背景，都是在1949年革命前受了教育；我們說同樣的語言，所以我們可以相互瞭解。他想就我的故事拍一部電影，在我離開中國的三十九年之後，也就是我們見面後一年──1987年──我回到了中國，我們就開始了在工作上合作。

所以您參與了劇本的創作？

我在劇本創作方面參與得很深。舉個例子，在最後那個場景，那個俄羅斯人的妻子是我的想法，在那裡加了這個角色，那是很有創意的建議。我們在飯店裡討論了兩個星期，巧合的是那個飯店叫「興國賓館」，一座很大的公館，原來是英國怡和集團的物業，在文化大革命的時候被用作為紅衛兵的總部。根據謝晉說，江青當時在這飯店住了一段時間。他給我安排了一間很大的房間，好像就是江青住過的。不管如何，我在那飯店住了兩個星期，我們一起參與了那劇本的創作。

您有參與拍攝嗎？

當他到美國，他們在洛杉磯的大學校園裡拍攝的時候，我去了觀察一下製作。

作為原作者，經過了那麼多年，他哪一部分拍對了，哪一部分拍錯了？您對哪一部分滿意，又對哪一部分不滿意呢？

首先，潘虹不是他的首選女主角，其實他的首選是林青霞。當然林青霞已是一個大明星，她其實也同意了參與，但那時候中國大陸剛剛開放，我想林青霞當時有些想法，也許擔心會影響到她在台灣的電影、擔心台灣政府，最終她退出了。當然潘虹是非常優秀的演員，我想她在電影裡有非常令人欣賞的演出，特別是最後一場，我覺得她發揮得很好。

不過那一場場面非常氣派豪華的派對，那些女孩子穿的旗袍都特別燦爛。但當時的女孩，已經很久沒有穿旗袍了，都是穿褲子，所以我想當時的所有裁縫，都不懂得做旗袍了。

除了這個，在恢復那個年代的場景，包括在美國，在上海有其他的挑戰嗎？例如服裝、車等等。

當然，我想他們已經考慮了，他們做了很好的工作。

您知道開場的次序，所有鏡頭針對的這些場景、背景的建築物，在街道上您看到的車、服裝，這些都是要配合的。

我相信他們在找這些汽車的時候，一定遇上了很大的困難，因為都沒有了。

這部分可能引導我們到另一話題，就是改編。在您的職業生涯，您改編了一些很偉大的中國傳統舞台歌劇，包括很多您的小說作品改編成為電影、舞台劇和電視劇。或許我們試試分兩方面去談，一方面是您改編別人的作品的時候，您感到最大的挑戰是什麼？另一方面是去改編您的作品，您的感覺是如何？

　　我是我自己作品的創作者，所以我有自由去隨便改變、更改我的作品。但是如果是我去改編別人的作品，我就會有考慮了，特別是改編崑曲——湯顯祖是純粹的作曲家，他是那樣偉大的大師，我必須要很小心地製作，才不會把他的作品弄壞了。

　　從改作的角度來說，銀幕上的《最後的貴族》是一個對情節很忠實的改編。但是如果大家有看過白先勇教授的中文原著作品——假如大家有這種運氣——可以感覺到那種美麗、優雅的觀點和文筆，我想那是無法翻譯的。當您意識到文字上的美感在銀幕上可能不復存在時，您在改編的過程當中又是如何彌補的呢？

　　你要知道電影和小說是兩種不一樣的媒體，你要明白這些。我們遇到，也處理了一些困難，但能力有限，訊息很難轉移到電影上。我想我們在這最後一幕處理得不錯，文藝氣質、政治元素和我提到的悲劇，在最後一幕都好像保留得不錯。

　　接下來的這個問題，會很像要您自我評價。因為只有很小量華語作家的作品，在現代文學圈內具有持續吸引人進行改編的能力，而且受到不同地區的觀眾歡迎，像金庸、張愛玲、白先勇。這三個可能是最受歡迎、最常聽到的名字。您覺得您的核心作品裡面，有什麼元素使一代又一代的讀者去看您的作品、使人一次又一次地去改編您的作品？

這是一個很好的問題，我常常問我自己這個問題，為什麼他們一次又一次地這樣做。

　　或者換一個方式來問，就是白先勇的短篇小說有什麼特徵？

　　我想可能是角色的原因。可能因為我創造了些有趣的角色，而這些角色吸引了電影製作人去製作電影。我想（要製作電影）你需要一些很強、很突出的角色。

觀眾｜我有一個問題，是關於電影《最後的貴族》。這部作品之所以叫《最後的貴族》是因為在中國已經沒有這種人了？

　　歷史將會重演，有新一代的貴族誕生在美國或其他地方。我當時的想法是這是最後的一個。但現在可能不是最後的一個；現在可能又再有新的一代。

　　或許提一下註腳，原先這短篇小說改編的電影有一個完全不一樣的題目，是「Goddess in Exile」。

　　那就是〈謫仙記〉。我想《最後的貴族》是謝晉的意思，導演的意思。他認為這個題目會帶來很好的票房銷售。

　　提到票房銷售，我們在放映之前談到，在整個八〇年代的中國大陸，曾有一系列的電影，像《牧馬人》、《廬山戀》等等，通過華僑歸國的經驗來談到中美關係。這系列電影中所呈現的「美國」都是比較負面的，人物從美國到中國後，因發現中國的美好而決定留在中國、立根在中國。然而還有一系列片子，表現華人角色到美國闖一闖的應驗，則有可怕的命運。人物憑

著夢想和好奇心到遙遠的美國尋夢，但主角最終的命運也非常悲慘。您如何看導演對美國的詮釋？

我會讚賞謝晉的貢獻，我想他對我的故事很誠懇。謝晉由始至終都是一個藝術家，有藝術家的觸覺，有時候他需要像《牧馬人》這樣的結果，表示愛國的結果──那個人拒絕來到美國，因為他愛國，他愛他的國家。我相信他要這樣，不然的話，也許根本不會讓他去拍電影。但這一部電影非常誠懇，而它完成推出的時候是1989年，那是很多事情的一年。剛剛在天安門事件之後，謝晉完成後期製作，趕到北京，就在那段充滿混亂的時候，拿到了這部電影的審批。如果他晚了一、兩星期，這部電影可能就拿不到當時政府的批文。因為這樣，當電影在中國大陸全球首演時，謝晉需要低調的宣傳和推廣。

既然需要低調的宣傳，您知道這部電影的接受程度是怎樣的嗎？

因為當時他們要把宣傳低調處理，所以這部電影沒有得到它應有的宣傳力度。

作品細節的象徵意義

觀眾｜看過了原著之後，我認為這是一部很偉大的電影。我發現在原著裡面很多都是採用的紅色，我在研究今天李彤這個角色，但在原著那蜘蛛是紅色，李彤也是紅色，李彤的旗袍也是紅色，「彤」這個字在中文裡面代表的也是紅色。在原著裡面，紅色非常地突出，使我有深刻印象。但在電影裡，那蜘蛛不再是紅色，我知道很難去找一個合適的標準，但我想知道原著中紅色蜘蛛的意思，也想知道您對從原著改編過來的結果是否滿意？因為紅色對您的原著很重要。

我想李彤的意思是紅色，我設定李彤的性格，她是一個充滿感情的角色。紅色在中國有強烈的感覺，代表很有性格的意思。我的理解，紅色在英文裡面有著跟中文不一樣的意思，你想想我們有偉大的小說《紅樓夢》，翻譯家大衛‧霍克斯（David Hawkes）的翻譯裡面，紅色的意思就不一樣，他使用了《石頭記》去形容《紅樓夢》。但對中國人來說紅色代表硬朗、熱情，同時像在中國農曆年的時候，紅色代表幸運的顏色。

　　我想除了用紅色，您也在您所有的作品中採用了象徵的手法，特別是在這個故事，電影裡面每個女孩子代表一個國家，那麼燦爛、微妙；李彤當然是代表中國，我們看到她情感上的崩潰，在酒吧裡一杯又一杯地喝，不是其他飲品，而是在喝「曼哈頓」，因為她在紐約。我想在原著裡面，她是在紐約中心的中央公園裡面喝「曼哈頓」，就是盡量讓自己融入外國的這個地方，去逃離中國的悲淒。

　　我想應該是紐約最終把這個角色除去。

觀眾｜我很感興趣的是，在電影裡面，她們唱生日快樂歌用的是英文，而通篇整部作品，她們說的都是中文。所以我很好奇她們為什麼在生日派對上唱英文的生日快樂歌？

　　噢，英文的生日快樂歌，一直都很流行，其實很久以前，這是一個完全西方的東西。但一些比較西化的中國家庭，他們也用英文唱生日快樂歌。我們也有中文版本的生日快樂歌。就是回到那個時候的上海，人們也用英文唱生日快樂歌。我記得當時的上海人很早就開始學英文，因為我在上海上學，我們在小學二年級的時候就學英文。就是那時候，受過教育的上海人，他們可以說很好的英文。

觀眾｜很高興認識您白教授。我想知道您的作品是不是表達了對台灣國民政府當時失去中國大陸之後的失落，像您的作品〈遊園驚夢〉中的感情，這是我的一個問題。我的第二個問題是，您在八〇至九〇年代工作的重點主要是在小說，這給您帶來了極大的聲響。而後來隨著大陸的開放，您開始將重點放到推廣崑曲這項傳統中國文化。我想知道您為何後來將重點放到了對崑曲的創作及推廣？這就是我的第二個問題。非常感謝您。

首先第一個問題是您的作品是否是國民政府失去中國大陸的暗喻，第二個基本上是說您在八〇到九〇年代集中創作小說，在2000年後重點在於崑曲歌劇的普及化。

我想我的作品裡面，《臺北人》可以視為國民政府失去中國大陸的暗喻，有很濃厚的失去國家和過去的感覺。

最終我參與了崑曲的復興，是因為那麼美麗的藝術方式正在衰退，所以我要做些事情去讓它復興，我花了十年時間，我想現在很多的中國年輕人成為了崑曲迷，我感到很高興。

*　　*　　*

作為文化底蘊的《紅樓夢》

關於《紅樓夢》，我的第一個問題要回到白教授第一次接觸這部小說的時候。它是什麼時候進入您的生活的？第一次讀到這本書對您有什麼影響？

白｜我認為《紅樓夢》是以一種奇特的方式出現的。我六、七歲的時候，在抗日戰爭時期的重慶，一些商家推出了五彩繽紛的卡片，上面印著《紅樓夢》的人物，包括賈寶玉、林黛玉、薛寶釵、王熙鳳等等。我的表兄弟們收集了這些卡片，給我講述了賈寶玉和林黛玉的故事，以及他們的三角戀。我

當時就被迷住了。我記得他們低聲談論王熙鳳的離奇死亡，她是如何被賈瑞和尤二姐的鬼魂所困擾的。我當時很害怕，心想《紅樓夢》是一個鬼故事？在看書之前，我看到了那些小卡片，對寶玉和黛玉有了初步的印象。

後來我們家搬到了上海。由於我感染了結核病被隔離，所以一直在聽廣播。廣播中對《紅樓夢》進行了戲劇化的表演，所以我在接觸小說本身之前又得以瞭解了人物和情節。當我在高中的時候，我正式開始讀《紅樓夢》，那時我意識到書裡還有別的東西。

我之後想瞭解白教授對小說的理解是如何隨著時間的推移而變化的。但是我想先問一下Susan（陳毓賢），您是菲律賓的華僑，《紅樓夢》也是您小時候文化教育的一部分嗎？

陳｜是的。我的婆婆（外祖母）對《紅樓夢》很感興趣，她一遍又一遍地閱讀，結果失明了。不過以前我不知道，直到我告訴我姊姊自己正在寫關於這部小說的東西時，她才告訴我這段故事：「哦，你不知道，婆婆失明了，就是因為她那麼愛讀《紅樓夢》。」

無論如何，我第一次讀中文小說是在高中圖書館借閱，那時我只對賈寶玉和他的兩個表妹黛玉和寶釵之間的愛情關係感興趣。他愛上了黛玉，但他被迫娶了寶釵。我跳過了小說的其餘部分。但我當時完全能理解書中所描繪的大家庭的生活狀態，我的父母、姊妹和我，和我的祖母、四個阿姨、兩個叔叔、幾個表兄弟和一些僕人住在一起。喪偶的外婆，和賈母一樣，管理著整個大家族，而我的兩個阿姨下嫁的男人都來自那種父親有妾室的大家族，所以我很早就瞭解一個大家庭的複雜性。

直到1986年五卷英譯本全部出版，我才從頭到尾讀了《紅樓夢》。而當我在哈佛教中國文學的丈夫羅恩給了我全集，我就澈底被這本書迷住了。但小說中有很多我不太理解的地方。所以當白教授告訴我他在臺灣大學關於《紅樓夢》的課程可以在網上看到時，看著眼前的一系列英文翻譯，我才感

覺自己終於理解了這部小說。

比如說，如果你問任何中國讀者最喜歡《紅樓夢》中的哪個角色，很多女性會告訴你是林黛玉。我一直不明白，因為對我來說，林黛玉太敏感和傲慢了。白教授解釋說，林黛玉的敏感是由於她作為一個孤兒，極度缺乏安全感，不得不依靠她富有親戚的恩惠。縱然她愛著賈寶玉，但在那個時候，封建中國的婚姻都是由家族長輩包辦的，沒有人為她說話。在賈母看來，讓寶玉娶黛玉是非常魯莽的決定，因為嫁給寶玉的人將會主持家務，管理好幾百口人，黛玉在氣質上不適合他，而寶釵卻很適合。直到白教授在他的講座中解釋了這一切，有很多對我來說沒有意義的部分都揭開了神祕面紗，就像有人點亮了一扇燈。

Susan 剛才談到了您對小說的理解是如何隨著時間的推移而改變的。我想問白教授，您剛才提到您第一次接觸小說時，還是一個小男孩。在這幾十年裡，您對這部小說的理解，發生了怎樣的變化？我知道您曾在加州大學聖塔芭芭拉分校教過這部小說，並且在臺灣大學發表了非常具有紀念意義的系列講座。對這本書的理解是如何改變您的生活的？這些年來您對這本書的理解又是如何改變的？

白｜就像所有的年輕讀者一樣，我高中第一次看到小說的時候，是被其中的浪漫故事所吸引。那個時候，我堅定地支持黛玉，認為她是一個有才情的美人。我對寶釵頗有偏見，只因為賈母選擇了她而不是黛玉做寶玉的妻子。後來我學會了更好地欣賞書中的人物，我認為曹雪芹塑造了一位偉大的女性角色。

薛寶釵是儒家思想裡的完美典型，她非常懂事、聰明且有才華，她對繪畫、詩歌、醫學、儒家經典無所不知，難怪賈母選擇了寶釵而不是黛玉。作為寶玉的妻子，她肩負著管理一個巨大家族的艱鉅任務，恐怕林黛玉太害怕這份工作了。作為小說人物，寶釵更難刻畫，原因是她幾乎完美無瑕。她

很容易被描繪成一個女孔子，一直在說教。但曹雪芹試圖創造一個奇蹟，把寶釵變成一個可愛的小姑娘，對此我認為他做到了。

我也被乾隆時期18世紀貴族家庭的寫實畫像所吸引。我認為這部小說充滿了建築、花園、服飾的細節，當然還有他們喜歡的精緻美食、他們喜歡的派對和節日，所有這些還原了18世紀貴族家庭。

然而，當我長大後，隨著我深入到書的結尾，這部小說對我來說越來越偉大。一個完整的、現實層面之上的神祕宇宙向我打開，它的神祕是由警幻仙姑帶出。警幻仙姑掌管著下面人物的信仰，也掌管著神仙或僧人、道士的神祕境界。小說開頭，創世女神女媧補天所用的魔法石，後來變成了主角賈寶玉。事實上，當你深入閱讀這部小說時，儘管它有許多現實的細節，但它仍是一部象徵性很強的小說。象徵性與現實性交相輝映，產生一種奇妙的和諧。所以這是我閱讀的第二層。

最後，《紅樓夢》還是一部涵蓋儒家、道家和佛教的哲學的小說。在某種程度上，我認為《紅樓夢》是一個佛教寓言，因為我覺得賈寶玉是通過稀有的塵埃，進入到最後的啟蒙和成佛的精神之旅。在我看來，曹雪芹有意無意地把寶玉想像成一個佛像。就像杜斯妥也夫斯基（Fyodor Dostoevsky）小說裡的梅什金公爵（Myshkin）一樣，《白癡》（Idiót）是一個基督宗教預言。因此，正如《紅樓夢》的副標題《情僧錄》所暗示的那樣，這本小說可以被理解為一個充滿激情的僧侶的故事，而這個僧侶試圖拯救所有被愛或激情傷害的女孩。就像釋迦牟尼王子的故事，他享受一切世間的快樂，最終為了救渡人類而出家成佛。所以我認為《紅樓夢》在某種程度上可以被解讀為一個佛教寓言。

當然，就心理深度、哲學內涵，以及小說藝術而言，《紅樓夢》稱得上是最偉大的中國小說；對我來說，即使不是最偉大的世界文學，也絕對是最偉大的小說之一，地位就像《戰爭與和平》（Война и миръ）之於俄羅斯文學，又像是普魯斯特（Marcel Proust）的《追憶似水年華》（À la recherche du temps perdu）把一些東西傳給了法國文學那樣重要。

請問《紅樓夢》是如何影響您自己的虛構寫作的？包括您的故事、角色、感性、語言……，也許您能給我們一些具體的例子，說明《紅樓夢》對您自己小說創作方式的美學影響？

白｜我從《紅樓夢》裡學到了很多東西。首先我認為《紅樓夢》以其對話著稱，是非常獨特而具有風格的。此外，曹雪芹擅長用戲劇的手法推進小說的情節發展。還有人物的塑造，他以非常簡潔而有效的方式來描繪人物的特徵。最後就是他優美的語言，我認為曹雪芹使用的白話十分生動和有效，他還使用了大量文言文，將中國古文與白話文和諧地融為一體。《紅樓夢》的寫作幾乎融合了中國文學、詩歌、戲劇以及所有文體形式。當然，還有他對所有角色──甚至是反派角色──的同情和憐憫之心。我認為這一切背後都有佛教的慈悲。曹雪芹從寬恕這些角色中得到了很多，這也給我留下了深刻的印象。

您剛才提到了戲劇，之前我們也談過您對崑曲的熱愛。能不能談一下《紅樓夢》中文學性和戲劇性的互動與融合？您對傳統戲劇的熱愛有多少來自於《紅樓夢》的影響？

白｜我認為曹雪芹深受中國戲劇的影響。他的祖父曹寅有一個自家的戲班，曹寅會自己寫作傳奇，也就是崑曲的文本。所以曹雪芹肯定看過很多崑曲和其他類型的戲劇表演。在他的小說中，他曾多次引用湯顯祖的《牡丹亭》和王實甫的《西廂記》。

《紅樓夢》本身就像一部傳奇劇，由成套曲牌連接，因此它可以被解讀為一部結構精妙的戲劇作品，曹雪芹讓其中的起承轉合都非常生動。當然，崑曲在小說寫作的乾隆年間正處於鼎盛時期。總而言之，我認為如果沒有之前傳奇戲劇的成就，《紅樓夢》是不可能實現的。我認為他從傳奇那裡繼承了很多技巧和語言。

關於戲劇性和小說性之間的互動，Susan您有什麼要補充的嗎？

陳｜我認為整部小說以戲劇般的場景展開，而對話推進了情節發展。所以我認同白教授所說的，如果不是中國的戲劇藝術在當時已經發展到非常成熟的階段，《紅樓夢》也不可能出現。

您們對《紅樓夢》的分析除了戲劇性之外，另一個主題是對西方器物的關注，比如對鐘錶等各種舶來品的描寫。請問您們是如何理解這些片段在書中的作用？

陳｜18世紀中葉、法國路易十五（Louis XV）在位期間，法國在經濟和文化上統治了歐洲，思想界出現了盧梭（Jean-Jacques Rousseau）、伏爾泰（Voltaire）、狄德羅（Denis Diderot）等啟蒙思想家。而《紅樓夢》的作者，可以說與這些思想家有很多共同之處。中國和歐洲都曾長期處於和平時期，當時的知識分子普遍樂觀，認為可以放眼全世界，但他們也意識到外面還有未知的新世界。對於法國的思想家而言，已知的他者是美洲大陸，而對於中國人來說，已知的他者是西方。儘管他們對西方不太瞭解，但他們試圖去想像那裡有什麼。從16世紀開始，十幾位耶穌會傳教士來到中國，試圖讓中國皇帝皈依基督教，同時帶來了機械錶、眼鏡、全身鏡等等新奇的物件。我們的許多觀眾可能沒有意識到透明玻璃對當時的中國人來說是全新的，曾經中國人對透明玻璃最接近的理解是天然水晶。所以這些對中國人來說，那都是奇蹟。

書中有一個情節，農婦劉姥姥走進賈寶玉的臥房，迎面看到了一個女孩，滿面含笑地迎出來。劉姥姥忙笑道：「姑娘們把我丟下了，叫我碰頭碰到這裡來了。」說著，只覺那女孩兒不答。劉姥姥便趕來拉女孩的手，咕咚一聲卻撞到板壁上，把頭碰得生疼，才發現原來是一幅畫兒。這個情節說明西方繪畫和技術在中國是未知的，繪畫中的透視法，以及傳教士帶來的西方

器物,都是非常令人興奮的。

　　《紅樓夢》第五十二回還提到,薛寶琴「和父親到西海沿子上買洋貨」,見到一個金髮碧眼的真真國女子。曹雪芹給這個金髮少女注入了人性,借寶琴之口說這個女子會寫中國詩詞,還作了一首思鄉的詩。這是曹雪芹想像的小說世界的一部分。在這個世界裡,有新奇的建築、醫學、音樂、宗教……,他把所有這些都融入了書中。所以從某種意義上說,《紅樓夢》是一本百科全書,儘管曹雪芹不認識這樣一群在地球另一端的人。

白｜別忘了寶玉的姊姊元春,她是皇上的妃子。那個時候很多國家都會訪問中國,進貢各種貨物。我認為曹家以及小說中的賈家有得天獨厚的優勢,收到來自皇帝的鐘錶和鏡子等西方物品賞賜,因此小說會有很多對西方的描寫。

陳｜沒錯。曹雪芹的祖父曹寅年輕時進宮擔任康熙的侍衛,之後被委以重任,成為江寧織造。織造一職在負責供應宮廷綢緞的同時,還承擔著皇帝耳目的作用。然而在康熙帝死後,他的繼任者雍正沒收了曹家的財產,這一系列變故發生在曹雪芹十三歲的時候,所以他有這一系列關於家道中落的記憶。在被抄家之後,曹雪芹跟著家人從江南遷到北京,開始了窮困窘迫的生活。此後曹雪芹一邊以賣畫為生,一邊創作《紅樓夢》。

白｜你提到了曹寅,他的母親,也就是曹雪芹的曾祖母孫氏,是康熙的保姆。這也可以解釋為什麼康熙皇帝非常親近曹家。

同時為中文世界和西方世界導讀

　　白教授您在七十多歲時出版了這本長達兩千多頁的導讀,我很好奇,是什麼讓您在現代主義寫作和崑曲研究後轉向這本書?是什麼讓您又回到了

《紅樓夢》？您想在這本書裡說什麼？我們已知有成百上千的紅學研究，文章不計其數。關於這本導讀，您想傳達哪些新的訊息呢？

白｜你知道，我一直是《紅樓夢》的讀者，這本書一直是我的生活伴侶。所以，是的，你是對的，關於《紅樓夢》的研究數以百萬計，但我對它有自己的看法。

　　我一生都在讀這本書。從作家的角度來看，我想講述為什麼這本書如此精彩。作為讀者和作家，這本書教會我如何描繪角色，如何創造生動又令人信服的場景，如何將哲學和宗教思想置於如此戲劇化的境地。從這個意義上來看，我認為作為一個作家，這部偉大小說的寫作技巧最吸引我，我學到了很多。其他研究或許會集中在曹家的背景或封建社會的階級矛盾上，但對我來說，《紅樓夢》純粹作為一部偉大的小說的吸引力更加強烈。

　　我想問Susan，正如我剛剛展示這本英文翻譯《紅樓夢》書一樣，它很龐大，有近兩千頁。您和白教授合作將其進行提煉、研究和重組，這個過程充滿了挑戰。請問您如何處理如此廣闊的敘事，並使其更易於英語讀者使用？您在哥倫比亞大學出版社即將出版的這本導讀，又帶來了哪些新概念呢？

陳｜首先，我想指出，白教授非常有資格談論《紅樓夢》。他本人是一名小說作家，他對小說的書寫方式有著深刻的理解，可以向我們展示一些支撐這本書的內在結構。正如白教授指出的，《紅樓夢》可以被解讀為佛教寓言，而白教授長期以來一直是佛教信徒，因此他瞭解所有的佛教象徵意義。此外，《紅樓夢》對崑曲有很多參考，而他是崑曲愛好者，所以他知道他們指的是什麼。最後，白教授長期以來一直是同性戀權利的倡導者，讓很多人望而卻步的同性戀議題並不會影響他。因此，他不會錯失其他人可能在小說中會錯過的許多主題和主旨。

　　《紅樓夢》有很多的次要情節，就像一棵大樹，有很多大大小小的樹

枝，在他的中文導讀中，白教授盡情地探索每一個樹枝和跟隨某個分枝，所以它很厚。但是我們試圖在英文導讀中將其減少到一卷的篇幅，因此我們只處理一個大分支，讀者必須自己探索小分支。讀者可以使用我們的導讀來瞭解故事的全貌，而對於一些細節，讀者則需要自己探索。我們也在英文導讀中加入了大量的評論和觀察，幫助英語讀者理解本書故事所處的社會、文化和政治背景。這非常重要，因為你必須對中國的家庭結構和家庭結構有一些基本的瞭解：他們生活的約束是什麼、體制是什麼樣的……等等。沒有這些背景知識，很難理解《紅樓夢》。

早前白教授講到《紅樓夢》在中國文學史及其在世界文學史上的地位，毫無疑問，多年來所有人都認為《紅樓夢》幾乎是中國文學教育的先決條件，是中國文學的不二傑作。然而在西方，它一直被嚴重忽視，而且不幸的是，許多西方評論家也只是普通讀者，所以這本書沒有得到充分的研究。我想知道您是如何解釋這種文化差異——就像幾乎每個受過教育的中國人都知道莎士比亞（William Shakespeare）是誰，但我並不指望每個受過教育的西方人都知道曹雪芹是誰——出版這本英文導讀是您所作的一項巨大努力，試圖讓西方讀者更容易理解《紅樓夢》。我很想聽聽您對這種國際間理解上的文化失衡的看法。

白｜我認為西方讀者在接觸這本書時的最大阻礙之一是數百個中國名字，尤其是羅馬化的中國名字。因為我們有將近四十個主要角色和近四百個次要角色，所以造成了太多的困惑。你看，林黛玉，中文表示黑色的玉，是最珍貴的一種玉之一。這在中文中有很多意思，但英文中的「Daiyu」沒有任何意義，所以很難記住。大衛·霍克斯翻譯了很多女性角色的名字，比如一些侍女，但他們把主要角色的名字都羅馬化了。尤其是王熙鳳，對於西方讀者來說，我更喜歡她的名字翻譯為鳳凰，因為西方神話中的鳳凰有非常適合王氏的兇猛性格，但羅馬字母裡的「Xifeng」並不代表什麼。

另一個主要問題是榮國府和寧國府兩個家庭之間的複雜關係，有遠方的表兄弟、來自母親方的表兄弟。我們對不同的關係有不同的稱呼，但對於西方家庭來說，一個稱呼包括所有。所以我覺得西方讀者很難理解為什麼林黛玉比薛寶釵更和寶玉親近，因為林媽媽姓賈，而薛媽媽不是。所以表姊姓氏的母親離寶玉更近一些。我認為這對美國／西方讀者來說很難理解。

陳｜《紅樓夢》是一部非常長的小說，英文譯本有五卷，總共兩千三百頁，不包括譯者的介紹等等。這是一本可以反覆閱讀的小說，每次閱讀都會有新的細節浮現。但是今天有多少人——甚至是中國人——願意花時間閱讀和重讀小說呢？有一些情節，比如說在第七章中出現，要一直到第七十八章你才能讀明白：「哦，這就是為什麼它很重要。」每次閱讀《紅樓夢》，它都會引起更多關注。毛澤東是這本小說的粉絲，他聲稱自己讀了五遍，並說每個人都應該讀五遍。但我認為今天沒有人願意把它讀五遍。即使是中國讀者也很想擁有一份導讀指南，有了這些導讀，讀者就可以瞭解其中的一些聯繫，而不必等到五十章以後才知道為什麼這很重要了。

因此在指南中，我們對發生的每一章都有一個簡潔的總結。有一些評論可以幫助讀者瞭解一個人物與另一個人物之間的關係，以及本章中發生的事情與下一章中將要發生的事情之間的關聯。無論如何，我希望英文指南能夠幫助讀者更容易地閱讀這本經典。導讀指南的用意在讓讀者不必一次讀完所有的一百二十章，甚至可以查看瀏覽指南來決定首先閱讀聽起來很有趣的一章。讀者可以先閱讀這些章節，然後再決定是否要閱讀更多內容。我認為這將有助於人們瀏覽小說、快速理解，因為可以查閱索引，並查看一個章節與另一個章節的關係。

白｜正如我之前所說，《紅樓夢》具有非常強的象徵意義。霍克斯對這部小說寫了一篇精彩的評論，他認為《紅樓夢》是一部象徵主義小說。我認為其中有一些文化障礙，如果你不瞭解中國文化，就很難理解它們背後的含義。

例如，紅色，我認為它在中文和英文中表示不同的含義。這就是為什麼我認為霍克斯在他的翻譯中試圖避免紅色，例如寶玉的住所「怡紅院」，意味紅色的幸福，但霍克斯把它改譯成了「green delights」，綠色的快樂。

陳｜因為這在英文和中文中有著不同的內涵。霍克斯辭去了牛津大學教授的工作，用了十年的時間來翻譯這部小說。他只完成了八十章，最終他的學生和女婿約翰・閔福德（John Minford）完成了後面的四十章。這部小說激勵人們的奉獻精神。

　　　　現場有觀眾問我們應該怎麼使用這本英文導讀，把它作為原書的參考？

陳｜我覺得你可以大概過一遍導讀，然後再決定是從頭到尾、從第一章讀到第一百二十章──這大概要花幾個月──還是挑選幾章來看，比如我想看第四十六章到四十九章。如果你只懂英文，那你可以去看霍克斯和閔福德的翻譯版，看幾個章節，然後再決定要不要繼續看下去。因為我們這本導讀對每一章都有總結和評語，你可以決定要不要深挖和研究你感興趣的章節。
　　教授《紅樓夢》最大的問題就是它太長了，不可能要求學生在一個學期裡讀完這本書。所以你可以要求學生去挑選某些章節，然後研究這些章節的前因後果。

《紅樓夢》的承先啟後

董策｜生活在當下這樣一個非常物質、充滿壓力的環境裡的讀者來說，我們可以從這本描述一個截然不同世界的小說裡學到什麼呢？

白｜我覺得這本書在精神層面上涵蓋了儒家、道家和佛家的哲學。生活在當代震盪世界裡的讀者可以學到很多，特別是佛家方面對於遠古世界的非永恆

性。我認為這是非常有益的一課，特別是在所有事情飛速變化的後疫情時代。

張彥（Ian Johnson）｜有沒有中文的《紅樓夢》研究讓您覺得很受啟發的？《紅樓夢》在當代中國的受眾是怎麼樣的呢？尤其是在當下大家的注意力都只能集中很短的時間。中國教科書裡有沒有教授《紅樓夢》的部分章節？台灣的情況又是怎麼樣的呢？

白｜這是一個很宏大的問題。當然有很多的導讀都是很好的，我經常會看王國維和林語堂對於紅樓夢的研究。但是我並不太會看胡適的研究，因為我和他對於後四十章的作者問題看法不一樣。胡適堅持說最後四十章是高鶚寫的，而我不這麼認為。這幾位作者大概是我能想到的。

您剛提到最後四十章是不是由高鶚撰寫的問題。觀眾也提問到，「我讀到的資料中說這個問題很久以前就已經被解決了，來自中國和台灣的紅學家已經給出了答案。」您在書中有沒有提到這個問題？您對後四十章的爭議是怎麼看的呢？

白｜我想不出有哪部傑出的小說是由一個以上的作者寫的。我認為《戰爭與和平》不可能是由兩個托爾斯泰（Leo Tolstoy）寫的。在程偉元和高鶚印製的1791年版《紅樓夢》的序言中，他們說從收藏家那裡找到了最後四十章的內容。胡適並不相信他們的話，但胡適找不到任何證據來反對。所以我認為後四十章不可能是別的作者寫的。因為前八十章已經發展出了很多子情節，換個作者幾乎不可能把這些情節都涵蓋，形成一個整體。我確實相信，當時曹雪芹本人存有一份未完成的後四十章手稿。為什麼這四十章消失了這麼久？台灣的紅學家高陽有一個理論是很可信的。他認為最後四十章影射了曹雪芹被皇帝抄了家，而事實上曹雪芹家族確實是被雍正皇帝抄家的，所以忌諱提及。如果當時最後四十章出版，曹雪芹就會陷入危險。

陳｜我也來提供一點背景資料。曹雪芹在1764年左右去世，《紅樓夢》第一版直到1791年才問世，也就是他死後四十年。前八十章被廣泛流傳，甚至現在我們有十多種前八十章的手稿。其中一些邊註非常有趣，顯然是由一些瞭解曹雪芹的人寫的，比如有的批註會說，「這事其實沒有發生」或者「這個角色寫得不像真實生活裡的原型」等等。所以我們知道，有些小說裡的事件是真實的。但是在那一版裡我們沒有最後四十章的手稿。而當第一版印刷版本出來的時候，編輯說他們找到了散落的手稿，這邊二十章、那邊十章，然後他們把這些手稿「修補」在一起。

就像20世紀之前中國出版的大多數書籍一樣，這部小說沒有標點。在1920年，當亞東圖書館出版《紅樓夢》第一個版本時，出版商請胡適寫了一篇序言，胡適才確定了曹雪芹是作者。以前我們不知道是誰寫的，胡適通過他出色的研究確定了曹雪芹才是作者，但是即使到現在，關於作者我們也還有一些疑問。在序言裡，胡適直接總結說，當程偉元和高鶚說他們「修訂」了後四十章，事實上是「偽造」了後四十章。其實他沒有證據證明他們真的偽造了。但胡適是一個受人尊敬的人物，所以很多人跟著他否定了最後四十章，說這些都是偽造的。但白教授指出，偽造最後四十章的人簡直是比曹雪芹本人更有才華的人，因為他完美再現了曹雪芹在自己的每個人物身上所投入的那種獨特的氣質。而且，前八十章中所有鬆散的線索在最後四十章中被拉到一起，除了作者以外的其他人要做到這一點是非常困難的，除非腦海中已經有了那個宏大的情節設計。

不幸的是，一旦你認為最後四十章是偽造的，那麼你就會不斷看到新的證據證明它是偽造的。有些人對《紅樓夢》的語言進行了電腦分析，他們認為這不可能是偽造的，因為語言非常相似。而且最後四十章中的很多文字都非常精彩、有戲劇性，很難找到另一個像曹雪芹那樣的天才創作出像黛玉之死那樣的場景。還有最後一幕，賈寶玉回來和他的父親告別，遁入空門，這場戲太感人了，不是天才的人很難寫出來。

《紅樓夢》的哲學與文化內涵

下面我打算把幾個問題提煉在一起,因為有相當多的問題是關於哲學的。林鳳儀問,小說中的儒家、道教、佛教是如何交織在一起的?劉雯問,白老師能不能講講《紅樓夢》裡有哪些中國哲學?還有人問曹雪芹自己的人生哲學是什麼?所以您能談一談《紅樓夢》裡的哲學思想嗎?

白｜我認為曹雪芹的人生哲學都在《紅樓夢》中。我們對曹雪芹的生活知之甚少,只能通過他的同時代的人、朋友和詩人來瞭解他。但無論如何,在《紅樓夢》中,儒家、佛教和道家的哲學之間存在著奇妙的平衡。在現實的層面上,它是在儒家思想下建立的整個社會框架。但在精神的層面上,是由佛教和道教的僧侶神聖形象代表的。儒教、佛教和道教,它們在這部小說中以一種非常平衡的方式相互作用。我不認為曹雪芹會偏向於某一種。當你讀到最後,我認為整部小說就像一場辯論,是不同哲學之間的對話。

陳｜我認為白教授看待這部小說的方式有一個奇妙之處,那就是他把它看作是一個完整的整體,他沒有讓最後四十章的這種爭議影響到他對這部小說的欣賞。我的意思是,西方世界也有很多爭論,關於有些劇本是否真的是莎士比亞寫的,或者他是否是唯一的作者。但他的書本身是經得起時間的考驗的,因為它身為一個整體讓讀者很有感觸。白教授把那些爭議放在一邊,看整部小說,假設它是完整的。

一旦你這樣做,你就會開始看到很多的聯繫。在最後,第一百二十章,有一個美好的場景:賈寶玉終於實現了他父親的願望,去參加了科舉考試。他實際上考得非常好,考中鄉試第七,於是全家人欣喜若狂,但賈寶玉卻消失了。寶玉在考試後失蹤的消息,在一個雪天的船艙裡傳到了他父親那裡,而他的父親正在寫一封家信。賈政抬眼一看,船的甲板上有一個和尚跪

在地上，向他深深鞠躬。他正疑惑這個和尚在幹什麼，發現剃了頭，赤著腳的僧人原來是寶玉，是他的兒子。他說：「你不是我的兒子嗎？」賈寶玉沒有回答，只是非常悲傷地看著他的父親，露出半點笑容。然後一個僧人和一個法師上來把賈寶玉拉了下船，他們一起消失在雪地裡。賈政方才意識到兒子並不屬於他，是一個來自更高境界的存在。因此，從象徵意義上講，賈政身上的儒家思想與佛教和道家思想是一致的。

在整部小說中，賈政的父親看不起他的兒子，總是因為寶玉不爭氣而和家人爭吵，在最後卻達成了某種和解，意味著儒家承認佛教和道教有一席之地。而賈寶玉回來，向給了他生命的父親表示敬意，這便是把不同的哲學放在一起的美妙方式。

Louisa｜作為一個研究性別和經濟學的巴西人，西方當代對性別和階級的觀點經常妨礙我理解這本書的某些方面。您建議我如何剔除自己預設的西方視角，在小說中思考性別問題？在閱讀《紅樓夢》時，我應該如何剝去自己來自西方的對性別的偏見？

白｜我認為《紅樓夢》中最突出的一點是對女性角色的高度尊重。我認為這比中國從前的任何其他小說都要好。我的一個朋友也是《紅樓夢》的忠實讀者，他說很久以前的中國社會是一個母系社會，而在《紅樓夢》中，這種母系社會似乎又出現了，賈母可以被理解為家族的女族長。因此，我認為女性角色在《紅樓夢》中是最令人印象深刻的。

還有，曹雪芹對性的態度是非常寬容的。即使是對雙性戀者和同性戀者，他似乎對這些都沒有偏見，這和當時社會上的主流觀念並不一樣。因此，就性別問題而言，他對性別是非常寬容的。

陳｜他尊重人類的不同性取向，只要它不是剝削性的。小說中最有吸引力的兩個人物，賈寶玉和史湘雲，他們都有一些雌雄同體的特徵。小說中還有

幾個人物是雙性戀,這似乎並不影響曹雪芹,只要關係是有愛的,這就可以了。

在場很多人提了一些相關的後續問題。Jingai Sun和Stuart Patterson,他們都想請白教授分享在UCSB向美國學生教授《紅樓夢》的經驗。這與對性別的誤解有關,也與搭建東西方這兩種文化之間的橋梁有關。白教授,您在大學教《紅樓夢》的經驗,有什麼可以分享的嗎?

白｜是的,我認為美國學生很難理解賈寶玉。但我向他們解釋說,如果你把他看成一個象徵性的人物,看成一個像菩薩一樣的人物,就容易理解他了。賈寶玉並不符合美國小說中的浪漫英雄的設定。然而,我的一個學生一定是把這本小說讀得很透徹了,他來找我說:「白教授,我是賈寶玉。」因為他當時正在和一個有一半中國血統的女孩約會。我不認為他是個花花公子之類的人,實際上他娶了一個中國妻子,而且他們非常恩愛。

陳｜我認為如果用西方男性主角的視角看賈寶玉,可能他顯得過於女性化。但是,如果你以開放的心態對待這部小說,比如說,男人不一定要有大男子主義,那麼你就能更多地欣賞這部小說。

《紅樓夢》和《臺北人》的忠實讀者姚明海提出問題:創作與年齡——曹雪芹在晚年執筆《紅樓夢》,逝世時仍然未完成,而白先勇老師的小說都屬於少年之作,似乎都寫作於他執教UCSB之前,這是否應證了文學創作的高峰往往產生在作者的人生挫折或者心理創傷的低谷之際?

白｜這個很難說的,不過我想說現代心理學,心理的創傷的確和青少年時期很有關係。像曹雪芹,他生長於一個非常富貴而且有權勢的家庭。他們曹家差不多在江南織造這個位置做了六十年。康熙六次下江南,住在他們家四

次，你看皇帝對他們的恩寵非常非常高。可是在曹雪芹十三、四歲的時候，雍正皇帝即位，曹家忽然之間抄家了，可以說從原來非常富貴的家族、非常高貴的門第，一下子抄得一無所有。後來他們全家到北京，變得很窮困，所以在十三、四歲以前享過這麼多榮華富貴，然後後半生那麼窮困淒涼，這個對《紅樓夢》的創作是非常有關係的。《紅樓夢》故事中也是一樣。開始時賈家是享盡了榮華富貴，最後也是抄家了。這個創傷是很有關係的。

問我個人呢，我想這個可能也有關係。我自己的經歷，小時候我生病，是肺病，生病生了四、五年。我那時候是被隔離的、被孤立的，所以變得很敏感。而就在我生病、青少年年少的時候，我經過了中日戰爭、經過了國共內戰，兩個大戰我都經過了，所以我是一直在逃難，這些苦難的情況我自己親身經過，可能對我在台北的創作也非常有影響。我想過，如果我是在台灣出生的，從小在台灣長大，可能我就寫不出《臺北人》來了。

陳｜我不會寫小說。我沒有想像力，我第一本書其實也是一個傳記，我只能根據我知道的、把我知道究竟的寫出來，我沒辦法構造。不過，白先生，你把《紅樓夢》也寫活了，你可以寫小說。

《紅樓夢》對作者、讀者以及時代的意義

Gloria Wu｜白老師您好，今天再次看到你真的是十分興奮，自從在中學時代在課堂上拜讀您的作品後，您的文字深刻地印在十來歲的少女的腦海。二十多年以後，驀然回首，您的今天有什麼不同嗎？

白｜我今年已經八十四歲了，當然一個人的成長，到了我這年紀，經歷了很多很多事情，看《紅樓夢》、看人生，有什麼不一樣的點啊。這個可能要講不完了，要慢慢講了。

Liu Fen｜您認為《紅樓夢》是曹雪芹的自傳嗎？

白｜我想啊，有自傳的成分，這是小說，所以小說一定有很多想像的東西。這本一定是有自傳的成分在裡面，但它不是自傳。如果是自傳的話，他會把真的人都寫出來。比如，大觀園寫得那麼生動、那麼仔細，好像一個工筆畫一樣，所以人家以為真的有大觀園、大家都去找；有人說是北京的恭王府，有人說是南京的江南織造府。很可能曹雪芹家裡有很大一個花園，可是大觀園是他想像出來的，是他的「心」園。所以我想說一定是半真半假，一定有真的事情供他想像，但是我想他的想像更要緊。

Zhang Xiulin｜曹雪芹寫《紅樓夢》的時候家族已經沒落，而且他自己已經窮到冬天沒有銀子去買炭火。那麼《紅樓夢》本身有沒有一些事情，是影射曹雪芹對當時政局和社會的不滿？可以分享一下您的看法嗎？

白｜我在想曹雪芹寫這個小說的時候，因為他過去的生活享盡富貴榮華，所以他寫得興致勃勃。曹雪芹和曹家受了皇帝非常多的恩寵，所以一直到抄家之前，我想曹家對於皇室一定是非常感恩的。

　　後來突然間抄家了，那當然曹雪芹心中不免對當時的政治有所不滿。我想他對政治不滿，就是後來寫賈家抄家這個事情，那已經講得很清楚了嘛。就是皇帝、皇恩也是靠不住的，說抄家就抄家了。那個就是無言的抗議了。

陳｜我想曹雪芹也是有一些他的抱負的。比如說他寫關於探春，他們怎麼樣管理那個花園，有他的哲學，包括怎麼用人，有把他的一些想法寫進去。

白｜其實有人講說這本小說是反封建、反儒家思想的，我覺得不盡然。探春就是一個儒家的代表。儒家是入世和經世的哲學，有自己的一套紀律，在社

會上生存。所以我想這本書是一個非常平衡的，人生的各面都顧到了，尤其是中國的哲學。你看我們的八卦分陰陽兩邊，所以我想說中國人的生活和哲學也是一半陰一半陽的。陰陽和諧是一個整個的整體。所以這本書其實是一個非常圓滿的圓，而不是一半。

陳｜可是它裡面寫關於法庭的，比如賈政想要廉政，可是在那個制度下是真的沒有辦法的，您說是不是？

白｜我想中國制度的這個毛病，自古到今都有。這種官僚制度，這是一定有的。我想對曹雪芹影響最大的還是抄家。皇帝對你那麼好，但是無情的時候就無情了。

王越｜請問兩位老師最喜歡《紅樓夢》的哪一章節，以及您們為什麼喜歡？

白｜我對《紅樓夢》最喜歡的是哪一章，這是會變的、會改的。不過寫得最動人的呢，還是寶玉出家。最後寶玉出家那章是全書最高峰，他寫「最後只剩得白茫茫大地真乾淨」，他寫的那個意向、那個含義，寫的手法太好了，把整個小說帶到了高峰。最後的小說的結局在那個地方體現得非常好非常好。

陳｜我沒辦法想出哪一章比較好，我還要慢慢地想，因為寫得好的地方實在是太多了。

王越｜如果跟美國的大學生講《紅樓夢》的話，您會推薦從哪一章開始講？

白｜我覺得從〈劉姥姥進大觀園〉，那一章最熱鬧、最有意思、最好玩。很有意思的，在台灣的初中教科書裡選的《紅樓夢》章節就是這一章，引起學

生的興趣。因為劉姥姥這個喜劇人物寫得太有趣了,所以從這章開始會引起大家的興趣。

陳｜我想如果你想只教幾章的話,那尤二姊和尤三姊那幾章是滿好玩的,這太絕了。然後還有寶釵跟寶玉結婚、林黛玉之死,但是前兩章和後兩章都很有意思。

王越｜想問陳女士,您作為獨立學者,做研究是如何選題、如何找資料的呢？

陳｜謝謝您這個問題。其實我寫了好幾本書,都是吃飯的時候提出來的。比如我跟周質平做一本關於胡適和他美國情人的書,是香港中文大學出的,因為有一次我們在香港的時候,周質平也在城市大學做訪問學者,有人請我們吃飯,他就坐在我旁邊。我說,原來您就是《胡適與韋蓮司》的作者,因為北大的編輯給我寄了一本。然後他發現我是 A Latterday Confucian（《洪業傳》）的作者,他原本還以為是美國人寫的。接著我們就談起來,他說,哎 Susan,很多人說我那本《胡適與韋蓮司》應該有英文本,因為很多的書信都是英文寫的,您跟我合作好不好？所以說是很偶然的。

我們和白先生做這個英文導讀,也是吃飯吃出來的。我的丈夫就是六〇年代白先生在台灣的學生,後來經過白先生的介紹,再回到UCSB教書。2016年,白先生的《細說紅樓夢》出來的時候,我們剛好在台灣。然後出書了、有人請客,在晚宴上說,這個書這麼好,怎麼很少有美國人知道呢？我們談起,大家就起鬨著說,白先生您一定要出英文導讀！那白先生呢,就微微笑,沒有答應,然後我就自告奮勇說我來幫你。

李小榮｜謝謝,我真的很高興見到三位,UCSB的三劍客在這裡聚會,還有談我最喜歡的話題之一：《紅樓夢》。所以我就問一個簡單的問題。您怎麼看賈蘭科舉成功在《紅樓夢》結局中的意義？是破壞了這個宗教意義呢,還

是沒有那麼重要？有的人覺得這是跟寶玉出家比較矛盾的。

白｜我覺得這並不矛盾。因為我剛才已經說過了，在小說裡面，儒釋道這三家曹雪芹取的是平衡的態度。儒家有儒家的追尋，佛道兩家有儒道兩家的追求。寶玉出家是佛道這邊的，那麼對於儒家，也有賈家這一支在延續他們的命脈，後來不是有賈雨村跟甄士隱在最後再相逢的時候，就問起來賈家的結果怎麼樣，就說是蘭桂齊芳，蘭就是賈蘭，桂就是賈桂，寶玉出家的時候寶釵已經懷孕了，賈桂就是寶釵生下來的孩子，就是靠他們兩個再把賈家扶植起來。我覺得這不會破壞這本小說，而且我覺得還加強了這本小說，因為最後，大家都以為，最後寶玉出家了，是佛家道家勝利了，我想恐怕這不是原來的意思。

　　我想最後的時候，甄士隱跟賈雨村這兩個象徵性的人物，一個是代表道家、出世的，另外一個是代表俗人，我們現在的俗人，也是儒家這一套經世濟民哲學的闡釋。一開始他們兩人，等於是佛家跟儒道相遇了，然後兩人分道而行，最後他們兩個人相遇了，還是各走各的路。我想這個意思就是說，人生有各種的尋求，有的人是儒家方面的，有的是佛道兩家的。所以我覺得賈蘭中了舉，而寶玉之前也中了舉人，並沒有破壞後面。我想大家別忘了，就算是佛家要出家，也一定要把俗緣還盡了才能走的。寶玉要怎麼還父母的恩呢？就是中舉，要一個功名。所以寶玉出家，把功名還給了他的父母。他替他的妻子留了一個兒子，然後給他的妾——他最愛的那個丫鬟襲人——給了她一個丈夫，就是蔣玉菡，他替她下聘的那個人。宿緣了盡，寶玉他才能出家。所以他也需要中舉，我是這樣解釋的。

Alice｜老師們好，我很喜歡白老師的《臺北人》，今天聽白老師讀紅樓夢學到很多。陳老師先前提到《紅樓夢》的手稿是18世紀末才發現的，請問《紅樓夢》在當時的社會上反響如何，清朝的讀者和學者如何看待這部作品？

白｜《紅樓夢》本來在1791這個稱「高本」的程甲本木刻印版本出現以前，已經有很多手抄本，就是把前八十回抄下來的，那個非常流行。我想已經有很多人在看了，否則那個手抄本不會賣得那麼貴，大家還傳著看。後來刻印本出來，可以說是洛陽紙貴，一直是最受歡迎的一本小說。當時清朝就有很多評語了。而且還有很多人寫了《紅樓夢》的續集，因為很多人受不了林黛玉的悲劇下場。很多人寫林黛玉復活了，然後和賈寶玉結婚了。還有很多人寫《紅樓夢》的評論，多得不得了。當時也改成戲劇，崑曲都有好幾個本子，清朝的時候，《紅樓夢》的傳奇本有好幾本。

陳｜比如《老殘遊記》裡面也提到《紅樓夢》，聽說上海的妓院裡面有一些妓女也取林黛玉這個名字，聽說也有一些女性為了《紅樓夢》而自殺，這種事情也是常聽到的。所以反響是很大的，不是到五四運動大家才覺得這個小說好，19世紀的時候已經有很多人在讀這本書。所以王國維在20世紀初就很嚴肅地對待這本書了。

觀眾｜夏濟安和夏志清對《紅樓夢》的閱讀給您帶來的影響——您後來對這本小說的欣賞力和洞察力，是不是受到兩位夏老師的影響？

白｜夏志清寫的那本《中國古典小說》，有一章特別提了《紅樓夢》。他是用英文寫的、寫給英文讀者看的，用的是比較文學的方法。他用了很多西方名著作比較，這點我覺得對西方讀者相當有用。比如說寶玉出家成佛的精神歷程，他用了西方的Pilgrim's Progress（天路歷程）來比較，所以這樣西方的讀者會比較瞭解。我覺得這個比較很好。他的另外一個比較我剛剛也講過，就是賈寶玉這個人物很像陀思妥耶夫斯基的《白癡》裡的梅什金，像是基督式的人物，也像是悉達多太子這樣的人物。

　　我在教書的時候，夏志清的這兩個比較，的確給我相當大的幫助。不過我覺得夏志清先生不太喜歡林黛玉，大概是因為林黛玉太敏感了，而且小

性子這麼多,夏志清先生不太喜歡這樣的女孩子,所以對她有些偏見——這一點我不同意,我覺得夏志清先生對林黛玉的偏見深了一點。夏濟安先生我倒不太記得他對《紅樓夢》有太多的講法,他對別的小說,比如《水滸傳》,倒是有比較多的講法。

陳｜我不是研究小說的,我知道夏志清評過《紅樓夢》,但我沒看過他的評論。

Monica Zhang｜兩位主講人最喜歡的《紅樓夢》戲劇版本、電影,或者電視劇或者舞台劇是什麼,以及為什麼會喜歡?因為《紅樓夢》這麼多年來被改編得那麼多,京劇也好、崑曲也好,又或者是電影、連續劇,有沒有比較鍾愛的版本?

白｜《紅樓夢》很不容易改,因為太複雜、太大了,不過紹興戲改編得還真的不錯,兩個主角是王文娟和徐玉蘭。

電視方面,1987年那個中國大陸出的電視連續劇,選角、音樂、配音、服裝也都很講究,拍得也很不錯。不過它把結尾給改掉了,不是原著的樣子,為了連續劇的關係,想要轟動一點,像王熙鳳後來被下到監獄裡去了,死的時候拖出去,這個太聳人聽聞了,否則那個真的很不錯。

電影方面呢,李翰祥的《金玉良緣紅樓夢》很不錯,扮演賈寶玉的就是後來很有名很有名女明星林青霞,那個是用黃梅調唱的。其他改的很多很多,不過大部分都失敗了。

最後兩個問題,首先是「請問《紅樓夢》是您的最愛嗎?另外您心目中最愛的中文書前三名是什麼?」我想這個問題還挺好玩的,您心目中最喜歡的五本書。

白｜第一是《紅樓夢》，第二是李商隱的詩，第三我要說是王國維的詞。這是三個我現在比較喜歡的，但是這是會變的。

　　那現代或者當代的小說有沒有您推薦的？

白｜當代的，大家都說魯迅好。當然魯迅很好。我比較喜歡郁達夫的小說，到現在還是比較喜歡他的，當時有幾篇，有的當然也不好，但有幾篇我覺得寫得是真好。

陳｜我看的中國小說太少了，所以我不敢說，太不好意思。因為我本身是喜歡歷史，平常不太看小說。除了白先生的小說以外，其他都沒看，哈哈。可是我看了《紅樓夢》，發奮以後要多看中文小說。另外還有和白睿文一起翻譯的王安憶，那個是第一本現代小說我從頭看到尾的，其他看的真的很少。我倒是看英文的小說比較多，多數是維多利亞時代的小說。

　　好，最後一個問題。您們兩位花了這麼多的時間完成這本《細說紅樓夢》的中文版和英文版，這麼些年裡面，最大的收獲，或者說學到最多的東西是什麼？有什麼樣的感觸跟我們分享一下？

白｜《細說紅樓夢》算是從我在臺大教書的時候開始，我有三個學期一百個鐘頭，最後一個鐘頭才教完一百二十回。我最大的收獲可能要花幾分鐘來講。

　　現在在世界上最流行的《紅樓夢》的版本有兩個，一個是程乙本，是1792年出版的，是一百二十回完全的版本。這個版本經過胡適的推薦，就在海內外變得非常流行，所以幾十年都是用這個版本，從1792年一直到民國，到後來在台灣和大陸，大陸在一九五幾年的時候也是用這個版本。一直到1983年，中國大陸開始用另外一個版本，叫作庚辰本。庚辰本其實是1760年

發現的一個手抄本，就用了庚辰這個紀年了，這是八十回的手抄本，一九五幾年的時候在中國被發現了，但是這個版本只有七十八回，中國學者馮其庸就把另外版本的兩回補進來，然後再把程偉和高鶚他們出版那個版本的後四十回剪下來貼到那個上面去，變成一百二十回。所以它是兩部分，一部分是前八十回的手抄本，後面的四十回是另外一個版本的東西。這樣的一個本子在1983年中國大陸由人民文學出版社出版，就大為流行，取代了程乙本，無論在大陸，還是在台灣。

我在臺大教書的時候，程乙本已經絕版了，所以當時兩個版本我就同時用。我把這兩個版本的前八十回從頭對到尾──平常我不會做這個事情，這是因為要教書──我就發覺這個庚辰本有很多問題。我發現這兩個版本有一百七十多個地方不一樣，而且程乙本往往要比庚辰本更好。我是從一個作家、小說家的看法來比較這兩個本子，而這是我最大的發現，所以我就編輯了一本書，專門講這個版本的問題，而且我把這一百七十多個區別，做了一個表來相互比較。我覺得這個很要緊。這也引起了很大的爭論，包括在中國大陸，有很多箭頭都向著我來。

不過我很高興2019年人民文學出版社終於重新出版程乙本，因為這個版本很重要，我們這麼偉大的一本小說，流傳有問題的版本非常不應該。那為什麼另外一個版本會這麼流行呢？也是因為一群所謂的紅學者，壟斷了紅學的發言權。這是我最大的收穫。

謝謝白老師。Susan您呢？您在做《細說紅樓夢》的時候，覺得最大的收穫是什麼？

陳｜我覺得我像多讀了四年書，學了很多。我從來沒有那麼細心地看一部小說，除了您翻譯的《長恨歌》以外，就是《紅樓夢》了。這兩本書，一個古代的、一個現代的，我覺得是真的好，把我逼著細看小說，真的有很大的收獲，尤其是跟白先生學。

白｜我最後講一句，書大部分都是Susan她寫的、負責的，她花了極大的功夫在這本書上面，我只是在旁邊給了她很多很多的意見，所以這本書她有全部的功勞，在這裡要謝謝Susan。

陳｜本來說是我幫白先生的，可是後來他堅持讓我做第一作者，我不能推辭。其實我們這個英文本，是基於他的中文本的，而且我有很多疑問讓他看，所以是白先生的看法。謝謝白先生給我這個機會。

讓我問一下，我們有很多加州大學聖塔芭芭拉分校的大學學生，很可惜白老師在這裡任教的時候他們沒有機會去上您的課。今天在場的可能有藝術家、作家、電影製作者。您對他們今天的藝術生命、創意、創作故事、創作上的任何東西，有什麼建議嗎？

我一直都是一個追夢者，你們需要有夢想，如果你覺得它對你是那麼重要，就不要害怕，就去做，特別是當你還年輕的時候。一些坎坷，不算什麼，只要不斷嘗試，去做任何你覺得對你最重要的事。

請與我一起感謝這麼充滿傳奇的白先勇教授的演講。

＊部分訪談內容曾經刊登在：白睿文、蔡建鑫合編：《重返現代：白先勇、〈現代文學〉與現代主義》。台北：麥田，2016年。

＊陳毓賢（Susan Chan Egan），祖籍廣東中山，生長於菲律賓馬尼拉。曾就讀臺灣師範大學，獲華盛頓大學比較文學碩士、波士頓大學工商管理碩士，從事金融業多年。著有《寫在漢學邊上》、《洪業傳》等書，並與白先勇合撰《紅樓夢》英文導讀。與白睿文合譯《長恨歌》。

林懷民：由雲門出發

　　林懷民，台灣著名的舞蹈家和作家。1947年出生在嘉義市，早在十四歲就開始寫作，第一篇作品〈兒歌〉刊登在1961年的《聯合報》副刊上，而林懷民便把稿費用來付一生中第一次舞蹈課。1969年出版短篇小說集《蟬》，同年留學美國攻讀密蘇里大學新聞系碩士班學位，1970年應邀參加愛荷華大學「國際寫作計畫」（International Writing Program）同時進入英文系作家工作坊攻讀學位，1972年獲藝術創作碩士學位。愛荷華留學期間，他開始認真學舞，並赴紐約瑪莎・葛蘭姆（Martha Graham）和摩斯・康寧漢（Merce Cunningham）的舞蹈學校研習現代舞。

　　林懷民1972年返台，次年創辦「雲門舞集」。往後數十年，雲門舞集變成台灣現代舞最重要的平台，代表作包括《白蛇傳》、《紅樓夢》、《九歌》、《水月》、《流浪者之歌》、《家族合唱》、《竹夢》、《行草三部曲》等。

　　這次公開對談2016年2月1日在聖塔芭芭拉進行。當時林懷民帶著雲門雲集到美國巡迴演出，其間林老師從匆忙的行程中抽了一點時間來校談談他從文學到舞蹈的道路。

> 以下提問為粗黑體,其餘主文為林懷民回答

一切從《紅菱艷》開始

我很榮幸能邀請林懷民先生出席這次活動。林先生是一位多才多藝的藝術家,他是一個舞蹈家、編舞者、作家、翻譯家。在他豐富的藝術生涯中,林先生有很多方面的代表作,諸如編舞作品《九歌》、《薪傳》、《行草》、《流浪者之歌》等等。林先生也是「雲門舞集」的創辦人,四十餘年以來,雲門舞集是亞洲,乃至全世界最重要的舞蹈團體之一,不斷地在全世界巡迴演出,獲得了不少榮譽。林先生也在2013年榮獲「美國舞蹈節」的終生成就獎。

我們很榮幸,林先生和他的舞蹈團今天到訪,並於明天在格拉納達劇院演出,使我們有幸能藉此機會邀請林先生親自到來和我們對話,談一談他的藝術生涯。

首先我想回到源頭,就是林先生的童年時代。在您的很多文章、訪問和書籍中,您多次談到老電影《紅菱艷》(*The Red Shoes*)給您帶來的影響。在您的小說《蟬》裡面——雖然作者的前言很短,只有幾行字——但一開始您就提到了《紅菱艷》這部電影給您帶來的深刻影響。我們回到《紅菱艷》吧。請您談談,為什麼這部電影對您這麼重要?它如何影響到您後來的創作?

由安徒生(Hans Christian Andersen)的童話故事改編的《紅菱艷》是1948年英國攝製的芭蕾舞電影,一口氣贏得五項奧斯卡金像獎,到今天仍被認為是一部經典影片。2013年,馬丁・史柯西斯(Martin Scorsese)領頭,進行影片的修復。更重要的是,「紅鞋子」啟蒙,引導無數的年輕人投身舞蹈。

我在1952年看到,那年我五歲。我生在一個大家族,年輕的叔叔、姑姑都去看。我免票,每個人都帶我去,我因此看了十一次!(笑)我被這部電影

迷住了！舞者會飛翔，會單腳旋轉。我的天啊！回家我也開始轉，開始飛。《紅菱艷》是我舞蹈的啟蒙，像是一個詛咒，我就從此墮落下去。（笑）

觀看《紅菱艷》會發現，它這麼多的視覺成分，如雲、影子等等，在您後來的作品裡都可以看到。當我再看到這套電影和您的作品，可以感覺到很多雲門舞集的淵源，包括在您的作品裡，您對那種意象的強烈追求。

在您投入編舞工作之前，您自己跳舞，也創辦了雲門舞集，不過其實有一段時間是從事寫作。作為一個創意寫作家，您發表了一些故事作品，像《蟬》，而《蟬》後來成為現代台灣文藝的經典作品，一直不斷地再版。

1969年，大約是台灣的現代主義運動和鄉土文學運動正在進行的時刻，那是一個藝術復興的時代。您能否談一談這段令人興奮的時光？這個時間段對您的影響？以及它如何塑造您成為一位藝術家？

我這次帶雲門巡迴演出，在甘迺迪中心碰到幾位叔叔、阿姨，他們都在五〇年代離開台灣，不願意生活在國民黨政府統治之下，尤其是在二二八之後。但我們這些戰後出生的一代人，年輕時，我們並不完全瞭解那些情況。但在戒嚴期間，還是有一點點的空間可以發聲。像現代主義的白先勇和王文興，另外還有黃春明、王禎和、陳映真——他們大概比我大十歲。我少年時代開始寫作，到1969年我已經出版了兩本書。我明白戒嚴下的書寫必須小心。流行歌曲、劇本都要審查。有些作家被關起來。現代詩人用隱喻反諷。我這個十幾歲的小孩，旁觀了這些事，覺得很苦悶，學會用意識流的寫法若隱若現地講故事。

我感到很好奇，您的其中一個培訓經驗，是到愛荷華大學作家工作坊進修。我想問一下作家的培訓，例如：情節、結構、風格、戲劇性的張力，這些「文學手法」，對您後來作為編舞者的工作有多大的影響？

很大。我去了愛荷華大學的作家工作坊攻讀學位，著名作家如白先勇、王文興、楊牧，都到過那裡。工作坊要求學生同時選讀其他藝術課，我喜歡跳舞，就選修現代舞。那年我二十三歲。

我一邊學舞，一邊讀書、寫作。文學課程幫助我瞭解語調、敘事的連續性、結構、比喻和象徵手法這些基本的文學觀念，也影響到我後來的編舞。

雲門初創時，我的作品多在講故事，例如《白蛇傳》、《紅樓夢》。其實從最開始我就知道這是錯誤的，因為舞蹈作為一個敘述故事的效果總是很差的。舞蹈最好的一個特質是它的曖昧性。它是非常開放的、自由的，每一個觀眾都可以有自己的闡釋。

我整整用了二十年時間去把腦海中的「文字」給消除掉，然後從視覺上和動力上去觀察，我因而成為更好的編舞者。但另外一個結果是，現在我坐下來寫東西的時候，會感到很困難。（笑）

劃時代的雲門舞集

作為一個過渡期，其中一個重要時刻，必然是1973年成立雲門舞集。對台灣舞蹈界來說，雲門舞集成立之前和雲門舞集成立之後，可以說是兩個不同的世界。我看到一個和蔣勳的訪談，他說在雲門舞集成立之前，並沒有「舞蹈家」和「編舞家」這樣的概念，沒有這樣的職業。當從零開始去建立一些東西，這個過程總是要面對許多挑戰。您在建立雲門舞集的初期，最大的挑戰是什麼？

我為什麼這樣做？因為我當時年輕、充滿熱血。當台灣被踢出聯合國，台灣留學生在美國的保釣運動也遇到了挫折，我回國前已經作好心理準備去做任何事情，希望能為台灣社會做點事。只不過是機緣湊巧，我遇到了一些舞者和音樂家，大家希望合作，我們就開始工作。我舞蹈經驗很淺薄，

當時還想再過幾年，我就可以把舞蹈團交給舞者去經營，可見當時是多麼地無知。

我告訴你一個「有趣」的故事，雲門台北的首演在中山堂舉辦。那是一個很大的演講廳，舞台是打蠟的拼花地板，很硬，很滑，不可能在上面跳舞，我們用好幾打可口可樂，洗去地板蠟，才勉強可以跳舞。那裡也沒有燈光設備。鋼鐵的舞台燈很重，應該是要掛在鋼架上。那次表演，我們只能把幾根竹竿捆在一起，然後把燈掛起來。演到一半，你可以看到那些竹架子都彎成下垂的弧形。（笑）我們就是這樣開始。

雲門舞集做了很多事情，我們為劇場界設立了一個新的標準：觀眾要準時入場，演出中不可拍照片。後來，我們也花了很大的力氣，去培訓幕後的技術人才，不只是為了我們自己，更是為了台灣的劇場。當年，因為年輕，有渴望，有熱情，衝動，所以就做了。

剛開始無論做什麼都有挑戰，而其中最大的挑戰是首演季大獲成功。中山堂的演出，兩場爆滿，賣了三千多張票，並且得到很好的反響。當時我想，我的天啊，我最好還是好好地教好我自己如何去編舞！（笑）就是到了今天，最大的挑戰仍然是如何去編好舞蹈。

往後的十年間，雲門舞集不斷推出新作，也得到了很好的評價。到了八〇年代中期，雲門舞集得到了公眾的認可。您的作品充滿令人難以置信的創意，做了很多精彩的表演，也獲得了很多的獎項。但您卻作了很激進、很勇敢和大膽的決定，就是把雲門舞集解散。每一位創作人偶爾總會出現創作停滯的情況，會把所有東西放下、等一等，這也是一個創作的掙扎過程。但您能不能講一下雲門舞集從八〇年代中期到九〇年代初的情況？它們帶給您和其他表演者怎樣的啟示？這應該會是很有趣的故事。

當時，雲門舞集已經常在海外表演。1983年我被邀請去成立國立藝術學院舞蹈系。接下來的五年，我是一個舞蹈系的系主任和雲門舞集的藝術總

監。意思是，一下飛機，就要趕回學校去工作，我過著蠟燭兩頭燒的日子。

那時舞蹈團已經有了十多年歷史。創團時舞者二十出頭，轉眼已經是三十多歲了。他們有了家庭，有了小孩。舞團財務仍是大問題，我不知如何承擔他們未來的生計。另一方面，我自己這樣東奔西跑，也拿不出任何新鮮的觀念創作。我想解散舞蹈團。解散前，我們手頭上有八個國外演出的邀請。但這意味我們要繼續飛來飛去，回來後，所有問題仍然無法解決。

1986年，我決定把雲門解散，用兩年時間安排好舞者的出路，1988年才正式解散。我覺得這是我做得最棒的一件事。（笑）

解散三年間，我和舞團經理，技術總監，都出國進修，對各自的專業有了知識。不像以前只憑熱血就幹起來。1991年復出後，舞團營運逐漸專業化。我們放手去做，覺得「大不了再解散就是」。

1991年，舞團復出。雲門的解散讓政府意識到表演藝術沒有政府的支持很難永續，開始補助表演團隊。到了九〇年代，企業家開始加入雲門基金會的董事會。董事們大多是戰後出生的一代，留學美國期間，他們注意到藝術文化的重要。因為這些人的支持，我們才可以穩定發展。

自從雲門舞集的再生，獲致了很大的成功，您們明天在格納達劇院表演的是您其中一個新創作《稻禾》。我想藉用《稻禾》去領悟一下您的創作過程，去瞭解一下作品是如何誕生的。因為作品中包含有那麼多東西，像服裝、舞蹈、角色安排、舞台燈光、舞台音樂等。能否請您帶領我們去瞭解，這些元素是如何組合在一起的？它們的安排次序又是怎樣的？

《稻禾》的起心動意來自池上的稻田。池上在台灣的東岸，以最佳品質的米馳名。

日治時代，池上農民每年都要上繳貢米給日本皇室，池上米因此有「皇帝米」的美譽。但戰後，他們開始採用化學農藥，聲譽大落。在九〇年代，幾個年輕人開展了一個運動，推行「有機耕作」，不用化肥。現在，池

上米是台灣最貴的米，也出口日本、香港，和歐盟國家。很了不起。

池上的農民非常愛護他們的稻田。有一年，台灣電力公司想在田裡立電線桿，池上農民靜坐抗議，說電線桿會破壞他們美麗的田園，台電只好把電線埋到地下。

今天到池上，你可以看到一百多公頃的稻田，沒有一根電線桿，稻浪洶湧如海。池上因此成為觀光勝地。

我去了池上，看到汪洋似的稻田，大受震撼。我想把這些風景和觀眾分享。我請一位傑出的攝影師朋友張皓然，去拍那片稻田。他來來去去，去了兩年，專注在一區稻田，記錄稻米的完整生長週期。為什麼要兩年？有時池上農友通知他說秧苗很漂亮，叫他馬上去。他到時只看到綠油油的一片，很美，卻沒有風。苦等兩天，無風，拍起來只是照片，不是影片。只好下次再去。他是完美主義者，就是拍了，他還會要求更好，所以用了兩年。

最後我們有好幾小時的影片。我和投影設計師王奕盛花了兩百個小時剪接，用影像去呈現稻米從初苗到結穗的生命歷程。那是很美的影片。2014年，《稻禾》的舞台投影獲得了英國倫敦的照明騎士獎（Knight of Illumination Award）。有這麼漂亮的影像作背景是大挑戰：如果舞蹈不夠強，那麼觀眾就會坐在那裡一直看舞者背後的畫面，不看舞蹈。（笑）

《稻禾》的主題是另一個挑戰。稻米是我們很熟悉的東西。我們熟悉稻田的景象，每天都在吃米飯。可是，要講稻米的一生，有點像要寫一篇文章去表揚自己的母親同樣困難。我們都覺得懂得自己的母親，但當你坐下來些，會發覺知道的其實很少。這跟「米」的故事一樣。

我自我鬥爭了一個月後，再回池上。我看到汪汪稻田，風吹皺田裡的水，風助長了花粉的傳播，稻子才能結穗。我也看到收割後農民焚燒稻田，用灰燼作為下一季的肥料。風、水、火應對了米的生長週期，也應對了人的生命。也許有了焚田的情節，好幾個歐洲評論家說這齣戲隱約地把環保問題呈現出來，十分精彩。但我自己說不清楚，還是要觀眾自己去看。（笑）

在創作的過程中,從理念,到設計、練習、表演,其實這些都是您工作的一部分,還有這些推廣性的活動。您感覺哪一部分的工作最充滿挑戰性,最有滿足感?

最富挑戰性的部分,其實是如何能早點休息。(笑)你說的這類推廣工作是非常辛苦的生活。我發現我和記者談話,遠遠比我和好朋友聊天的時間多。像這次的巡演出發前,我已經做了八個電話訪問。因為我們要去七個城市,主辦單位都要求我接受訪問,推動票房。巡演的路上,還是有報紙和電視的訪問。在聖塔芭芭拉就有兩個採訪,洛杉磯有三個。這樣的事情,你不管高不高興都得去做。倒是企業贊助的免費戶外公演,給我們最大的滿足。每年夏天,在幾個城市廣場的戶外公演,每場數萬觀眾,秩序井然,看觀眾高高興興離開廣場,讓我覺得自己是有用的人。

好多人以為我主控雲門,實際上是雲門控制了我!(笑)雲門舞集安排了我所有的活動!

我不停告訴自己早點休息、早點休息,但是很難的。像在聖塔芭芭拉,我不可以說我不喜歡跟白老師談話!(笑)聽到白老師的名字,我就很高興接受,但對某些訪問,可能會說:「我的天啊,又來了?」有一次在北京,我就被困在飯店裡一個星期,每天接受七、八個訪問。因為中國是一個很大的國家,媒體很多。(笑)

音樂、肢體與動作的表達

下一組的問題,我想您也可以把它當作一個小遊戲。我們嘗試從不同的主題來討論您的一系列作品。我們首先想談的是音樂,音樂對您作品的影響很大,一個好例子就是《竹夢》。您有些作品是有作曲家為舞蹈創作曲,而這個是現成的音樂,是阿爾沃・帕爾特(Arvo Pärt)的作品 *TABULA RASA*(「虛靜」),也是我自己非常欣賞的一個曲子。您可不可以談談,

將編舞和音樂連在一起的時候，用現成音樂和跟作曲家一起創造音樂的不同經驗。

　　我喜歡《竹夢》。通常歐美策展人會問，你兩年後的新作是什麼。我通常不知道，可是我的職責是沒有想法還是要定期交出作品。雲門同仁轉問這個問題時，我們剛好在工作室旁邊的竹林邊，我就順口說，編一個《竹夢》吧！（笑）這就是創作的開始點。

　　《竹夢》到底是什麼？想了一陣子，我決定在舞台「種出」一個竹林。音樂怎麼辦？回到家裡，我把所有阿爾沃・帕爾特的音樂找出來，慢慢聽慢慢選，嘗試找一個合理的結構。

　　一面思索，一面害怕起來。用著名音樂家作品是很危險的。人們對這些音樂都很熟悉，他們有自己喜歡的版本、分析和理解。可是我無法自拔。我會一頭栽進阿爾沃・帕爾特的作品，有時候還會選用約翰・凱奇（John Cage）的作品。

　　編作時，我不斷提醒自己，要和音樂對話，不要一直跟著音樂走，劇院的音響會把音樂放大幾百倍，最後觀眾沉浸在音樂裡，坐在那裡檢視你的舞跟他想像的畫面是不是一樣。

　　我的冒險成敗參半。《竹夢》算是過關。有一年，歐洲錄影公司把整個舞團飛到日內瓦，用一個禮拜錄下《竹夢》。申請音樂使用權時，帕爾特的經紀公司一口回絕，說用他音樂編的舞太多，帕爾特很少滿意，決定謝絕編舞、錄影的要求。談了幾分鐘，他們弄清楚了，說：「雲門舞集？是不是那個台灣舞蹈團？很好，很好，林先生在音樂上面掌握得很好。」然後我們就得到批准。我高興極了，好像音樂考試及格。

　　雲門最初十年，我都用台灣現代音樂家的作品編舞。那時大家都年輕，有時間磨，演奏家也熱情參加錄音。委託作曲的好處是有足夠的溝通，架構合適，問題是創意必須一、兩年前談定，作曲家才有時間寫曲，而我在那一、兩年時間裡，常常有不同的想法，收到完成的錄音，還是要從頭思

考。這是很好的挑戰。

八〇年代，台灣經濟起飛後，錄音的經費高漲，雲門演出倍增，音樂需要量也倍增，經費、時間不夠，才開始使用現成的音樂。現成的音樂有它的身世和文化的聯想。那種聯想也會改變、豐富。明天演出的《稻禾》，有一段我們用了瑪利亞・卡拉斯（Maria Callas）的歌劇詠嘆調。5月份我們要去巴黎演出，巴黎的朋友提醒我，要小心啊，最近在有一段很受歡迎的電視廣告片用了瑪利亞・卡拉斯這段詠嘆調推銷義大利麵！講稻米的舞跟spaghetti扯在一起了，如何是好？（笑）

舞蹈與書法，身體與文字

讓我們轉到第二個主題，就是中國的書法。在不久之前您完成了一個三部曲，《行草》、《松煙》（又名《行草貳》）和《狂草》。這些都不單是創作上受到影響，而是作品中都有美麗的中國書法廣泛出現。我想請您再談一下身體和文字之間的關係。

我常從傳統藝術和文化中找靈感。這些都是由愛荷華城的一件事情引發的。一個美國朋友告訴我，他喜歡八大山人的作品。我說：「很好，他們都很棒！」我以為八大山人是「八個畫家」。（笑）

六〇年代，在台灣，我聽鮑勃・迪倫（Bob Dylan），披頭四（The Beatles），瓊・拜亞（Joan Baez），我們閱讀海明威（Ernest Hemingway）和福克納（William Faulkner）。到美國，才發現我對自己的文化一無所知。回台灣後，我開始「補習」。我的舞作是「補習」的心得報告。

做「行草系列」的主要原因是我對書法的興趣，以及訓練方向的改變。雲門一開始就有京劇身段的課程。到九〇年代，我讓舞者也學習禪坐、氣功和內家拳。我覺得這些是傳統肢體的根源：吐納，低重心，圓形流轉的動態，同時講究「鬆」。太極的功法包含了這些特色。

然後，我發現，這也是書法的狀態：循環流動，欲左還右，筆斷意連。毛筆寫「一」，不像鋼筆，一橫了事。基本上是8字形的動態，完成後，意念仍然存在，準備繼續書寫，「筆斷意連」。氣功、內家拳老師也不斷強調這些原則。於是，在傳統肢體訓練外，我也邀請書法老師帶舞者上書法課，加強他們對動作的揣摩。他們字寫得很好，動作也產生了不同的氣質和內涵。九〇年代起，雲門舞作在國外上收到極高的評價。因為我們創作出國際舞台前所未見的獨特動作語言。

　　下一個主題，也是跟之前您說的傳統中國文化有關，就是改編。您所有的作品都是原創的，但很多作品在某程度上受到經典小說、神話和詩歌的啟發。例如：《紅樓夢》、《白蛇傳》、《九歌》、《流浪者之歌》。其實《流浪者之歌》是赫曼·赫塞（Hermann Hesse）的經典小說Siddhartha的中譯名，所以在這裡有些混合內容的例子。有很多這樣的作品，甚至《戰爭與和平》好像也啟發了您的另外一個作品。這些小說是經典的、篇幅很大的作品，那麼把這麼龐大的敘事縮短然後改編成舞劇，應該相當困難。請告訴我們，在面對這些數以百頁計的小說、數以百計的人物時，您是如何能把它濃縮到一、兩個小時的舞蹈劇裡面？

　　我原先是個作家，早期的舞蹈作品敘述性很強，像《白蛇傳》、《紅樓夢》都是家喻戶曉的故事，讓雲門很快得到觀眾的共鳴，建立了票房基礎。但是舞蹈最重要的特色是動作的曖昧性，敘事、交代情節的能力不高。處理這些作品，我常運用象徵和隱喻的手法講故事。

　　我的《紅樓夢》有十二個女舞者。她們穿不同顏色的披風，上面繡著不同的花卉，呼應小說中的少女，以及青春。節目單沒有一個角色叫林黛玉或薛寶釵，卻有「白衣女子」和「紅衣女子」，沒有寶玉的角色，只有「園子裡的男子」和「出了園子的男子」。舞劇分春、夏、秋、冬四個章節，呼應大觀園的榮景與衰敗，同時也是園子裡青春男女的命運。「三春去後諸芳

盡」,「冬」的章節,女舞者披風反穿,露出白色的裡布,最後飛出一大片白綢布覆蓋整個舞台,「出了園子的男子」一身紅紗,在「白茫茫的大地」俯身跪拜。我試圖用這種手法營舞劇。

到九〇年代,我把這些都放下了,讓舞蹈直接說話。舞者有了更大空間,不必扮演青白蛇或影射林黛玉的白衣女子,用自己的身體說話,讓觀眾自由詮釋。有趣的是,台灣在1987年結束了三十八年的戒嚴,解嚴彷彿影響了我和舞者的解放。或者是我編了二、三十年的舞,總算有了進步,也有了信心。

還有一個主題,就是政治,您提到解嚴的重要性,我準備這次談話的時候,看了您的簡歷。我希望您不介意我洩露您的年紀,但您是在1947年的2月出生的,就在幾星期之後……

實際上是只是九天之後,就發生二二八事件。

這事件成為了台灣現代史的一個歷史創傷。通常如果我們想到舞蹈,我們會覺得它是跟政治無關的。但是我們明白政治可以影響任何事情。您是如何看待您的作品和政治之間的關係?其中有沒有政治角色或者政治人物?或者您是不是努力去保持自主不受政治的干擾?

三年前《紐約時報》(*The New York Times*)舞評家訪問我時就問,為什麼我有些作品會碰觸到政治。我告訴她,戒嚴時期,國民政府的教育以大中國為主軸,台灣在所有課本只占一、兩頁。我們在八〇年代後,才得以開始全面去認識、學習台灣的山川、歷史、文化。「學習」,不是「溫習」。

解嚴、民主,民間的力量帶動政治導向。1996年,我們第一次直選總統。今(2016)年,我們選了一位女士,蔡英文,作為我們的總統。這是

不是很精彩?她很受歡迎,但是如果她沒把工作做好,下次我們會選另一個人。

台灣的社會,差不多每隔四、五年,總有一個大變化。在這階段,台灣藝術家是幸運的。戒嚴的高牆倒下,廣大的天空挑戰藝術家去證明自己的本事。時局的變化帶來令人深思的刺激,好像你不是站在硬邦邦的水泥地上,而是站在一條船上,時時刻刻都要微調自己的觀點,去找新的平衡點。

戒嚴十年後,我編出《家族合唱》刻畫二二八和白色恐怖的創傷。隔年的《水月》用《巴赫無伴奏大提琴組曲》,滿台清水,以及充滿吐納的緩慢動作,帶給人平靜安詳的感覺。回顧起來,沒有《家族合唱》的洗滌,《水月》不會如此水到渠成。

您父親好像曾經講過,舞蹈是最重要的藝術,因為藝術家需要用自己的身體來創作。您經過了差不多四十年的雲門舞集,用您的身體作為表達的工具。但隨著時間的推移,身體總是在改變,您現在對身體的潛能和侷限,還有身體作為藝術工具,是如何理解的?隨著時間的推移,又有何變化呢?

我很晚學舞,學習時間也不長。舞蹈訓練不足,我沒有豐富的動作程式,卻也沒有專業舞者因為熟悉套路而產生的框框。編舞,我必須自己想辦法。雲門舞者進團前多有芭蕾、現代舞、京劇動作的訓練,進團後又修習氣功、內家拳,好像會講多國語言,可能性很大,我觀察舞者的特性,找出他的潛能來發展動作。每個作品都有它屬性,我必須找出新的動作來建塑舞作風格。

《水月》的動作是根據氣功的原理發展出來的。首演後,氣功老師到後台祝賀,等所有客人都走了,他說:「懷民,你有沒有發現你完全做錯了?」他是說我們沒做課堂上的套路。是的,我強調原理,試圖丟掉套路,編出新的動作組合。

我喜新厭舊,渴望探求,常常把自己和舞者放在一個懸崖上,嘗試尋

找新的領域。有時資深舞者也會提醒我編出的新段落,有舊作的影子,我就刪掉重來。

我們出入不同的訓練體系,學習再學習。「功夫」有兩個意思:能力,以及花在學習磨練技藝的時間。

學生｜有什麼其他編舞家對您的作品有影響?

我在美國的學習大半是瑪莎・葛蘭姆技巧,早期作品自然受到影響。雖然也在摩斯・康寧漢舞校上過短期課程,他給我的影響不是動作,而是開放的、勇於嘗試的精神。

美國三年裡,我只看過五、六場現代舞表演。是的,雲門舞集是一個「舞盲」創辦的。

七〇年代,台灣的表演藝術不發達,但有一個戲院天天演京劇,我有空就去看戲,也到故宮博物院去「補習」。傳統對我而言是開眼界的新事物。藝術是相通的,那些年的涉獵奠定我往後發展的基礎。

學生｜您對現代舞有怎樣的看法?您有沒有把現代舞融合到您的作品裡面?

芭蕾舞有幾百年的傳承,發展出一定的訓練方法和不斷重演的經典。「現代舞」（modern dance）從三〇年代在德國和美國開始發展。七、八十年來產生無數不同的表達方式,無法再用這個名詞涵括。簡單地說,「現代舞」是求新求變的創作精神,而不是特定的形式或風格。我常從傳統美學汲取靈感創作,但歐美舞評家都把雲門舞作歸納為「當代舞蹈」（contemporary dance）。

我看到您最近的文章叫〈搜吾,搜人生〉、〈On Dance〉,然後您又提供了一本人生字典。我發現閱讀這字典很有啟發性,針對其中十個名詞,

您談到了它們對您一生路途的影響,進而使您成為藝術家。這十個名詞是:責任、養成、學習、態度、成功、功課、決心、創造、修正、機會。我想我們現在在大學裡面,或許可以談談「功課」和「學習」,還有這兩方面的影響。從這個角度來看,您的作品可能對在場那些比較年輕的觀眾更有影響,對此您怎麼看?

你肯定這些是我說的嗎?(笑)我寫了那些都是因為編輯的要求!(笑)這也許是很奇怪的,我從事創作,並且經營了雲門舞集四十三年,不是因為我要當一個編舞家,而是為了一份責任感。

在成長的歲月,家庭教養和學校教育,都要求我們要對社會有所貢獻,像甘迺迪(John F. Kennedy)說的,「不要去問國家可以為你做什麼,要問你可以為國家做些什麼。」

年輕的時候,命運讓我遇到一些勤奮的舞者,我覺得台灣沒有自己的職業舞團,我們應該成立一個,雲門因此誕生。成立之初,我們想為農民表演,為普羅大眾表演,為學生表演。這個創團宗旨本身是六〇年代流行的一種概念。我們沒有想到要去紐約、倫敦、巴黎演出。沒有,我們真的希望去為那些群眾演出。

今天,我們還在做這些事。雲門有兩團:雲門舞集和專到偏鄉、社區演出的雲門2。雲門舞集在台灣與海外大劇院演出之外,每年在不同城市做大型的免費戶外表演,這是舞團的社會責任。

為了要讓三、四萬人專心看表演,不走來走去,你要提供最高品質的演出。你可以說,雲門舞集是台灣普羅觀眾訓練出來的。戶外演出的作品轉身就到紐約、倫敦演出。就這樣,我們走了四十三年。

像所有的行業,一路走來當然有許多困難,但只要不放棄,學習、修正,大半可以過關。然後再去迎接新的挑戰,解決新的問題。

至於機會,機會總在下個街角。我不大哀嘆沒有機會,只怕機會來時,自己沒準備好。

你剛剛提到的規範都很重要，但最重要的也許是「不忘初心」，不要對不起自己年輕時代的夢想。

龍應台：野火與大海

　　1952年生於高雄縣大寮鄉，龍應台是作者、文學評論家、大學教授和政府官員。龍應台1982年獲得堪薩斯州立大學英美文學博士學位，也曾經在美國、德國、香港、台灣等地方任教。1999年至2003年擔任台北市文化局第一任局長。她早期的文學評論收錄《龍應台評小說》，後來1985年憑散文集《野火集》帶動了台灣社會上的廣泛討論和反響。之後的創作包括短篇小說集《在海德堡墜入情網》、長篇小說《大武山下》，以及大量的散文集包括《人在歐洲》、《寫給台灣的信》、《世紀末向你走來》、《孩子你慢慢來》、《乾杯吧，托馬斯曼》、《我的不安》等書。2009年推出《大江大海一九四九》後，便又帶動了華人社會的熱烈討論和反思。

　　這次對談是2021年10月16日的線上活動的文字紀錄，談話的內容從早期的《野火集》到轟動整個華人世界的《大江大海》，又延伸到當時剛出版的《大武山下》。

以下提問為粗黑體
其餘主文為龍應台回答

文學啟蒙

首先，我想請教關於您早期的成長經歷和文學創作的啟蒙。您是否可以談一談早期對您影響較大的文學作品？這些作品又如何影響了您之後的創作？

置身當下，我驚訝於在上個世紀六〇年代末、七〇年代初自己的成長環境。和如今對照看，簡直是兩個完全不同的平行世界。那是個壓抑的年代，高中生不准談戀愛，大學生不允許開舞會。記得一個大學新生舞會，警察突襲闖入，學生落荒而逃。我認識的一個同學從三樓的窗戶跳下去，摔斷了腿。直到今天，我還記得警察闖入的那一刻播放的跳舞音樂，是電影《愛的故事》（Love Story, 1970）的主題曲。

1972年，我念大學三年級，一些同學因為讀馬克思主義的書籍而被捕入獄，刑期長達二十至二十五年，書都不可以隨便讀，那便是我成長的時代。當時，一九三、四〇年代中國作家的作品很多都是禁書，譬如魯迅，多年後我被問到自己的寫作是否受到魯迅的影響，我只能笑，因為成長過程中沒讀過魯迅，讀他是犯法的。尤其是，我在台灣南部長大，也根本接觸不到這些作品。那時的台灣，屬於所謂「第三世界」，包裹在反共的陣營中，南部又遠比台北閉塞，我的課外閱讀清單看起來像一個沒有明確主題的大雜燴，以歐洲文學為主，主要集中在19世紀。

十幾歲的時候，讀的是左拉（Emile Zola）、維克多·雨果（Victor Hugo）、大仲馬（Alexandre Dumas）、巴爾札克（Honoré de Balzac）、托爾斯泰和杜斯妥也夫斯基。那個年代的高中女生，那「自命不凡」的女孩子們，在腋下夾著精裝版尼采（Friedrich Wilhelm Nietzsche）、卡夫卡、讓—保羅·沙特（Jean-Paul Sarte）的書，然後在校園裡走來走去，是一種時尚。

台灣卷。島嶼談藝錄　93

當然也真的讀懂了一些些。其中卡夫卡給少年的我留下了深刻印象，那種深刻的疏離和孤獨感，彷彿在和我對話。閱讀19世紀美國超驗主義者，愛默生（Ralph Waldo Emerson）以及梭羅（Henry David Thoreau），很可能種下了我對大自然特別關注的種子。在中國古典文學中，我的閱讀也很一般，喜歡讀《傳習錄》、《紅樓夢》、《三國演義》，其中莊子的著作深深吸引我。不知怎地，莊子和梭羅等等超驗主義者彷彿走到了一起，直到今天，他們的蹤跡仍然出現在我的寫作中吧。

　　對於剛剛的回答，我很好奇，您提到的年代也是現代主義與鄉土文學興起的時間，您是否有對這些作品感興趣呢？比如陳映真、白先勇、王文興的作品？

　　有，但真的沒有那麼多。談台灣文化歷史的主流論述裡往往忽略了台灣的城鄉差距、南北傾斜。我生活在南部的一個漁村，又在南部讀大學。被聯考制度分派到南部上大學的台北青年很多是不情願的，因為南部在他們眼中是非常落後的「鄉下」。也確實如此。我們在成功大學讀書，只能豔羨地聽台北人說他們如何如何去武昌街看周夢蝶，如何如何在什麼黑黑的咖啡館裡頭聽熱門音樂，如何如何從地下的雜誌店買禁書，或者如何如何接觸了白先勇們的現代創作。

　　南部則是另一個世界，我們在校園裡騎腳踏車，與台北發生的主流沒有那麼大的聯繫。十八歲之前，我還不曾去過台北。在資訊封閉的南部，得自己找到窗子去打開。高中時，愛讀新詩，比較關注當時的詩人，林亨泰、商禽、洛夫等等。除此之外，我可能與遙遠的19世紀法國和俄羅斯文學更有聯繫，而且非常奇怪的是，我們在閱讀伯特蘭·羅素（Bertrand Russell）和他的老師阿爾弗雷德·諾思·懷海德（Alfred North Whitehead）。其實我也不太明白，為什麼一個住在台灣南部漁村的十七歲女孩，上學時候會閱讀懷海德的歷程哲學，或許一個字都沒看懂。但當時是一個戒嚴的社會，人並

不自由，年輕人有著充沛的能量，乾淨的心靈，到處尋找新鮮空氣，那些晦澀的哲學書籍可能就是一種莫名的新鮮空氣。總之，我成長的經歷和在台北長大的菁英圈子有很大的不同。

您不是來自於北一女這類的菁英高中，而是有著非常平民化和本土化的成長經歷。您認為這對您後來的作家生涯有何影響？

其實後來才意識到，我一起長大的所謂「同儕」、同伴，是漁民、農民、菜市場攤販，總而言之「鄉下人」的孩子們。生活的周邊環境，是傳統廟宇、竹筏、魚塭、養鴨場，當然還有那些1949內戰流離失所、在海濱碉堡裡站崗的老兵、從大陳島被迫撤來的難民。1984、1985年，寫《野火集》，心中確實充滿恐懼，但是想改變這個社會。改變社會，你對「誰」說話呢？《野火集》的訴說對象，很明確地，不是政府，不是政黨，不是社會菁英，而是跟我一起長大、我最熟悉的那些人；我告訴自己，無論寫什麼，我都要讓那開計程車的願意閱讀，要讓那蹲在溼淋淋的菜市場殺雞賣菜的女人能夠讀懂，要讓那賣米糕麵線的小販願意聽，這是一切的起點。

三十五年後，我的長篇小說《大武山下》出版，裡面所有的人物都是鄉下人，有農民、漁民，市場裡的小販、寺廟裡的僧人。這本書的首發，就放在屏東小鎮唯一的書店裡，那晚來簽名說話的讀者，幾乎都是一生頭一次到作家的發表會，頭一次看到作家簽名。很多人是提早收了攤子趕過來的。

這些是和我一起長大的人，我為他們寫作。為他們寫作，也是我的榮幸。

除了是在台灣南部長大的第二代外省人，您的背景中另一個非常有趣的部分，是之後擁有了在世界各個國家生活的經驗。您在美國生活了八年，在瑞士和德國生活了十三年。或許可以談談，在歐洲和美國的經歷如何影響

您的世界觀和早期的寫作?從青少年時期對沙特的存在主義的迷戀,到移居到美國和歐洲,您的文學品味又有哪些變化?

走遍了大江大海,我現在又住在鄉下了,一個阿美族人的村落。

遇到年輕人說,困惑未來何去何從時,我都會鼓勵他不要怕,我自己不就是個漁村走出去的小孩嗎?

1986年去歐洲之前,我是一個典型的台灣知識分子,所謂世界觀基本上是美國人的視角。搬到瑞士時,我已經在美國生活了八、九年。所以剛到歐洲的時候,理所當然將歐洲視為另一個美國,因為,反正都是「西方」,同一個籃子裡的蘋果吧。

我馬上受到衝擊,因為很快就發現,拿美國視角不能理解歐洲,兩者竟然如此不同。那時候我會和自己玩一個遊戲,譬如說,電視上隨便挑一部電影,調成靜音,這樣我就聽不見了。而僅僅從肢體語言,人物在街上走路的方式,我就知道這不是一部美國電影,而是一部歐洲電影。因為歐洲人和美國人的肢體語言不同,人際關係不同,眼神交流也不同。歐洲經驗衝擊了我的世界觀。我生活在瑞士的德語區,漸漸地也發現瑞士和德國很不一樣,更別說用德語區的視角來了解法國或者拉丁語區的西班牙了。越是近看,越是看得見區別。原來盎格魯—撒克遜人不代表歐陸,英國也不是歐洲。當英國脫歐發生時,我甚至有點理解這種心態,因為英國人自覺和歐陸是有距離的。

想了解歐洲和美國的差別,更想理解被我們「放進一個籃子」的歐洲內部差異,我開始讀歐洲的歷史和思想史,譬如說,我想弄清楚一件事:自由主義,它從哪裡來?以什麼方式傳播?在瑞士時,我對那個社會中的保守特質感到驚訝,因為我套著美國式的對自由主義的認知,來到瑞士覺得怎麼看都對不起來。我試圖追溯自由主義思想的起源,它和宗教的關係,為什麼英國會發生《大憲章》(*Magna Carta*)而德國的發展路徑那麼不一樣。如果把東正教和俄羅斯的關係也考慮進來,這一切都讓我大開眼界,深切認識

到，沒有一個叫作「西方」的地方，西方，是流動的、多色彩、多差異的。

如果你問我，歐洲生活的經歷對我有什麼樣的影響？我會說，歐洲歷史和文化是如此多樣化，我學會了更謹慎、更細緻地去注視差異，理解多元，歐洲體驗對我是一個重要的教訓。

燃燒的野火

接下來的問題會稍微遠離個人生活，來瞭解一些您的作品。首先我非常想談談《野火集》，這是我第一次接觸到您的作品。其中針砭時弊的勇氣和尖銳辛辣的語言，都讓人印象深刻，那也是當時學習中文的我第一次接觸到書面的台語。對很多讀者來說，《野火集》在台灣社會產生了極其深遠的影響。其中的文章對公眾話語權、新型公民社會的形成，在八〇年代中後期的台灣產生了深遠的影響，引發了前所未有的民眾廣泛參與。當然時機是一個重要因素，這場討論正好發生在戒嚴結束的前夕，《野火集》出現的時機非常重要，它就是在當時的特殊環境裡最需要的一種新的聲音——幾乎是perfect timing，最完美的時機。

能不能把我們帶回到那個時代，講一講在1980年代中後期，《野火集》裡收錄的文章是如何開始在《中國時報》連載的？專欄是如何開始？由於這些文章極具煽動性，您又是如何應對爆發的圍剿？這些圍剿又怎樣影響了隨後的寫作，最後讓《野火集》成為風暴眼的中心？

在寫作第一篇登報的文章〈中國人，你為什麼不生氣〉時，來源於一個在美國生活多年後，剛回台灣的年輕歸國學人的視角。「她」回到台灣，沒有任何真正的社會經驗，被眼前的一幕一幕驚呆了——社會的噤聲、官僚的趾高氣昂、人們對環境生態的隱忍、路上的亂象叢生等等。那時她不那麼知道，許多批評國家的人被關進了監獄、被迫害；那麼多曾經勇敢的批判者變得憤世嫉俗，停止發聲。而她剛剛回到台灣時，天真年輕又意氣風發，看

到社會明顯的不公,她想知道為什麼沒有人站出來反對。出於這種初生牛犢的天真和強烈的道德責任感,她開始寫作了。但很快,在發表最初三篇文章(〈中國人,你為什麼不生氣〉、〈生氣,沒有用嗎〉、〈生了梅毒的母親〉)之後,被社會排山倒海、沸騰似的反應震驚了,馬上明白,這是一個被蓋住了很久的、沸騰中的社會。

《野火集》共有二十八篇文章,第一篇幾乎完全是道德層面的批判,呼籲民眾採取行動。但是從第三篇文章開始,我開始有意識、有策略地寫作。你提到了「時機」,是的,但這樣的觀點往往來自我們事後的回頭看,也就是「後事之師」。當身處一個幽暗的隧道,看不到任何光的時候,你並不知道這個隧道會有出口。這與柏林圍牆倒塌之前的情況類似,人們沒想到兩德長久的分離會以這種方式結束,更不知道離這一刻已經如此接近。所以即使事後發現那是黎明前的黑暗,在當時是並不知情的。

我在恐懼中寫《野火集》。文章發表的那段時候,父親每天給我打電話,以確保我沒有「被消失」。我記得在電話裡他說:「女兒,我曾經親眼見過,半夜裡有人被套上麻袋扔到海裡——我不希望這發生在我女兒身上。」

所以只有事後我們會說,「哦,原來那就是黎明前的黑暗。」但是身處隧道裡,是看不到光的。

寫《野火集》的時候,我非常低調,不曾在公開場合出現過,沒接受過任何採訪。所以書出版後很長一段時間,大家都認為作者是個男人。

書稿進印刷廠的前一天晚上,出版人來找我,在我的公寓裡踱來踱去、踱來踱去。二十八篇文章中有一篇,是報紙編輯當時不敢刊出的,現在收進書稿,他問我考不考慮把這一篇抽掉。文章的標題是〈歐威爾的台灣?〉。出版人認為,如果收進這一篇,這本書一出版就被查封的機率會高出百倍,可能害整本書都出不來了。我們必須在那天晚上作出決定。我大著肚子,馬上要進產房了,看著他苦惱地踱步,就下了決定。還是試一試吧,我說。

《野火集》出版那天，我生下了第一個孩子，安德烈。在醫院裡哺乳嬰兒，朋友們試圖保護我免受外面的風暴，所以什麼都不知道。直到幾個月以後，才知道，生產，也就是《野火》上市那一整個月裡，整個國民黨的宣傳機器在針對這本書發動圍剿，那是我第一次遇到由寫作引起的政治風暴。當然，在接下來的三十五年中，這種風暴在不同的情境下發生很多次。在那些風暴中，大概一半來自中國大陸，一半來自台灣內部，但本質是一樣的——當你挑戰權力時，就會受到打擊。掌有「權力」的，並不總是國家或政府或政黨，很多時候，尤其是現在，擁有支配性、控制力的，可能是輿論，可能是財團，可能是學派，可能是普通人。

　　雖然現在在台灣沒有那種針對書籍和作家的政治運動，像您當時的遭遇一樣。但在某些方面，我認為與今天中國大陸正在發生的一些事情非常相似。這些文章當時在1980年代的中國是否能讀到？大陸讀者如何看待《野火集》中您率先提出的社會政治問題，並在之後持續思考和推進呢？

　　《野火集》於1985年12月至1986年1月在台灣出版，未經授權的盜版書立刻就出現在中國大陸。有人告訴我，1989年在天安門廣場上就有學生在朗讀《野火集》中的摘錄。所以我知道學生們廣泛閱讀這本書的時間。有意思的是，之後數十年，《野火集》在中國被認為是一本「預言書」，因為書中描述的所有典型八〇年代的台灣社會問題，在十年後、二十年後、三十年後，甚至四十年後的中國非常普遍。不少中國大陸的《野火集》讀者以為書中我說的是中國。書中討論的社會問題，例如假嬰兒配方奶粉、令人喪命的假酒、河流汙染、審查制度，以及壟斷國家權力造成的所有不公正……這是九〇年代至今的中國社會面臨的典型社會問題。

個人與歷史之間

我想換一個方向,因為在《野火集》之後的某個時段,您的寫作也更多從濃厚的政治色彩過渡到更多的個人生活相關題材,比如您之後的《孩子,你慢慢來》、《親愛的安德烈》、《目送》等等,還有很多文章。我想知道您是否談論過這種轉變,以及是什麼因素導致您更加深入挖掘自己的心理和家族歷史,揭露一些最私密、最脆弱的個人故事?作為一名作家,您是否擔心或有所顧慮,在某種意義上將自己的私人生活都暴露在讀者面前?

任何私人生活裡的情感,如果傳達的是人性普遍共有的困惑、感動、掙扎,我不認為那是所謂「私密」的。

比如《親愛的安德烈》裡與安德烈的信件往來,表面上看,是我個人母子之間的家書,但是,與其說那是「私密」家書,不如說那是一個寫作風格及視角的藝術抉擇。各處異地的母子討論愛國主義是如何在一場足球比賽中被表現出來的、民族主義又是以何種形態在英美以及德國這樣的國家體現的。他們談論貝托爾特・布萊希特(Bertolt Brecht)的《伽利略傳》(Life of Galileo),談的是面對權威應該勇敢反對還是明哲保身。

用兩個世代的對話和書信的語言來處理當代的一些議題,什麼是公民的勇氣,什麼是服從和反叛,所以是的,它是私人的,但它不是私密的「暴露」,它是公共的。

再比如《天長地久:給美君的信》,我的母親老後患有阿茲海默症。這樣的經歷是私人的,然而書寫卻是公共的,太多人正在經歷同樣的人生歷程,其中的思索,是公共的。

我們談論到了私人和公共領域之間的十字路口。您提到了您母親,她實際上在《大江大海一九四九》中扮演了關鍵角色。母親的故事成為一個中

心故事，串聯起其他所有不同故事。對於那些不熟悉這本書的人，《大江大海一九四九》將1949年作為歷史的重大分界點，深入探討了國共內戰這段歷史，從無數個人的視角，講述一個國家是如何在政治、文化等方方面面被撕裂。這部書影響深遠，不斷地被再版增補，甚至引發了一個全新的學術領域的討論，許多學者和作家都開始將1949年作為一個嚴肅的學術研究新領域重新審視。我想知道您是否可以談談《大江大海一九四九》這本書的起源和創作過程，以及您寫這本書的最大挑戰是什麼？

　　1989年柏林圍牆倒塌的時候，我在現場。我先生的家庭，一部分在西德，一部分在東德。所以他和我一樣來自一個被「牆」隔開的分裂家庭，而且國家的分裂都發生在1949。柏林圍牆倒下時，我對自己說，是時候寫下我們的1949年了。那是我第一次動念。但只是動念。

　　十年後，1999，我開始著手做研究了，可是很快，我被馬英九市長「召回」台北，進入台北市政府工作，寫作就擱置了。2004年，我父親去世，我意識到1949年的整整一代人要麼已經離開，要麼即將離開。彷彿距離12點還有五分鐘，歷史的大門就將永遠關閉。那一刻我知道自己不能再等了，所以決定真正投入。

　　大概在2007吧，在柏林圍牆倒塌那一年出生的兒子，收到德國國防部的兵書，他得去為國家服兵役了。我為1949正在思索的核心問題，就活生生在現實生活中展開，那就是，個人跟國家的關係究竟是什麼？打仗是為了誰？戰爭的責任在誰的身上？所以你會看到，《大江大海》書寫的基本結構就是一個母親試圖向她的兒子講述戰爭，因為兒子剛剛收到了徵兵通知。

　　我想跟每一個屆齡當兵的年輕人說，無論什麼時代，國家對你提出要求時，你都得想一想你是誰、你在哪裡、這是否是你選擇做的。1949是一段宏大的歷史，但它更是個人的，宏大敘述往往遮蓋了個人。我寫作的重點是人，尤其是人的痛苦，無論是侵略者、還是受害者。我對寫一本全觀的學術書或教科書完全不感興趣，我想讓沒有聲音、沒有歷史的個人，透過問題

「活」出來，有尊嚴地活出來。你可以把《大江大海》看作一本小說看，只不過，裡頭所有的人、事、地、物，都是實地走訪或者有出處的。

你問到寫作所遇到的挑戰，千里尋人當然是個實際的挑戰。另外的挫折是，很多人，因為各種不同的原因，不願意說話。比如有些台灣老兵，因為心碎，而不想說話。在中國大陸的行腳中，經歷過生死離別的人，因為恐懼而不想說話。所以僅僅採訪這些人，就花費了大量的時間和心血。另一個挑戰是在寫作和研究過程中，經常得處理自己的情緒。採訪的老人家講述十幾歲時是怎麼加入了戰爭的某一方，而後來怎麼拿著槍對著自己的兄弟。許多人提起離開母親的那一刻，當時不知是此生訣別，這些九十多歲的老人會像嬰兒一樣放聲大哭，老淚縱橫。東北一位受訪者，他記得長春圍困戰的半年間，無數人活活餓死。他描述一個飢餓的嬰兒在路上爬著，腸子從他小小的身體裡拖出來。面對這些深刻的痛苦怎麼保持寫作者的超然和冷靜，是一個挑戰。

您剛才提到台灣和大陸的老兵反應非常不同，另一個不同的反應是這本書所帶來的社會影響。當然關於戰爭本身，兩方對1949年的內戰有不同的看法。《大江大海一九四九》在某種程度上提供了另一種敘事，或者說是失敗者一方的視角，這與中華人民共和國的官方敘述不同。我想知道這本書在中國、台灣和香港的接受程度如何？在這些不同的華語社區，我想您的讀者會有非常不同的反應。

這本書一出版就是中國最嚴格的禁書。朋友們測試過——帶著我不同的書去過海關，其中包括《大江大海一九四九》，海關官員訓練有素，把所有的書都拿出來，看了一遍，然後挑出《大江大海一九四九》沒收，其他的放過，操作精準。但是儘管這本書是嚴格禁止的，神奇之處在於，《大江大海》應該是我在中國大陸傳播最廣的書吧，人來人往的機場書店、台北誠品賣得最多，網上到處都是排版糟糕的 pdf 版本。

就我所知，這本書在中國大陸和香港最直接的影響是，很多地方、社區、學校，開始做身邊的口述：人們相互敦促去採訪自己的祖父母和父母，寫下來。換句話說，私人的歷史在試圖擺脫國家對歷史認知的壟斷。我知道非常多的例子，很感動。在這種「覺醒」中，最有意義的大概是，在《大江大海》之後，有好幾本書寫長春圍城的歷史，中國作家在極其困難的環境中努力去打開集體記憶的黑盒子。

在台灣，很多讀者給我寫信。特別記得一個中年人來信說，他在整理父親的遺物時，有很多物品，譬如臂章、獎狀、證書，都不知道那些東西是什麼。讀了《大江大海》才彷彿瞬間認識了自己的父親。

登上大武山

謝謝您，很抱歉要走馬看花式地提問，因為我們試圖重溫您職業生涯和寫作中的各個里程碑時刻。我想談談最近的里程碑之一：《大武山下》。這本書與您早期作品的不同之處在於，這是您的第一部長篇小說。您在大武山腳下的小鎮生活了三年，探索當地的自然風光，與底層的村民和原住民互動。很多人都會期望您會寫另一本類似《大江大海》的非虛構類的書，或者像是之前其他知名的作品。我記得您很久以前寫過一些小說，比如《在海德堡墜入情網》裡的愛情故事，但大多數情況下，您以非虛構類作品而聞名。《大武山下》因此很不一樣，這是一部有著強烈神祕和奇幻色彩的小說。我想知道您是如何作出這樣的文學決定來虛構您的經歷？能否談談這本書的起源？

居住在大武山下的三年生活太豐富、太「魔幻」了，非虛構的類型對我來說太侷限了。《大武山下》的主角，我決定，應該是個鬼。非虛構怎麼處理一個謀殺案和一個奇怪的鬼魂？自然而然地，《大武山下》必須成為一部虛構小說。處在迥然不同的時間和空間的交叉點，只有小說給了我這樣做

的自由。

這是一本自然寫作，讀者整理出小說中一百六十二種植物和一百一十五種動物的綱要索引。這更是一部犯罪小說，謀殺，還有對無辜的人的不公正定罪。也可以把它看作是一部兒童哲學書，闡述了時間、死亡和愛的主題，有點讓人想起《蘇菲的世界》（Sofies Verden）。我想知道您是否是專門為年輕的讀者寫作的？如果有面向特定的讀者群體，您有專門做過研究嗎？您提到您花了三年時間寫《大武山下》，其中具體做了哪些功課呢？

我是一個狂熱的植物迷，也會寫自然日記，要進行大量研究才能正確瞭解形形色色的動植物群。為了寫大武山和書中很重要的一條山徑，我重新登了北大武山，主峰海拔3092米，是台灣第五高峰，也實地走了全長16公里的浸水營古道。所以小說中的每一個細節都是真實可考的。比如有一個地方提到，狐蝠和鬼魂在大武山上一棵鐵杉樹枝上相遇了。那株鐵杉在海拔2069米處，如果你真的爬到海拔2069米的大武山上，你會看到那株鐵杉，這就是我必須做的功課。

為年輕人或說為兒童寫書？是的。在德國撫養小孩的時候，每週帶孩子去鄉鎮的小圖書館。圖書館裡兒童和少年讀物非常多，以年齡分，隨著他們長大，這兩列適合八歲的書，九歲的書，再到十、十一、十二歲，然後再到十三和十四歲的青少年讀物，一排又一排的書架。孩子在文學中成長，就需要作家為孩子們寫作。

在準備寫《大武山下》的時候，也有一些文學上的決定，譬如決定書中的主角是個十四歲的女孩。我希望這本書適合青少年閱讀，希望高中老師和他們的學生會討論這本書裡對於生命的探討。為了具體瞭解青少年的交談語言，我去給十四歲的國中學生上課，和他們一起出行、交談，討論什麼是時間、什麼是生、什麼是死的哲學問題。譬如一個典型的哲學問題，我想知道這些十四歲的人怎麼說——如果一棵樹倒在山的最深處，無人聽見，無人

看見,那麼這樹算倒了嗎?學生給了我最活潑的回饋。

我希望《大武山下》是一本適合青少年閱讀的哲學小說。

我從小內心是一個「文藝青年」,所以非常想一直和您談論文學。但如果不聊一聊您的政治生活,今天的訪談就好像有些失職了,我想在向觀眾開放提問之前結束我的提問部分。您職業生涯的一個非常重要的部分,是在2012年到2014年擔任台灣第一任文化部長。這是一個神奇的轉變,因為您的職業生涯是作為一個反權威者開始的,從邊緣的位置來呼籲問責政府的失職,而之後您突然置身於政治權力的中心。我想知道當時實現這種轉變最大的挑戰是什麼?您遇到了哪些困難,以及您從邊緣到中心的旅程是什麼樣的?

2012年出任文化部長,是我第二次進入公共服務領域了。第一次發生在1999年答應出任台北市文化局長。兩次的同意出任公職都有一個核心的基本原因,就是,與其抱怨和批評某人做得不好,不如自己去承擔。更根本的是,不論是地方行政的文化局長或是中央決策的文化部長,我都是所謂的「首任」。這意味著什麼呢?不是任何特別的驕傲或榮耀,而是,所謂「首任」就是「打地基的工人」。因為無前例可循,一切都從零開始。如果不是「打地基」的工作,我想我是不會進去體制的,也就是說做遠景擘劃、訂定格局、設計方法、打下基礎,才對我有意義。後面怎麼從地基上建高樓,那是第二任、第三任部長的工作。我只對做基礎工作感興趣。

2012年,離開香港加入內閣時,我的任務是建立一個文化部。之前台灣沒有文化部。想像一下,你如何把舊威權時代的「宣傳部」轉變為民主時代為社會服務的文化部?可以說,這是極具顛覆性的工作,是在完全重塑公共部門的職能。所以對我來說,這又並不是您所說從反權威的作者轉變成權力中心的那種轉變。我要把政府機關的為政治和政黨服務的性格和機能轉換為公共的、公正的、民主包容性格的機關,這和寫《野火集》簡直就是同樣的

初衷。

也就是說，無論是批判性地寫作還是批判性地制定政策，這是在不同的角度和不同的立場做同樣的事情。無論是在寫《野火集》或《大江大海》，還是在為國家制定文化政策，目標都是一樣的——我要盡己之力讓台灣成為一個更開放、更包容、更文明的社會。最終的目標都是一致的，所以對我來說，不是一個太大的轉變。

在我們向觀眾開放提問之前，我要問最後一個問題。您卸任文化部長已經快十年了，但感覺在很多方面，我們今天生活在一個比十年前更加兩極分化的政治環境中。無論是在美國在民主黨和共和黨之間，或者是今天在中國大陸和香港發生的一切，甚至在台灣，都存在如此多的分歧。除了政治極端主義之外，我們還目睹了新冠肺炎帶來的一種新的歷史創傷。就公共衛生危機而言，COVID-19可能與1949年發生的事情一樣可怕，因為它帶來了前所未有的分裂。在您看來，此時此刻文學寫作的意義是什麼？我們是否需要更多的類似《野火集》的聲音？我想知道，作為一個在過渡時期如此直言不諱的人，您是否可以向有抱負的年輕作家們分享一下，在這種極端主義盛行和社會不穩定的情況下，他們的前進道路是什麼？

你提了一個如此重要的問題。我想起了米蘭·昆德拉（Milan Kundera）的一篇文章，它被收錄在一本叫作《相遇》（*Une Rencontre*）的書裡。在這篇文章中，他談到了友誼，尤其是在被不同信念撕裂的兩極分化的世界中的友誼。今天在台灣或者在美國，因為信念不同以至於甚至不能再坐在一起已經是個普遍現象了吧。昆德拉講到，當時在捷克共產黨統治下的布拉格，表態反共的和不表態的，是分裂的兩個群體，重要的是，不表態的並不代表他不反共。文中的昆德拉和一個堅決反共的文人吵了起來，因為對方強烈抨擊一個不表態的名作家。昆德拉想表達的是，那位不對政治發言的作家，在一個壓迫、封鎖、令人窒息的、政治無所不在的環境裡，他即便只是寫山、寫

雲、寫鳥、寫流水的聲音，就已經是極大的對「自由」的貢獻。不寫政治本身也是一種拒絕。人與人的友誼，其實超越了那些短暫的意識形態差異和分裂。

那篇文章讓我印象深刻，因為今天的世界比以前更加分裂，人與人的「對峙」似乎更嚴重。生活中有一種叫作恐懼的東西，恐懼使得政治熱情和狂熱被填補，政治家們則把這種恐懼當作魔杖。意識形態往往對我們的心理有一種控制力，使我們忘記了政治和意識形態其實是短暫的，生活中有更多超越短暫更深層次的價值。

很多人都覺得現在是個亂世，原來的價值似乎都顛倒了，那麼文學寫作還有沒有意義？我想說的是，在熾熱的混亂中，冷泉是不是更重要。文學可以很安靜，安靜反而可以對抗熾熱的情緒煽動和思想操縱，對抗頭腦的模糊，世界越是看起來模糊，就越需要文學。年輕的作家們別無選擇，只能繼續前進，讓世界變得更美好。

我很同意您的觀點。想想今天中國大陸的那些年輕作家，很像您之前說到的被威脅的感覺，當您寫《野火集》時，您父親甚至擔心您可能會「被消失」。當今天中國大陸的年輕作家想就一個問題發表意見，或者香港作家面臨的類似情況，您有什麼建議？

在「隧道」裡時，很黑、很壓抑，人一定感到孤立和孤獨。我一直記得漢娜·鄂蘭（Hannah Arendt）曾經說過的話，她說，為了保持極權，獨裁者會讓你感到無比孤立和孤獨，因為這是他們對你施加權力的方式。隧道中的人必須知道黑暗的隧道不是自然存在的，不會永遠，更重要的是，要知道在你身邊還有許多其他人有相同的精神、相同的思想、相同的抱負、相同的夢想，他們就在那裡，只是看不到。而人世間也沒有無出口的隧道，所有的隧道都有出口。我只能說，把火留在心裡，不要讓它滅掉。

觀眾提問環節

Cecilia｜我非常喜歡《大武山下》，想知道這個故事有多少成分是虛構的，又有多少是基於真實的事件和人物？

　　Cecilia，如果你相信鬼，那麼鬼就是真的，所謂信則有不信則無。我不信鬼，所以鬼的部分是虛構的。但除此之外，你知道，小說有時候甚至比現實更真實。哪些是真實的呢？比如書中的員外，一個可愛有趣的角色，他是我從鎮上認識的三個不同的人的結合體。所以他既真實的，又是虛構的。

Su｜我有一個有關翻譯的問題。為什麼您的作品沒有被翻譯到更多的外文？

　　我想補充一下，因為這個問題涉及到文化差異。我認為龍教授的作品在中文世界中像J‧K‧羅琳（J. K. Rowling）一樣受到喜愛，是一個家喻戶曉的名字，但她的作品卻沒有在西方流行。這種「文化失衡」非常奇妙。不知道龍老師如何看這個問題？。

　　我不太有翻譯的好運氣。有趣的是，我的很多作品都有日文和韓文版，甚至還有波蘭文、越南文的翻譯。但是卻沒有英文翻譯。《大江大海》的翻譯挑戰性最大，也經過好幾組的譯家，可惜都沒有最後的結果。我自己專心往前寫作，也沒有積極進行翻譯這件事。目前《大武山下》正在被翻譯成德文，《大江大海》正在翻譯法文，但也都還沒有英文版本。

Hui-Lan Ho｜親愛的龍教授，在您的一生中，寫了許多影響了許多人的傑作。我想知道您對寫作的態度以及寫作環境是否有發生轉變。如果是這樣，那有什麼變化？

寫作的態度和寫作環境的改變，這真是一個深刻的問題。你知道為什麼？例如，今天你能想像我寫另一個《野火集》麼？答案是否定的，時代變了，環境變了，公共知識分子的位置變了，作家自己的生命歷程同時在往前走。隨著網路科技的出現，社會中過去知識菁英作為「守門人」的角色消失了。

寫《野火集》的時空裡，一篇八百字的文章就可以震動整個社會，每個人都停下手中正在做的事情，傾聽，社會有共同的關注和焦點，「大眾」的存在是明確的，如今，不論是誰在寫東西，比如哈伯馬斯（Jürgen Habermas）寫了篇重要的文章，「大眾」已經不在，只剩下無數分散的、微小的「分眾」。我們生活在一片「憤怒」的海洋中，浪花滾動，但是沒有人在聽。我們不是停止了尋找和傾聽，但是我們在尋找一種新的啟蒙方式來看待、理解、說明這個世界，或許也渴望傾聽，但說明和傾聽都不再是以前的方式。

學生｜ 我在中國大陸出生長大，今年7月來愛爾蘭讀博士，開始呼吸新鮮空氣。自由主義似乎是一個大概念，如果我想瞭解這個大概念並開始追根溯源，也許我可以對它有自己的理解。但我不知道我從哪裡開始，龍教授是否能分享一下？

我是1975年離開台灣到美國讀書的。到學校圖書館的路上，第一次看見下雪，在圖書館裡，偶然發現一本講1927年上海的小書，描述了國民黨清除共產黨人的歷史，那是我第一次接觸到在台灣不允許接觸的史觀，非常強烈地被震撼到，從那一刻起，意識到之前學到的一切都是一個大謊言，我的世界變了。距離那一個下雪天的十年後，我寫下了《野火集》，那本書其實萌芽在那個圖書館，我寫《野火集》來反抗我年輕時被灌輸的謊言，希望下一代的年輕學生不會生活在謊言中。

既然你已經離開了中國大陸，在西方，我想你能做的，就是睜大眼

睛，保持頭腦的清醒，用清醒的、自己的眼睛看這個世界。西方也有自己的問題，但那是不同層次的問題，不同的問題結構。學習本身是一個終生的過程，只要心胸開闊，就可以找到什麼叫「自由」。

學生｜ 作為一個二十歲的亞洲學生，我們仍然面臨著未知的挑戰。我們應該如何擁抱未知，展望未來，並作出更好的決策？

親愛的，我想縱觀人類歷史，無論在什麼時代，當你二十歲的時候，總是感到迷茫的。我二十歲的時候，也看不到我的未來。所以只需要一種嘗試和放手的膽量吧，大膽嘗試。如果在一個嘗試中你輸了，輸了就輸了，年輕，所以可以承受錯誤的決定，承受「輸了」。既然一個人在一生中都會犯錯，最好在三十五歲之前把所有的錯都犯了，不是最好嗎？

羅福林（Charles Laughlin）｜ 我正在研究台灣的報導文學，比如《人間》雜誌。我想知道在專制社會中非虛構文學是否扮演很更重要的角色？也跟在當下的台灣的文壇一樣發揮作用嗎？

是的，當新聞媒體受到審查時，報導文學發揮了非常重要的作用，因為這是發現更多真相的出口。但是當社會開放時，更容易獲得關於任何事件的任何資訊，那麼報導文學的地位和重要性就下降了，這在中國和台灣都發生過。但是，這是否僅限於報導文學呢？我不太確定。我記得，1989年當柏林圍牆倒塌後，東歐的知識分子一片歡呼，美國的菲利普‧羅斯（Philip Roth）告訴他匈牙利的作家朋友，說，好，現在你自由了，不受壓迫了，但是請準備好，馬上沒有人要再讀你的作品了。

所以在1989年之前的東德，你會看到東德市民坐在地鐵裡，懷裡抱著厚達一千頁的小說認真閱讀。自由之後，這種現象就消失了。所以，在自由多元的社會裡，不只是報導文學，也可能所有的文學的重要性會下降，因為人

們會找到更多不同的途徑來獲得啟發或啟蒙。

觀眾｜您對未來兩岸關係有什麼期待呢？

如果你看過《大江大海》，那麼你就可能已經知道我的答案。我的最高願望是和平，不要有戰爭。我希望北京深切認識到，戰爭不能解決任何問題。強行奪走台灣，肚子會痛的，而且將是永遠不會消失的胃痛。當然，我也希望台灣人會盡最大努力避免戰爭。民族主義是最讓人憂心的事，不論是中國民族主義或是台灣的民族主義，都很危險。

我住在台東，二十公里外有一個重要的軍用機場，現在每天都有戰鬥機在我頭上飛，媒體上充斥著關於準備戰爭的談話。我回想起1914年到1915年，當時像羅曼・羅蘭（Romain Rolland）這樣的法國知識分子，譬如赫曼・赫塞聚在一起討論和平，呼籲和平。在劍拔弩張的今天，台灣知識分子和中國知識分子的聲音在哪裡呢？

七十多年沒有任何真正的衝突，我們往往會忘記戰爭是多麼殘酷和毀滅性，戰爭是不會有「贏家」的。

駱以軍：論文學創作

　　1967年出生於台北縣的駱以軍是當代台灣文壇的傑出作者。擁有文化大學中國文學系的文藝創作組學士和台北藝術大學戲劇學研究所的碩士學位，他1989年開始創作，重要作品包括短篇小說集《紅字團》、《妻夢狗》、《我們》等；長篇小說《第三個舞者》、《月球姓氏》、《遷悲懷》、《遠方》、《我未來次子關於我的回憶》、《西夏旅館》、《女兒》、《匡超人》、《明朝》、《大疫》，以及散文集《臉之書》、《小兒子》、《計程車司機》等等。

　　這是2022年6月9日的一次線上對話的文字紀錄，駱以軍從文學啟蒙談到家人在他文學作品裡扮演的角色，又從大作《西夏旅館》的寫作過程聊到他小說中的科幻觀。

> 以下提問為**粗黑體**
> 其餘主文為
> 駱以軍回答

說一個故事

　　距離現在應該三十年前，我那個時候二十多歲，念一個大學，在台灣的陽明山上。這個山裡面很特別，我們不是住在學校裡，是散落著在山的不同地方，租一些很破爛的學生宿舍。我們那時候的大學生都住在山裡，像溪旁邊、山谷裡面，有一些很像《神隱少女》裡的那種很怪的阿婆蓋的一些學生宿舍，我們會租在裡頭。我們本來有一群同學，一些男孩女孩，當時我們的老師是小說家張大春，還有一些很棒的詩人，都很年輕。那時候的世界還沒有網路這種東西，所以我們這些男孩女孩就很像在一種狂燒或是超現實夢幻的狀況。我們當時有一個非常狂熱的創作小團體。有一個女孩子她說她非常想成為莒哈絲（Marguerite Duras），有一個Gay的男生特別喜歡三島由紀夫，他們會覺得我是最像杜斯妥也夫斯基的，他們就叫我「斯妥也夫斯基君」。我們這些男孩女孩大概有二十個左右，都寫詩、寫小說，互相之間也產生小團體和一些混亂的情感關係。後來我延畢念了大五，最後一年他們都畢業了，男生去當兵，女生回到他們在台灣南部的家鄉，比如去教小學，所以大家就散掉了。那一年整個山上就剩下我和另一個很喜歡三島由紀夫的男生，我在這邊叫他「P君」好了。他當時還沒有出櫃，因為台灣當時的氣氛還很保守，他是來自高雄非常傳統的家庭，所以他還不敢去面對自己是Gay、是同志的這件事情。但他就很喜歡三島的小說，很喜歡那些有男性肌肉的漫畫。我們就各自租住在山上離學校很遠（的地方），因為要省房租。我住在一個叫六窟的山裡，是一個滿深山的山谷裡面。

　　我想要花一些工夫來描述我當時住的山谷，因為它對我要說的故事有一個很重要的劇場的感覺。這個山谷其實有點像一個瓷器的碗。這個碗的下面是山谷，都是一些梯田，我租的那個房子就是在碗的邊沿。這個山谷裡只剩下一些老人，因為這個地方太小了，年輕人都遷移出去、搬走了。我的房東是一對年輕夫妻，他們在外頭賺了錢，就在山谷這個碗的邊緣蓋了一棟那

種很醜的、貼滿磁磚、台灣人想像中的別墅豪宅。他們很小氣，還剩了一塊地，就隔成了六個小房間租給我們這些大學生，當時我租到的是這六個房間中最靠外面的一個有對外窗的房間。那個房間非常小，我不知道怎麼去形容它，像一般人家裡的廁所那麼大，就是很小的一個房間。通進來這六個房間有一個紗門的走道，打開以後進來第一間，打開我的門進來，我靠窗放著一張小書桌——我那時候很用功，每天晚上就是在書桌上寫稿——旁邊是一些學生宿舍的書架書櫃，後面就是打地鋪的床。那個床板抵著牆我放著一套那個年代的床頭音響。現在的年輕人可能不知道，那個年代還是聽tape（磁帶），甚至那個床頭音響還可以聽黑膠唱片。它不貴，差不多一萬台幣，我不知道美金是多少。因為我以前高中是小流氓、小混混嘛，所以我考上大學之後，雖然是很爛的大學，我媽媽就帶我到台北西門町那邊的一個電器行買了這個床頭音響給我，我就放在那邊當床頭櫃。因為陽明山有溫泉，硫磺很嚴重，那個機器很早就壞了。但我每次搬不同的宿舍都把它搬著當床頭櫃。這個房間就這麼大，從坐著的書桌到貼緊的床再到床頭櫃這樣。那個床頭櫃黑膠唱片的音響如果把它打開來會很噁心，很像一個螞蟻的太空總站（笑），有很多螞蟻。我那邊會夾一個燈，睡前還是會看一些書，書會堆在那個上面。上面我還會放一個小小的地藏王菩薩的肖像，是我媽媽給我的。我那時候一般每天的行程是醒來以後開一個很爛很爛的二手車。因為那地方離學校很遠，一般是開摩托車，但我那時候是開一輛很爛的二手車，有一個很陡的山坡，在山坡裡繞。到學校我就到圖書館看書。那個時候很不錯，那個年代還沒有禁菸，可以在圖書館的樓梯間抽菸。我就會碰到P君，我們兩個是唯一留在山上像孤魂野鬼一樣的。我們會聊最近讀了什麼很棒很棒的小說，寫了什麼小說的段落很開心，在圖書館的樓梯間抽菸聊文學。大概到5點鐘的時候我會在學校附近買一個便當，然後再開著車回到住的地方。回到家之後我通常會寫稿寫到差不多11、12點，然後我就會去睡在那個地鋪上。每天睡前我都會去拜一拜那個地藏王菩薩：「保佑我，保佑我寫出好小說」，然後躺下來睡覺。

有一天，就像如常的每一天一樣，我大概傍晚七點多帶著便當回到我山裡的小房間。那個房子前面有個草坪，草坪的盡頭就是剛才講的那個碗狀的山谷下面。到晚上的時候其實我開燈看不見窗外，可是窗外的人能看見窗戶裡有一個大頭，低著頭在讀書或寫稿，這是當時的一個視覺。可是我那天回去的時候，好像我們附近的山谷裡有人死了。那一定是個老人，所以以台灣這邊的習俗，他們會有某種不知道是道教還是佛教的儀式，會有法師唸經文「南無呢哆唎哆阿嘛唎哆……」。可是有一個很不好的習俗，就是他們會用擴音器放那個經文，所以整個山谷都是這個「南無呢……」的聲音，好像要讓所有人知道這裡有人死了。我當時心裡其實就不是很舒服，怪怪的。我當時雖然很年輕，但還是覺得自己時間不夠用，所以就不理會這個念誦的佛經，繼續寫我的小說，我是手寫在稿子上。寫到大概九點多的時候，就突然有人在紗窗外敲打我的窗子。我看不到外面，可是我心裡面以為是P君，因為他有時候晚上會騎著摩托車從他住的山另一邊來找我。當然我們之間不是情人，我們是朋友（笑）。他來找我會帶個酒，帶一些滷味、下酒菜。那時候不知道為什麼，很像發燒，很狂熱地繼續聊文學，談得很開心，他再騎摩托車回去。所以我以為是P君來找我。因為我寫到一段覺得不能斷掉，我就抬頭對著窗外笑了一下，就像老朋友說「你幹嘛裝神弄鬼的，自己開門進來就是啦」，那樣笑了一下。可是大概過了半小時，我寫完了那一段以後發覺沒有任何人進來。後來我就想可能是有大的蛾子或者是貓頭鷹撲撞到紗窗上，因為有光源，但是那個聲響其實是人敲打的聲響。經文一直持續都沒有停，我那天就整個人覺得不是很舒服。大概11點的時候，我當然又去地鋪那邊對床頭音響上的地藏菩薩拜一拜，心裡慌慌的，我就躺下睡。

　　接下來我講的這段是我到現在都不確定到底是一個夢，還是真正發生的事情。我房間的燈是關著的，當我睡到一半的時候，有一個陌生的男人就打開我木頭門的鎖。那個房間很小，所以他開門之後轉手就把電燈開關打開。我突然覺得從全黑變到非常亮。因為空間非常小，他一轉身就去坐在我之前寫小說的那個桌子上，坐在椅子上看我剛才寫的小說段落。這如果是真

正發生的話我應該是躺著，但我感覺我是坐起來看著眼前這一切。我當時因為年輕，缺乏經驗和教養，所以對於我不理解的事情、陌生的事物的反應能力通常就只有憤怒和恐懼。我是一個牡羊座、白羊座，所以我不能忍受他對我雙重侵入：第一，他跑到我房間來，第二，他沒經過允許就去看我寫的小說。當時我二十幾歲，這個人四、五十歲，可能就是現在的我的樣子。我當下知道他就是那天晚上葬禮的主角，那個鬼魂。空氣中有一種很溼很溼的感覺，全是水氣的感覺。我後來在想他可能就是那天新死去的鬼魂，死了之後可以自由飄蕩。他可能不知道自己已經死了，然後就飄到我房東的這個碗的上沿的草坪，看到有一個窗子裡面有光，還有一個小胖子在裡頭，他大概就去撞了窗子。但是我以為是P君，那時候不是笑了一下嗎？這一笑就人鬼生情，還不是Gay情，是人鬼（笑）。笑了之後他就產生了一個情誼吧，所以他可能要等到深夜陰氣非常重的時候才敢闖進來。這是後來我猜想的。那時候我真的太年輕了，缺乏對他人的同情，所以我在恐懼的情緒中非常憤怒地轉過身，痛罵床頭音響上的地藏王菩薩。我痛罵說：「我每天這樣拜你，你竟然不保佑我！」說時遲那時快，很像盧貝松（Luc Besson）的《第五元素》（The Fifth Element），突然從外太空的高空好像有一個殺手衛星，在百分之一秒、千分之一秒中，有一束金色的光「唰——」地下來，然後我的臉都在強光中間劇烈顫抖。然後那個光突然就收走了，這個鬼、這個男人也不見了，在空氣中我只聞到一種動物皮毛被燒焦的臭味。當時我心裡想說：「媽的不早說，原來我擁有按下核彈的按鈕。」（笑）但是我整個很不愉快，就睡著了，但也可能是持續在一個夢裡面。

第二天中午我醒來，床單上都是汗，全身都溼透了，我整個人還是很恍惚，覺得很不舒服，怪怪的。我就又開著破車到學校圖書館，遇到P君，把這件事情跟他講，沒想到他勃然大怒。他本來是一個非常溫和、非常柔和的人，他是個天蠍座，非常愛惜我的才氣，對我非常好，像是靈魂很相通的朋友。可是這是我認識他以來他第一次這麼嚴厲地把我痛罵一頓。他說照你這樣講下來，那個男人犯的罪其實就是好奇跟侵犯了你，可是也罪不至於

（被你）用神佛之力整個殲滅掉吧（笑）。我後來也覺得很好笑，就是他完全相信我講的這個夢是真實發生的，而且很認真地相信。但是很讓我意外的是，他那麼耿耿於懷、那麼在乎在這件事中，我只是因為害怕就動用到超自然地力量讓這個人蒸發掉，變得連鬼都不是。後來幾乎過了一年之後他去當兵，在台灣要服兵役嘛，他是當海軍。他當海軍的時候就出櫃了，確定了自己的性向。我後來在想，他當時這麼激動可能是有感於說他不知道別人會怎麼判定他自己，是個「怪物」這件事情。

父與子

在您寫作的生涯中，您的家人一直不斷地在出現。您的父親和兩個兒子一直是非常核心的兩個人物。是否能談談家人在您的寫作中扮演了什麼角色？

最近烏克蘭戰爭爆發其實我還滿有感慨的，因為現在有四、五百萬的居民逃難到波蘭和歐洲其他國家。1949年中國的國共內戰，這個歷史大家也應該知道一些，當時國民黨潰敗，蔣介石就帶著兩百萬潰敗的軍隊跟公務人員。我父親不是軍人，他是一個底層的老師，就混在這個灰撲撲的大軍到台灣。他當時才二十歲，他們以為再過兩、三年會打回大陸去，但後來就發現這是老先生蔣介石騙了他們，他們就是孤零零地到了一個陌生的島上。不只是說他聽不懂當時台灣人用的語言的問題，我父親是從南京逃到台灣來，在他們身上剛發生、近距離目睹了一場淮海戰爭，就是國民黨跟共產黨最決定性的一場戰爭，幾十萬人的死滅，跟現在你看到烏克蘭戰場的人肉絞肉機是非常相似的。所以其實我父親他們這一些人身體裡都帶著一種記憶。他到四十幾歲才娶我母親，他成長過程中一直是一個不會表達自己感情，很嚴肅，非常嚴厲高大的一個父親。但事實上我慢慢回憶，用我後來的生命回想，他們當時是在承受著目睹了七十年前的大型戰爭——人體的碎裂、火砲

爆炸、傷口、屍體的這個場面。

所以我成長的過程是亂七八糟，我高中就開始學壞，很像侯孝賢導演或是賈樟柯導演電影裡的那些小混混。我其實並沒有那麼大流氓，就是小混混，小白你一定很熟悉那個味道。我們那個時候是戒嚴時期末期了，就是混那種彈子房、撞球間，抽菸，穿著軍訓的制服，像楊德昌的電影裡那種，我身邊的幾個和對方對打、起衝突，就跟《牯嶺街少年殺人事件》或是侯導的電影裡的氣味很相近。可是我回到家的時候父親會非常生氣。父親收到我在學校被記過的通知單的時候會拿一個木頭的木刀，叫我跪在駱家祖先牌位，現在年輕人都不會有這種東西。我們家裡有一個駱家祖先牌位，我要跪在牌位面前，然後我父親用木刀打我，說：「你不配當我們駱家的子孫，沒有你這樣的孩子」。

我後來在想，我父親是非常愛講故事的，是個故事講得很差的莫言吧（笑）。我們好像從小到大都在過年的時候或是大家聚在一起的時候，我父親就會娓娓道來，講他爸爸我祖父在南京的故事，講他逃難的故事，那一路多少的驚險。這個故事很像一個大冒險，或是一個家族史的故事。我不太會聽到我母親或是朋友的父母講這個家族故事，都講得模模糊糊，後來還要主動去追問。可是我父親就很愛講我們駱家當時是怎樣，我祖父是怎樣一個豪邁的人，他們兄弟幾個賭博把錢都輸光了，所以他才跑到南京的一個小島上去賣豬肉。冬天窮人家過年要吃豬肉，就會來說「駱大爺，可不可以賒點豬肉要包水餃，家裡小孩沒肉吃」。我祖父很高大，他們叫他「駱大個」，很高很高，就會說「三斤哪夠，要五斤」，然後就「啪——」切那個肉。我爸從小就一直在跟我們講這些。祖父很像是《百年孤寂》（*Cien años de soledad*）裡面那個老布恩迪亞上校那種。各種華文作家在讀到《百年孤寂》的時候都有不同的很強烈的感動，可是我看的時候就會有很強的代入感，覺得我祖父就是老布恩迪亞。但事實上不是，他只是一個殺豬的（笑）。

我父親後來老了、中風了，癱在床上四、五年。他本來可能覺得我是他一個很糟糕的孩子，可是後來正如我之前所說，我二十多歲在陽明山跟他

說我要寫小說。我父親是一個古典中文的老師,他當時只跟我講一句話「你會餓死」(笑)。不過現在發覺他講的是實話(笑)。他就覺得不知道我在搞什麼。可是大概到我三十多歲在台灣這邊出了書,然後也得了一些獎,他就會覺得你好像也是這個行業裡的狀元。所以後來我會到永和那個老房子,帶著我的太太和那時候還是小baby的小孩,我父親的臉上就會有笑容。我記憶中從來跟他的身體接觸就只有他打我,我們之間不會很親近。後來我跟我小孩之間從小就是打來打去、抱來抱去的,可是我跟我父親之間一直沒有身體的接觸,除了犯錯之後他用棍子打我。

那麼您兒子對您寫作的影響呢?

我兒子其實我覺得比較有意義的就是《我未來次子關於我的回憶》,雖然是小小的一本,但我覺得很有意義。我小孩在很小的時候,其實我就有點抓住小說敘事者的權利,很像我剛剛講的那個跑到我房間來的那個男人、那個鬼,其實是侵犯、掠奪了敘事這個人故事的權利。可是那個時候我的小孩很小,還是個小baby,他很怪、很調皮。剛開始很小的時候我會揍他,可是後來現在我在家的地位就非常低落,被他們母子三個圍毆(笑),地位很差。可是這個《我未來次子關於我的回憶》其實我寫的是一個我虛構了的小孩。我覺得有點受到一部大概2000年阿西莫夫(Isaac Asimov)《A.I.人工智慧》(*A.I. Artificial Intelligence*)的電影的影響。在結尾的時候人類都滅絕了,可是那個AI小男孩被外星人取出他腦中的記憶體,在一個時間完全不存在的情況下,他重新創造出了一天的時光。[1]那時候我的小孩才三歲,我想用一個虛構的九十歲的他,在已經被核彈打爆的台北——我還是會有這種在台灣的恐懼感,怕被老共打的恐懼——來回憶台北的繁華夢。但後來我在臉書亂寫一些他好笑的事情,現在他們都已經二十歲了,我都不能再亂寫,

---

[1] 編按:《A.I.人工智慧》2001年上映,是史蒂芬・史匹柏執導,原著對應的是Brian Aldiss所著短篇小說〈Supertoys Last All Summer Long〉,而非阿西莫夫的作品。此處保留受訪者原句。

因為他們都已經有自己的所有權的概念。

閱讀與創作

您前面講到大學期間開始跟同學一起大量地閱讀、寫作。您小時候是何時開始對閱讀感興趣的？又是何時轉為對創作感興趣的？

小時候我家在永和，我後來的小說會一直重複寫那個永和的老房子。其實它很小，可是我父親是一個很老派的外省讀書人，所以家裡堆滿了各種書，他非常愛書，可能你的小孩將來回憶你也是這樣（笑）。家裡不大，可是全部都是書櫃，甚至我母親的床是擠在書櫃中間，我姊姊的床也是擠在幾個書櫃中間弄出來的一個「夾艙」。全是我爸買的，那些書現在都很慘。我爸過世二十年了，那些書你要捐給大學沒有人要，因為現在都是雲端電子檔，但是他當時是用他的薪水在分期付款，都是整套整套的古典中文書。所以我雖然是家裡很奇怪的小孩，但是大概小學四、五年級的時候就會去翻《三國演義》、《水滸傳》，很多這種書我爸都放在最下面不重要的一個書櫃的位子，可是我看得懂。一本是一塊錢台幣，我記得印得很差。有什麼《東周列國志》啊，就是很多中國的這種演義小說。那個時候我同時也跟八〇年代台灣的少年們一樣，會在永和有一種巷子裡的出租店租日本漫畫來看。後來長大回頭看，我的閱讀量是在一個無知的狀況讀了很多這些。小時候我的腦袋不是很清楚，我媽媽帶我去一些台灣的廟裡拜拜，我都還會覺得我跟這些神搞不好是認識的（笑）。那時候看孫悟空是弼馬溫，在天庭上是管馬的，因為我跟狗特別好，我想我以前會不會是「弼狗溫」，在天庭上是管狗的（笑），諸如此類。

後來我高中這幾年變成小混混、小流氓，基本上不要講讀書了，連學校的功課都不做，就整天在晃。後來我考大學的時候沒考上，我們有一個重考班，在台北信義路那邊。那個重考班旁邊有一家小小的百貨公司，那個

時候大概是八〇年代末,不會有後來像誠品那種大型的書店,是在三樓有一個小角落放了一些書,大概就是像白先勇這種比較早的書,還沒有張大春和後來的文學大爆炸。我就站在那邊看有一本余光中翻譯的《梵谷傳》(*Lust for Life*),大陸叫梵高(Van Gogh),厚厚一本。記得我沒去補習班上課,就站在那邊看。因為我是牡羊座的,然後這個《梵谷傳》寫得非常有感染力,梵谷就是一個牡羊座的。這個講出來很戲劇性,但是對我來說真的是儀式性的一刻,看完這本書我好像整個人被雷打到,然後整個生病了。可是我不會畫畫,從小的美術都是得到F吧,就是最差的,後來我就覺得我要成為一個很了不起的小說家。所以剛好我在陽明山的時候就非常孤僻,跟班上的人沒有來往。可是那個年代很怪,沒有網路、手機這些東西,所以即使我們那麼爛的大學,好像學長學姊他們宿舍的書櫃上都會有卡夫卡、佛洛伊德(Sigmund Freud)、川端康城、芥川龍之介、三島由紀夫,日本的很多。可是也有翻譯的,有馬奎斯(García Márquez)的《百年孤寂》、卡繆(Albert Camus)、沙特。我就在陽明山的時候開始慢慢看。

我很像一個運動員想要去學習寫小說這件事,可是我發覺我有很大的缺陷。因為那都是翻譯的小說,譬如說我拿著一本川端康成的《雪國》,我在山裡的宿舍很定得住,學校的課都沒去上,在那邊讀讀讀,抽菸,讀讀讀,讀了兩、三個小時之後就發覺不知道我剛才讀了什麼(笑)。後來我發覺我小兒子也有這個狀況。我整個青少年跑去鬼混、打架、胡鬧,就是因為我有點過動,沒有辦法集中注意力。所以我發現我閱讀有問題,尤其又是翻譯的,比如說《百年孤寂》或是福克納的小說,我很專心地看半天,可是我沒有辦法把字的意思理解到我的大腦裡,根本搞不懂他在說什麼。後來我就開始長達三十年、二十年以上的抄寫。抄寫很多人就以為我是把它抄下來,背下來,其實不是。我抄寫跟正常人一般人閱讀是一樣的,只是你們閱讀沒有障礙,我是有障礙。我一個字一個字拿紙在旁邊抄。所以我有一本一本,像包括川端所有的書,張愛玲的書,李永平的書,莫言、王安憶,後來的博拉紐(Roberto Bolaño),就是拉美的這群。我的二十歲到四十歲每個小說

都是用抄。抄其實就是閱讀速度變慢，很怪，好像唱片轉速，變到抄的過程這樣讀，我好像每一個句子都讀進去了。所以是一個很緩慢，可是很舒服、很幸福的一個閱讀時光。我覺得那對我來說像是情感教育，回憶起來到我現在五十五歲的年紀，回想當年持續了這麼漫長的小說閱讀，跟現在我在YouTube上看《媽的多重宇宙》（*Everything Everywhere All at Once*）、《愛x死x機器人》（*Love, Death & Robots*）、或是《黑鏡》（*Black Mirror*）這樣快速，這個世界已經完全變不一樣了。

　　我覺得我是很幸運地擁有了這樣的情感教育，很緩慢。我是在一個第三世界的亞熱帶的小島，這個世界根本不鳥你是什麼的小島，然後這個小島它其實終年根本就沒有下雪，它跟歐洲根本就沒有任何的連結，是一個很小的小島。可是我很緩慢地，簡直像在臨摹刺繡的那種女工在抄寫這些小說。譬如說我在抄寫福克納的《熊》（*The Bear*）或是《聲音與憤怒》（*Sound and Fury*），在二十歲的我是不理解的，它是四面八方包圍著，好像我掉在那個情境，我的家族會有一個不可告人的罪。抄寫卡夫卡的《城堡》（*Das Schloß*），我到現在才有感覺，當時抄寫的時候就覺得很硬、很冷，那個抄寫的過程很像爬蟲類在爬行，那種人群劇場，對我現在寫的夢中場景都還有影響。包括抄寫川端康成的《雪國》、《千羽鶴》、《睡美人》，對於二十多歲的我來說，根本沒有女朋友，沒有性經驗，可是那種奇特的色情，少女瘋狂前的告白，都對我有很大的影響。還有杜斯妥也夫斯基對我也是難以想像的，我們根本沒有那種俄國的城市場景，那樣的客廳、那些軍官、小地主、會大驚小怪的八卦的貴婦、那些狂言妄語的革命家，或是說著最純詩篇的、耶穌的、俄羅斯精神的、帶著彌賽亞的聖人，或是白癡的愛的那種人物。包括像法國新小說的莒哈絲，當時抄寫她也不知道為什麼，沒有任何目的性或實用性，但就是強迫性地抄寫法國新小說的那種空間素描。昆德拉，很奇怪那時候在台灣昆德拉的《生命中不能承受之輕》（*Nesnesitelná lehkost bytí*）是那一年的暢銷排行榜第一名，那時候實在太奇怪了。我身邊那些漂亮的女生會自我代入說她就是Sabina。但昆德拉教給我們一種感覺，就是你

所書寫的人物可以是一把第一小提琴，或是第二小提琴，或是中提琴、大提琴，它們之間的一個協奏曲。還有他教我們誤解的詞，包括他講Sabina的那頂爸爸留給她的帽子，可以像赫拉克利特（Heraclitus）河床，就是你的意義可以不斷地一次又一次地走入同一條河流的河床，可是其實已經是不同的河流了。卡爾維諾（Italo Calvino）教我們這種命運交織的城堡，命運交織的旅館、酒館，到後來20世紀是變成命運交織的電影院，命運交織的汽車旅館。

其實我在看這次的這個烏克蘭跟俄羅斯的戰爭，整個就是一個卡爾維諾式的全景。過了2010年之後，我覺得我突然變成一種古老的，像是亞速鋼鐵廠，被拋棄掉的一節火箭承載器，世界已經完全是一個新的一切。但是我感受到現在我所看到的一切，包括我剛才講過在網路上看到的這些《黑鏡》、《愛x死x機器人》，好萊塢非常非常厲害的星空無限寬闊，或是劉慈欣他們的這種科幻小說，人類時代是在某一個時空單元太渺小的一種虛無感，或者是一個永劫回歸、排陣、大數據和舉證。這一切的老師就是那個盲眼老人波赫士（Jorge Luis Borges）。

數位移民進入社群媒體

您寫作三十多年以來，我們見證了印刷時代的一個瓦解，現在是數位時代的崛起。在這樣的背景之下，您是如何用寫作來面對這樣一個轉變？我注意到您前幾年開始在臉書（Facebook）上發表一些作品，後來就成書出版了，好像整個這個過程給您帶來滿大的轉變。

其實沒有那麼大的轉變，因為老實講比如說我們在台灣，我花了五年寫一本長篇小說，它可能就是賣兩千本，我拿到的版稅大概是十萬塊台幣左右，但我花了五年去寫。我和我身邊的幾個朋友，甚至董啟章、黃錦樹，或者台灣一個非常好的小說家叫童偉格，都有一個共同性，就是要寫一個長篇

小說是非常非常難的，全部地耗盡、消耗，甚至給家裡也帶來經濟上的不穩定。你傾其所有，可是它在整個書籍的資本主義市場是一個不流通的貨幣。這個東西很奇怪，我原先根本是和網路完全脫節的，我沒有趕上2000年剛開始有網路的時候，我的一些朋友開始有部落格、網誌什麼的，我都沒有，我不會打字。可是後來大概在2010年左右，我有個意外，這是個笑話，可是我不能講太長（笑）。

我小孩那時候已經升國中了，他們就去弄了Facebook上面的開心農場，要去偷別人的菜，我就覺得我要去監視他們，或者是被我爸影響，覺得駱家好男兒怎麼可以去偷別人的菜，我去經營開心農場，讓你們偷我的菜。反正這個後來就被我老婆全部砍掉了，我就很失落，那時候迷到熬夜在玩開心農場。我發現我被改變了，以前晚上我可以看書，可那時候我晚上突然就變得很浮躁，我也不太懂網路怎麼使用，我就開始在台灣的Facebook練習打字。那時候我剛好迷上一本大陸出版的講量子力學的科普書，我完全不懂，但覺得太奇妙了，就對照維基百科把它裡頭的專有名詞打在我的臉書上，打一打根本沒人鳥你。可是後來我就會打字了，當然還是很簡單、很慢地打字。我就開始玩臉書，意外地大家就說原來我是被小說家耽誤的搞笑藝人，發現我有搞笑的天賦，所以我的臉書那時候就算滿熱的、滿紅的。可是在臉書上對我來講是區隔得很清楚的，我每天還是去蹲點寫我的長篇小說，晚上回來很輕鬆，我就像跟朋友哥們打屁一樣隨便講一些好笑的。剛好那時候我小孩的年紀是跟你小孩現在差不多，是最好玩的時候，所以我根本不用花大腦。我每天花那麼多大腦，像做晶片一樣做小說裡的一句話，但我在臉書上是根本不用大腦。

前面您提到您在臉書上的短文跟您的所謂嚴肅文學是不一樣的，就是您會另外分配出一些時間在臉書上寫。乍看您的全部作品大概可以分成兩個部分，一個是所謂的嚴肅文學，比如《遣悲懷》、《西夏旅館》、《女兒》等等，另外一套書就是比較輕鬆幽默，像《計程車司機》、《臉之書》、

《小兒子》、《也許你不是特別的孩子》,是來自兩個完全不同世界的作品。我很好奇您如何去中和這兩個不同類型、不同形式的作品?它們如何互相碰撞和影響?

我覺得我很幸運,從二十歲到四十多歲都很像鋼鐵直男,就是我提到的那個情感教育,對我來講是近乎宗教或者說近乎一種朝聖,很安定地在一塊一塊去學習,像福克納、馬奎斯、像博拉紐、魯西迪(Salman Rushdie)、昆德拉這些世界名家。我覺得2000年以前20世紀的這些大小說家,就好像你會覺得打籃球就要打得像Michael Jordan(喬丹)、Magic Johnson(魔術強森)、LeBron James(勒布朗‧詹姆斯),你(心裡)會有一種寫小說的神話人物,覺得應當如此。可是事實上進入到網路這個資本主義世界的時候,演化論就改變了,不再是想要花很大的成本去演化出一隻獅子,或是一隻猿猴這麼複雜的大腦構成。另一種演化論是更有效率的,可能是海洋裡的藻類,單細胞,它可以每天快速地滅絕,又每天快速地變種,那我覺得網路的世界是這樣的一個生態。

但是我還好,因為我是一個鋼鐵直男(笑),我沒有改變過我在二十歲左右的時候許的願,就是要寫《西夏旅館》。我覺得在我自己的墓碑上,我認定我寫得最好的可能也就那四、五本長篇小說,真的很辛苦很辛苦,感覺是用我的肉身去換出來的。《小兒子》什麼確實在某個時間,有點像我投機取巧去養活自己,因為它是資本主義的,而且很媚俗,像潮汐一樣來來又去去。我就看到我同輩的朋友有被這個吞噬的。尤其現在世界的局勢,這幾年民族主義、種族主義的高漲,美中的對峙,台灣跟中國大陸的對峙,中國大陸自己那種網路封控的單一性,所以我覺得完全跟我們二十年前讀昆德拉是一個相反的世界。

摺疊又展開的《西夏旅館》

我不得不提一個關於《西夏旅館》的問題，它不只是您個人最具代表性的作品，應該也是整個當代台灣文學的一個里程碑，很重要的一個作品。其實我們一整個晚上都可以談這本書的，但是我只能提一個問題。是否能夠通過這本書帶我們去走一趟您整個的創作歷程？它的起點在哪裡，整個寫作的過程、方法，可不可以做一個這本書是如何產生的整體性的介紹？

我在三十多歲的時候第一次跟著一個旅行團到中國大陸的寧夏自治區，第一次見到西夏的王陵，在當地也買了幾本厚厚的介紹。就只是介紹西夏王朝的創建者李元昊，一個獨立建國的故事，但是一個非常波赫士式的人物。他為了和宋朝當時「中國」的觀念斬斷，就是硬生生地要抓漢人的文官來發明西夏的文字。它也不像中國周邊其他的滿文、契丹文、藏文都是拼音文字，它一樣是方塊字，每一個文字長得都跟漢文一模一樣，看起來都很像──就很像波赫士的東西，或者是我們現在說的「賽博龐克」（cyberpunk）──看上去是那麼回事，可是內部動了手腳，全部不一樣，只屬於他們西夏的文字。它也有很傳奇的，像印度史詩一樣的幾場戰爭，用謀略跟機巧把宋朝跟金這麼國力強大而且現代化的部隊整個殲滅，所以它建國。可是這個國家後來維繫了兩百年就被蒙古滅亡。因為他們很剽悍，把成吉思汗殺死了，所以成吉思汗對他的兒子們下令把西夏整個亡滅。到後來十九世紀的時候人們才發掘出大批的遺跡，但是這些遺跡後來全部被英國人帶到大英博物館，或是俄羅斯和日本人帶走，中國大陸這幾年自己也有在做這方面研究。

我當時就用這個發想來作為這個小說的一個開始。所以《西夏旅館》其實也很像我前面講的《我未來次子關於我的回憶》，或是我講的那個鬼的故事，是一個我去僭越、超出了我自己小說家的範圍，去寫一個已經無能力

替自己說故事的、曾經存在的帝國。它已經全部被滅種，他們當時男子的前額是禿髮，所以蒙古人認得很清楚，把他們全部屠殺。地球上是不存在西夏了，最後是人類挖出了他們的遺跡，又花了很大的工夫去解義出西夏文，當然寫的都是一些佛經。我想要把一個已經不存在的王朝去虛構出來，我最開始的願望是這樣的。可是後來我看到一個資料說西夏人並沒有完完全全滅絕，當時他們最後還有一支騎兵軍，是在他們的首都興慶府被大屠殺之後往西南方向跑，大概跑到現在中國的西康跟西藏的邊界。他們這支部隊後來好像在明朝的時候還像一個地方武裝力量存在著。

恰好在寫這部小說的時候我遇到一個朋友，一個台灣的導演，叫戴立忍，他跟我講他祖父和爸爸的故事，就跟我爸爸這種1949年跟著國民黨戰敗的士兵近乎兩百萬人，搭著大批的船艦逃到台灣來的路線完全不一樣。他的祖父當時是國民黨在西北蓋鐵路的官員，所以當時這一批鐵路官員的後面是有解放軍在追的，他的逃亡路線竟然跟歷史上西夏最後一支騎兵軍的路線是一樣，最後越過青康藏高原（編按：即青藏高原）跑到印度去了。我覺得這就太棒。後來他們也有一個福克納的《聲音與憤怒》式的家庭內在亂倫暴力的故事。我的小說就以戴立忍的爸爸跟祖父當人物主角。我想寫的感覺就是，我的父親這一整批國民黨，或者說外省的遷移者，他們所謂的「中華民國」在後來台灣的民主化過程中應該已經不存在了，已經消失掉了。可是我會想寫下這群騎兵在逃亡的過程，他們跑的時候就像傾盆大雨在曠野上被蒸發掉，變成不是人類，他們跑到不是人類的境地去。這是我寫《西夏旅館》的感情。但我後來有一個設定就是西夏是一個不存在的時間，旅館是一個不存在的空間，是一個好像你開門進去、推門出來它才存在的一個狀態。所以我當時在寫之前就設定了「西夏旅館」。

我裡面也不只是像戴立忍或是我這樣的外省人設，有一個二號主角是台灣本省的，他的祖父生活在日據時期，是1945年才被收回中國的另外一個歷史經歷，其實就是楊凱麟（笑）。等於我《西夏旅館》是用了我兩個哥們，一個是戴立忍的祖父的故事，一個是楊凱麟的祖父的故事。楊凱麟就是

一個嘉義的本省人，他家的故事也很精彩，所以我希望有一天我的《西夏旅館》能翻譯成英文，大家能看到，我自己覺得是很棒的。我後來也很努力在寫別的小說，但還是覺得這本小說對我是很幸運的。而且那個過程我也沒有網路，是另外一個朋友黃錦樹寄來一整套大陸那邊整理出來的，二十幾本很厚的西夏檔案彙編，當時我很仔細，都有在「濾」那些書。後來我自己在寫的小說，都覺得超越不了它。謝謝你今天給我這個機會提這個小說。

是不是可以很簡單地介紹這本書寫作的一個狀態？寫了多長時間？遇到什麼樣的麻煩？

我寫完這本書以後，好像後來寫的都是死亡，（笑）像LeBron打完他最重要的冠軍賽，腿就斷了，（笑）Kobe Bryant的感覺，大概是我傾盡全部。其實這本書從發想要寫但一直不敢寫，大概擱了有七、八年。從三十多歲，到三十八、九歲開始動筆，我後來一共寫了五年。我開筆的時候就超High的，所以我自己覺得這本書最精彩的就是上冊。我那時候有跟一個翻譯者講，其實只要翻譯上冊就好，不要下冊（笑）。下冊有點小說家的技術進來了，但上冊的前五、六章我覺得都是渾然天成，當時一天可以寫七、八千字，寫完連躺著睡覺腦袋都在跑那個情節。後來好像寫了九個月，我覺得大腦保險絲燒斷了，我就得了很嚴重的憂鬱症，就沒辦法寫，然後吃藥、看醫生，治療了大概一年，有一天「欸，好了」，我就又開始寫。

我是個牡羊座，以前都是控制好一年寫一個長篇，現在也變成是這樣。那是我第一次面臨花五年的時間，曠日廢時地寫。我甚至跑到美國的愛荷華寫作計畫，因為不會講英文，都不敢跟其他各國作家碰面，我都躲著。我還是手寫嘛，就拿一個畫板，帶A4的影印紙，到愛荷華河邊去寫，每天都寫。這對我來說是一個吐血寫出來的小說（笑）。

科幻中的人文因子

您這幾年的《明朝》、《女兒》都是科幻的成分越來越濃,您一直是科幻迷嗎?科幻是什麼時候開始進入您寫作的視野的?能否談談科幻對您作品的想像中扮演什麼樣的角色?

我覺得我應該是比較業餘的科幻,我不是很厲害。我對中國大陸的這些,包括劉慈欣和韓松的小說,都是那一年去上海開一個會議,宋明煒非常熱情地跟我講。那時候他們還都不有名,就是跟我講劉慈欣的《鄉村教師》,那時候還沒有《三體》,我也讀了覺得太好太棒了。

莫言、余華他們所處理的中國已經好像中間有一個被切斷的年代,就是改革開放以後的──或者說網路整個被國家控制以後的卡夫卡型態的中國,像韓松寫的這種癌細胞擴張的中國──莫言他們好像處理不到了,就跨不過來。但是我覺得我的《女兒》或是《明朝》其實都還是波赫士概念的一種超級百科全書,像《哈扎爾辭典》(*Dictionary of the Khazars: A Lexicon Novel*)這種。我確實是很迷那本量子力學的波和力的辯論史,所以我整個活在那個狀態裡面。我寫《女兒》也是很辛苦的一個過程,是把量子力學跟《紅樓夢》來試圖做一個現代小說的轉寫。後來賣得還有評價都平平(笑),但我自己很喜歡這一次的書寫。

所以我的情感還是受到八〇年代那一部《銀翼殺手》(*Blade Runner*)的結尾的影響,那個人造人死前對著追殺他的男主角說:「我曾經目睹過你們人類沒見過的壯麗的景觀,在星河下航行,我看過漫天的雷電嘈雜不休,我去攻擊著火的船隻」──很像我們現在看俄烏戰爭的無人機的鏡頭,要被殺死之前的人的臉。這個東西還有八〇年代阿西莫夫的幾篇,對我的情感教育塑造了一種──用卡爾維諾的話講──「惡魔的百科全書」,大量惡魔知識的壓縮檔。可是它是一個很古典的、人文的、杜斯妥也夫斯基式的彌賽

亞,是相信救贖的。我覺得我是比較這樣。

但我現在在網路上看《黑鏡》,看《愛x死x機器人》,我都還是非常地感動於他們的創造力,但是我覺得那個已經不是我的成長資源能夠去講的故事。前幾天在YouTube看的《愛x死x機器人》的一集,好像是《三體》的翻譯者(劉宇昆)的創作——他們叫「絲綢龐克」——就是一隻狐仙的故事,很像《唐傳奇》裡面狐仙跟書生的故事。最後他們是跑到香港,等於是一個劇烈受創的亞洲的亞速鋼鐵廠,這樣的景觀,可是它把資本主義和一百年來中國人的靈性被剝奪掉的失落表現了出來,我看得都非常有感覺。好像看《聊齋》,可是又是21世紀想看到的《聊齋》,我覺得這個創作者弄出來了,而且最後是整個被改裝、異化,靠現代的技術把整個人的身體改裝成機械。像之前日本動畫的《銃夢》,都有一些很厲害的東西,我看了很佩服。

但是我覺得我剛才講到的古典的情感教育或是教養,對我來講,這些科幻、AI,一集一集看下來,都有一種快閃,或是對現在正在發生的身分的不確定感、解離感,被科技介入的感覺。我還是有一種很濃的鄉愁,我還是覺得書寫小說最後要造出一個場景是像《紅樓夢》那樣,或者是《追憶似水年華》,裡頭的人是一層一層地在對話。或是像杜斯妥也夫斯基、奧地利的大小說家,他們寫19世紀的歐洲,在廳堂裡大家談的文學、命運、美,其實有各式各樣的人在其中。這個是我現在還很努力做的,有些地方我能做到,有些還做不到。但我還是覺得長篇小說如果作為一個朝聖之途,確實這種快速的、科幻的、卡夫卡對於理解後莫言時期的中國是非常有效,可是那整個民族到最後的文明怎麼會自己單一化?之後隱喻這個民族的小說其實也就只能是卡夫卡。這是我自己的一個警惕。

情誼的「字母會」

最後一個問題是,我們都知道六〇年代、七〇年代在台灣文學裡頭有現代派、鄉土派等等,有一種團隊精神吧。可以想像當年白先勇、王文興、

陳若曦，多麼浪漫，那麼多人在一起辦個雜誌，一起寫作。但是到了八〇年代、九〇年代，這種團隊精神好像完全消失不見了。所以我特別高興這幾年您和好幾個年輕、中年作家開始辦了「字母會」，好像整個台灣文學圈的一個新的生命，特別有活力。能不能簡單地介紹這個字母會誕生的背後的宗旨？參與這個組織，您的創作得到了怎樣的一個新的啟發？

小白，我覺得我好感動，好想跟你在台北的 pub 喝啤酒（笑）。我很感謝你提這個，我也很盼望有一天英文世界或者是法文世界的翻譯家和出版社，可以注意到《字母會》這一套書，因為它們在台灣的出版是一個很悲慘的故事（笑）。

「字母會」就是找了六、七個小說家，其實我覺得都是當時台灣狀況最好的幾個人；我們的領頭者叫楊凱麟，他當年是在法國留學的，他的老師很有名——只是我不知道是誰，好像是傅柯（Michel Foucault）的最後的弟子——他可能是台灣做德勒茲（Gilles Deleuze）法國哲學的第一把交椅。他跟我私交很好，告訴我說他用法文的字典A到Z二十六個字母，選擇了二十六個法國哲學裡面很重要的字，比如說A選了「未來」（avenir），B是「巴洛克」（baroque），K是「卡夫卡」（笑），很好玩，Z是零（zéro）。他每個東西都寫了一個很德勒茲式的一千字左右的哲學詞條。

我們後來就找了我覺得現在台灣一個最好的小說家童偉格加入——希望大家多注意他，因為他的作品量比較少，他非常安靜。黃錦樹第一季也有加入。然後有陳雪，一個酷兒小說家，寫得也很好。然後胡淑雯、顏忠賢，後來黃崇凱，也是年輕一輩最好的一個。非常好玩，我們幾個完全不一樣，有我這種直男、瘋狂暴力派的，有童偉格這種一直在寫父親的死亡的——他十幾歲的時候父親就死掉。可是我們要放棄掉我們本來小說家的傲慢，大概兩個月要交一篇。我們寫了七年，非常痛苦。就是每兩個月就要交一個字母，最後是二十六乘以七，一百多篇小說，每一篇大概是五千字。最後出版也是一個很有理想性的女生出，出到一半那個出版社就倒了（笑），她又去

找資金成立了一個小的出版社,所以後面幾個字母又是另外的出版社。很怪,然後賣得也不好。

但是我覺得這整個過程,就像你問題提到的,我們會想到白先勇、王文興,或者像以前的明星咖啡館。我們在一起都不是講八卦和文壇是非,而是很認真在談「今天楊凱麟丟下來的這個詞我們有什麼想法」,回去又要把它用小說的方式呈現,我覺得很像小說跟哲學詞條的一場性愛,或者是說角力,像摔角一樣的力量的搏鬥。因為它的詞很像是要封印你的小說要去探討的可能,而你要用別的忍術逃離鋪天蓋地的咒語。雖然這個計畫後來結束了,但是我還是覺得不只在台灣,我到大陸去跑的時候,或在香港、馬來西亞,從2000年以後都很普遍,就是這些非常好的創作者,也不是說二十幾歲,只想拿個文學獎出本書,他們已經出了幾本書,而且應該是「國之重寶」,都是很好的小說家,可是因為現在出版已經被放到全球跨國的資本遊戲裡面,還有網路媒體,所以其實這種硬壘的小說書寫一定是很容易就會滅亡,你自己都可以預判到。

但是像我們這一場七年的過程,其實是一種友情,後來我覺得,這是文學上面很重要的一件事。我們覺得現代人太精明了、太安全了,網路把所有人跟人之間的友情改變了。可是《字母會》讓我感受到我們這幾個人在這七年,不講廢話——我是裡面很愛講廢話的,可是楊凱麟就是很嚴肅在談這個概念,童偉格是一個話很少的人,大家各自講他被這個字召喚出來的想法,然後回去寫的又不一樣。這個書寫的過程讓大家覺得,湊在一起至少不會一下就團滅。(笑)我覺得這是一個很溫暖的回憶。

吳明益：生態文學的新視野

　　吳明益1971年出生於台北市，他的創作跨越多重身分：學者、作家、藝術家、攝影家、環保運動家。吳明益的書包括長篇小說《睡眠的航線》、《複眼人》、《單車失竊記》以及《海風酒店》；短篇小說集《本日公休》、《虎爺》、《天橋上的魔術師》、《苦雨之地》；散文集《米蝶誌》、《蝶道》、《浮光》等書；論著《以書寫解放自然》、《臺灣自然書寫的作家論》以及《自然之心》。其作品曾獲得多項文學大獎，包括台灣文學獎、聯合報文學大獎、紅樓夢獎、布克國際獎等等。結合了文學、畫畫、攝影、環境與生態和魔幻寫實主義，吳明益為台灣文壇開創一種新的多媒介多視角——或可以形容成是一種「複眼」的新文學觀。

以下提問為粗黑體
其餘主文為吳明益回答

文藝創作的啟蒙與淵源

您最早的文學啟蒙來自哪裡？小時候有哪些文學作品給您帶來比較深的影響？

我是1971年出生，到了1980年代我年輕的時候，剛好是台灣的文學最蓬勃的一段時間，就是現代主義的作家、鄉土文學的作家都非常有名的一個時代，所以對作家這個職業有一種嚮往。也剛好，台灣在七〇年代，有一套志文出版社翻譯世界文學名著的系列，當時翻譯書很多可能是盜版的，翻譯的品質也不一定很好，但那是我們的一個很重要的窗口，就是可以看到，五、六、七十年前，一百年前的西方的作品，而且可以模仿、學習那個時期的西方作品。所以就會在自己的心裡面有一個想要寫，就是創作文學的夢吧。當然這都是比較表面的，但是作家那個行業在我年輕時候還非常讓人嚮往。

在鄉土派和現代派之間，是否有一些作者或作品給您留下特別深刻的印象？

因為在我們想要開始寫作的時候，會有「想要去模仿」這樣子的一個動力。當時台灣已經開始後現代主義的浪潮，在我十幾歲，十八歲、十九歲有能力寫作的時候，會看到的那些得獎作品，大部分已經是後現代主義的作品了，像張大春、黃凡他們。但是我自己在閱讀的時候，又比較偏好寫實主義的作品，所以有很大的矛盾，就是和當時得獎的潮流不符。所以在我初期寫作的時候，我是非常矛盾的，又覺得好像要跟上新的技巧、新的形式、新的題材，但是自己真的喜歡的作家，又常常是寫實主義，比如說陳映真的某一個時期、黃春明、宋澤萊等等。

在西方作家中,有哪一些看得比較多?

西方作家就很多了,也是我那時候感到很混淆的、混亂的一些源頭。我以為文學獎就是一個應該去追求的東西,但是(台灣的文學獎)它又跟我看到西方作家的作品有很多的矛盾。比方說我自己在高中的時候,最喜歡的一部作品是梅爾維爾(Herman Melville)的《白鯨記》(*Moby Dick*),但是那個寫法或者篇幅,完全不是台灣這種的,因為台灣的文學獎很畸形,單位是一篇一篇作品——在全世界應該沒有這種情況——所以它造成我們畸形的一種模仿,還有就是想要進到這個圈子裡面來,以為文學獎這樣的就是文學的一種既定道路,所以我就覺得讀志文出版社的那一部分作品,帶給我很大的啟示。

像前一陣子我到立陶宛演講的時候,因為講《單車失竊記》,提到關於戰爭的小說,我就講到我高中的時候讀了雷馬克(Erich Maria Remarque)《西線無戰事》(*All Quiet on the Western Front*)很感動。因為當時只是高中生,加上一次大戰的故事很遙遠,也不是我們自己這個族群或者是國家經歷的戰爭。那時候就會覺得很想瞭解,為什麼這部小說能產生魅力?可是我現在要面臨、要學習的是,寫一篇一萬字的小說,先能夠被大家接受。

那在後現代與寫實主義之間,您如何找到自己的一個位置?

我原本對自己的直覺和感受非常沒有自信。那些外在的獎項或是評論影響了我。後來我這麼告訴自己:我本來就是因為對某件事的疑惑、探索而想要寫作,寫作是我解決,或者說理解這個世界的方式,那麼為什麼要在乎那些呢?又湊巧,我童年住的中華商場是一個充滿傳奇和複雜文化的地方,於是我漸漸摸索出一套自己的敘事方式。

繪畫和攝影也是小時候就開始接觸的嗎？

繪畫是我很喜歡的。我國中的時候曾經有老師希望我去美術班，因為他看我畫得不錯，但是因為我色弱，辨色力有問題，他怕我沒辦法應付色彩學之類的學科，所以就沒有進去美術班。我家裡面也不支持，因為畫圖在台灣傳統的教育裡面是沒有前途的。

攝影是我上大學以後學的，因為我大學念的是大眾傳播，所以我們大一是一定要學攝影，是黑白的攝影，然後還要去暗房把膠捲洗出來，因為我1989年念大學，那個時代還沒有數位。

雖然家裡不支持您學藝術，不允許您主修，但在您的業餘時間裡，還繼續畫畫？

我為自己畫一些東西，但是沒有受訓練，也沒有目標。一直到了寫《迷蝶誌》的時候，我覺得又可以畫圖了。繪畫可以慢慢地去觀察，跟照相很不一樣，因為照相很快，我即便看不清楚，也可以拍到一張照片；但是畫畫的話，就會有一段時間很認真地去看這些生物。所以是從《迷蝶誌》的時候才又開始畫畫。那時候我已經研究所念碩士班了，所以也比較有時間。

什麼時候開始嘗試自己的創作？

高中，因為我高中的時候台灣有一個文學獎是專門給學生的，這個文學獎現在還在，但是它已經轉型了，就是明道文藝的學生文學獎，只有學生才能報名。我有去參加，也有得獎，那是高二的時候吧。那是我最早的一個，好像可以賺到錢，然後也喜歡做的事情。

最早的作品是寫什麼內容？什麼類型？

都是散文，因為對我來說就是比較容易進去，也是非常傳統的台灣的散文。如果用世界文學的觀點來看，很少有一個國家的主流文學是散文，而且都是寫父親啊、母親啊，不太合理，但是我們那時候就是寫這種題材容易得獎。

到了大學的時候，我得了另外一個獎，就是聯合文學的新人獎。我寫的是原住民的題材，那個時代很少有原住民題材的小說，除了原住民作家夏曼‧藍波安，只有幾個；可能很少漢人寫原住民題材。

徘徊在自然生態與人文關懷之間

有一些創作人會嘗試不同的媒介，比如說高行健，有華劇、小說、影像的作品。但是我覺得您在整個創作生涯當中，非常可貴的一處，就是您把不同的文類──從學術著作到小說，又從攝影到繪畫──都融為一體，都是有一種非常微妙的一個互動關係，最後呈現了一種獨一無二的創作視野。您是否可以談談這種不同媒介跟文類之間的相互關係？

我個人認為藝術是人類文化很特別的部分，畢竟其他的生物沒有發展出藝術文化，對其他的生物來說，生存還是最主要的目標。藝術發展出很多元的形式，這跟每一個人身上帶的天賦有關係。最早的藝術形式常常是綜合性的，像在文藝復興時期，很多藝術家同時也對科學有很高的興趣，因為它們都同樣向這個世界提出問題，回應的一種人類思維。

我在寫小說的時候，會有很多畫面出現在我腦海中，不只是文字符號。所以我想表現它。剛好我也對繪畫有興趣，所以我就這麼做。甚至近日有時候小說被改編成電視、電影或其他的藝術形式，這好像是藝術家對別人作品的一種興奮感，會有被刺激、啟發的感受。就像我們去電影院看完一部

好的電影，肯能會深受感動，而作為一個創作者，你的創作慾望會被激發起來。對我而言，這常常是我評斷一個「好電影」的標準。過去是藝術的分種——就是藝術分很多類型——時代，但現在又回到互相對話、互相回應的一個時代。所以我覺得很幸運能夠在這個時代做創作。

我自己會選擇寫作是因為它不需要溝通，但是很多當代的藝術是需要溝通的，不管是舞台劇或是電影。電影是我這一代最迷人的藝術形式，但是它很需要溝通，無論你是哪一個崗位都是這樣。我在寫作的過程當中，研究所是我很關鍵的一個階段。

我原本做的是中國的古典文學、清代的詩論，我也很喜歡，我並沒有不喜歡，但是我覺得它跟我的生活很遠。一方面，我看到有一些老師還在寫古典詩、中國漢詩，覺得也沒關係，但是有一種，我們這種科系好像跟這個社會毫無關係的感覺。同一個時間，我已經在開始拍蝴蝶了，大概在大學畢業之後我就在做這件事了。那會連結到很多社會的面向，比方說動物權利的團體、保育的團體、生態的團體，他們在做的事情都是「此刻」的事情。這兩件事情的矛盾讓我覺得，有沒有可能把它結合在一起，去發展出一個什麼，讓我既能夠在當代的社會有一些實踐，也可以保持我寫作、對文學的熱情。所以我在博士班的時候——我沒有拿碩士學位，因為我並沒有寫出一篇中國古典文學的論文，我後來直接升博士班的，把古典文學的論文給放棄了——我的方向轉為台灣自然寫作的研究。在寫這個研究課題的過程當中，我就發現原來台灣的自然寫作者，很大的比例都是受美國的自然寫作者影響，可能有百分之八十、九十吧，那我為什麼不直接讀一些美國的自然寫作作品？反正他們影響了我們這些台灣作家。那一讀之下，我才發現在美國的自然寫作史裡面，有很多的作家本身是科學家，他也是喜歡文學的，自然在寫這種題材的時候會把兩個領域、好幾個領域的感受結合在一起。

我認為這很有道理。在一個心靈的成長，如果創作本身就是心靈的表現，這個滿有道理。所以我自己也就希望在自然科學有一定程度的業餘嗜好、理解，然後也希望能夠參加生態團體、能夠繼續在文學的圈子裡面做創

作，所以就是如您所說的，我的創作在這幾個方面才會這麼呈現。在16、17世紀的科學家，他們在做科學研究時也都要畫圖、也都要懂音樂，因為要記錄鳥的叫聲，也要會寫譜、會畫譜，本來他們的工作就是很立體的、很多元的，我只是想要模仿他們去做自己的訓練，所以呈現的結果就是這樣，我沒有跨出去實際參與電影的工作、舞台劇的工作，但是也就跟他們保持著一種互動的關係。

在您的作品中「環境」和「生態」是非常核心的一個地標，您自己對這些概念的覺悟是大概什麼時候開始的？經過這麼多年的沉思和寫作，您對「生態」的理解和態度又經過什麼樣的一些轉變？

一開始是我當兵回來之後，參加了一個生態的團體叫「大地義工隊」，它現在已經不存在了，不過在那個時候也是一個很特別的團體。有一位自然的老師，他自己開課，大家繳一點錢給他，他帶我們到各地去認識生物。那時候剛好是1998還是1999年，到了台灣的九二一（2001年9月21日）大地震發生，我也還在這個團體裡面。這個老師就說，我們收集一些台灣植物的種子，因為南投這個地方發生地震，很多山都塌了、植物都倒了，我們去撒種子讓它更快可以恢復。有的時候，這個老師也會說跟我們說，這個植物是咸豐草啊、蔓澤蘭（小花蔓澤蘭），是外來種，我們順手把它拔掉。這個其實影響不到整個生態的問題，但是它就是一個很個人化的東西。

我從此接觸越來越多的生態團體，作品開始被注意到，那就會有別的生態團體跟我有互動。台灣那時候生態團體發展非常蓬勃，我就進入了另外一個生態團體，叫「生態關懷者協會」，它是一個非常靜態的、討論生態神學的，以一個教會為根基的生態團體，因為生態學在跟神學之間有很多的衝突、協調，那生態神學就是希望能夠在信仰之內找到一個保育的道路。當時我在這個團體裡面，我並不是教友，沒有信教，但是他們會開讀書會，當時最核心在讀的一個作品就是奧爾多‧利奧破德（Aldo Leopold）的《沙郡年

記》（A Sand County Almanac，又譯作《沙鄉年鑑》）。那一本書，我大概在1999年左右看的。

我那時候就同時在好幾個生態團體裡面，有一些生態團體會上街遊行、抗議，還有一些生態團體就只認識鳥類啊、只認識蝴蝶的種類，這好幾類的生態團體我都參與了。因為我的作品慢慢有讀者喜歡，他們就會希望我幫忙寫文章，如果發生了一個抗爭的事件，或許要上台去對群眾講講話，就是變成一個運動裡面的某一個角色。這個就是第二階段。在這些運動型的團體，一直到2010年有一個很大的抗爭，就是國光石化，就是邱貴芬老師也有參與的這個抗爭行動，我就變了一個比較核心的人了，因為我編書、參加記者會。大概那之後，我就又走到一個比較幕後的、比較沒有到抗爭第一線的位置，因為環境議題太多，我常常沒有瞭解、沒有機會瞭解。

之後不同環境議題的團體會希望我寫文章、上台講話。我覺得好像有點不對，就是我沒有辦法很深地理解這些問題，怎麼有資格發言呢？所以我就決定深度參與一些我有認同的團體。像我現在在「黑潮文教基金會」擔任董事，黑潮就是關心海洋的一個生態團體，鯨豚、海洋汙染、海洋廢棄物等等；我在十一年前也用我母親的名義成立一個獎學金，做海洋研究、海洋創作。這個是其中我們一個計畫。我又變成一個比較是幕後的角色，也許我們要讓年輕一輩可以認識台灣周遭的環境，他們日後如果有大型的運動或抗爭的時候，才會還有人出來，不能老是我們同一批人在做。大概也許這是三個階段吧！

我和邱貴芬老師正在合編的論文集暫名《有關蝴蝶與單車：吳明益手冊》，就是用「蝴蝶」和「單車」代表您創作生涯中的兩個不同的方向和主題：自然世界與人造世界（科技）。可以談談您的作品如何在自然和科技之間徘徊和找到自己的一個位置？

我大概在寫作蝴蝶的兩本散文集（《蝶道》與《迷蝶誌》）被接受了

之後,開始受到一些質疑,因為這個世界上有真的蝴蝶學者嘛,他們會很認真地檢驗你的作品。我發現它不再只是一個文學作品而已,我的作品受到很多科學界的朋友的檢驗、挑戰。跟他們比起來我根本不是一個專家,但是我還是喜歡這些事情,所以它當然還是我會寫作的對象,只是我要更謹慎。所以從那個時間點開始,我的書會去找專家來審定,請他們給我意見,我想一下怎麼修改。這就是從一個純粹的自然愛好者,變成寫一個人類知識體系裡面認識的自然。

這就分兩個部分,一個是參與自然保育的運動,一個是繼續充實我對這個地方的自然科學的知識,包括地質的、海洋的,不只是生物的,它一直變成我寫作裡面的核心。原因很簡單,因為可能在三百年前的這種寫作,這些文學作品的讀者受眾都是喜歡文學的,但可能不是科學家,特別在那個大部分人讀不懂、是文盲的時代,但是我們現在的讀者,每個人都是不同領域的專家,所以我覺得對傳統的寫作者挑戰很大,他沒有那麼受尊敬了,因為現在各個領域的專家都非常地出色,都是人類文明的一種象徵,不像三百年前,在科學革命之前,也許文學藝術是人類文明很重要的象徵,所以我警覺到這一點。

另外就是人類的歷史跟自然沒有辦法分割,特別我們在看美國的自然寫作史,他們現在也許有些人會去討論太空的問題、基因轉殖的問題,他一定要密切地注意這個時代的人文變化。比如海洋垃圾,它不是科學問題而已,也是法律問題,在公海上面誰才有這個責任?垃圾屬於誰?日後我們撈起這些垃圾,難道全部送去美國處理這些垃圾嗎?他們也不會接受的,所以這裡還有法律問題,還有很多層面的問題。生態跟我關心的人文世界是密切結合在一起的。

但是「腳踏車」的或者《單車失竊記》的這一系列寫作,是我有意識地去認識台灣歷史,《睡眠的航線》、《單車失竊記》到我現在這本《海風酒店》,都跟台灣的歷史比較有關係,當然跟生態也都很有關係,兩者的結合是很深的。對我來說,這是我最重要的兩個寫作主軸,因為一個人的創作

時間很有限,很快就到盡頭了,能夠掌握一、兩個你想要追求的、想要表現的,就很不容易了。我不求在藝術的風格上有變化,我看我喜歡的作家他們都沒有變化,不可能做到,因為能成就一個藝術的風格,大概就到了六、七十歲了,沒有那個創造力再有變化,所以我也不求這個。但是我想能夠寫一部分我認識的台灣歷史,跟生態有關的台灣歷史,跟環境運動、自然科學有關的內容。

在《浮光》裡提到:「我至少有超過三十個整夜在街頭露宿或者步行的經驗,我因此看到了一個屬於這個城市,或我自己的暗面的世界。」可以談談這種夜間散步和「觀察」如何改變您對台北這座城市或人的理解嗎?其實我更關心的是,觀察這樣的一個行為,如何改變了您對台灣,或台灣這個島嶼,或者對您個人的一個理解?

我剛剛有提過,我不太擅長跟別人「溝通」。如果需要溝通,通常跟對方有一定的情感基礎,才會有溝通的必要。工作上面的情感,都是一定相互認識,才有溝通的必要。陌生人不需要「溝通」,你可能有一些接觸、有一個小小的契機,他就會跟你「說」很多事情。我在《浮光》寫的那個萬華遊民的世界裡面,沒有人認識我,不像是我跟學術界的作家們,不是。他們也不會在意我是誰,可能就是陪他們抽個菸、聊一聊,老人家七十幾歲,歷經過很多事,現在流浪在街頭,他很樂意跟你講他的人生,因為他覺得你沒有什麼威脅性,你也不是社工。所以對我來講,那一段,或者說一直以來我跟陌生人的接觸,是很舒服的,包括在原住民的部落,有時候聊到像這本小說跟太魯閣族有很深的關係,他們會很自然地跟你談這些事情。

所以我比較可以看到我這一代的作家不會去接觸的一個世界。在我的想法裡面,比如說台灣有很多元的文學,像LGBT文學很多元,但是我好像沒有讀到寫關於社會底層的LGBT人,通常故事裡面的角色也都是知識分子,也都是某一個階級上面,可是按理說這些遊民、卡車司機、計程車司

機，也可能有人他本身是性少數，只是他沒有被注意到。在那段時間，我接觸到的，像那些遊民，他們也有性需求，會有很複雜的生活層面，不是只有他們在那邊流浪。我跟他們聊天，他們都很願意聊，因為我也整個晚上都在那邊，我都從來沒有錄音，就是聊天。

我年輕的時候追求文學，覺得作家就是很被尊敬，然後會演講，好像會讓人崇拜他。那段時間讓我感受到就是，我們做的工作，是認識另外一個生命，可能你本來不想認識、沒有認識可能性的生命，都算在內。《浮光》大概是2013到2015的那段時間，是我生命裡面很重要的一個轉變。所以我現在也就比較輕鬆地去面對這些意見、價值觀跟我們完全不同的人。

您小說中有不少「魔幻寫實主義」的成分，您可以談談「魔幻寫實主義」在您小說中扮演的角色？

對我而言，現實中本來就有很多超過人類邏輯想像的事情。其實就算是非常尋常的人生裡面，這種「魔幻」的東西也都很常見。對所有的生物而言，人有一個很特殊的能力：人可以假設自己在琢磨一些事情，進到一些時空裡面。而且文字符號發明之後，可以用它們把我們腦袋裡面的世界呈現出來。我女兒三歲的時候，每天都會收拾她的行李。帶什麼樣的東西呢？帶她的狗狗。實際上我們家並沒有養小狗，但她每天都會說要帶她養的狗狗去阿里山爬山。我們家沒有養小狗又沒準備去阿里山，可是她就是沉浸在她創造出來的那個世界裡面。

在我的小說裡面，我必須寫很多我人生中並沒有經歷過的事情。有時候我們藉一些無生物或其他的動物來替我們陳述的時候，可能更貼近傾訴者的情感跟心情。在土耳其作家帕慕克（Orhan Pamuk）的作品裡面，屍體可以講話，一幅畫也可以陳述這個世界的萬物。所以在我看起來，我並不是在找現實跟魔幻之間的關係，然後把它放到我的作品裡面，而是我個人認為這些敘事、這些想像、這些空間，它們其實並存。

從〈複眼人〉到《複眼人》

《複眼人》是由幾個不同的敘述碰撞而產生的小說，包括阿莉思的線索和阿特烈的線索；《天橋上的魔術師》是十篇有互涉的短篇小說；《苦雨之地》也是由六篇故事組成的長篇小說。您如何去設計這些故事的連貫性和它們之間的曖昧性？又如何設計這些完全不同的人物／故事，而讓他們的碰撞產生敘述上的火花？

我不知道我講不講得清楚，但是這一次我為《海風酒店》的新書發表跑了八十四間書店，然後做了二十六場的演講。跑了全台灣的二十六場演講裡面，我只講一個概念，叫作「小說感」。

「小說感」指的就是像「電影感」，「cinematic」這種詞，但是好像沒有「小說感」這個詞。我問了我的翻譯Darryl Sterk（石岱崙），他說可能就是「the feeling of a novel」，或者是「作品產生了一種唯有小說才能做到的感受」，因為cinematic就有點像是，包括看電影的經驗、電影裡面的演員，各種元素，最後使得這部電影很特別。你可能在不同的地方看到這部電影，反應也不同。我想小說也很像是這樣子。

在台灣，我很喜歡的兩位，已經是世界上很重要的導演，就是侯孝賢跟楊德昌，他們兩個是完全不一樣的導演，都是這麼聰明的人、這麼敏感的人，可是他們追求的東西不一樣，他們的風格也不一樣。那我們為什麼要去說侯孝賢楊德昌誰比較好？誰比較重要？在教學生寫作的時候，常常我們會教一種寫作的方法，就好像在電影導演在學習的過程中說長鏡頭代表什麼、廣角鏡代表什麼；仰角、「zoom in」、「zoom out」代表什麼，它會有一個固定的邏輯在。可是導演不同，會導致最後的作品不同，即使他們用了很相近的手法。所以這表示，有一個概念是以前在談文學創作的時候被忽略的，就是作家天生的不同。

我覺得有些作家是詩人,他很討厭收集資料,他覺得我如果認真地去讀那些材料,我就沒辦法寫好一個小說;有一類的小說家他一定要找資料,他像博物家、他像一個naturalist(博物學家),像安伯托・艾可(Umberto Eco,編按:另譯翁貝托・埃科)他甚至連這個門怎麼開、走幾步路,都覺得一定要瞭解到,才能夠去寫這個小說。這只是兩類,但我在這一系列演講裡面,區分了九類小說家。我認為他們彼此之間有時候不同意別人在做的事情,可是這不是概念上同不同意,是另外一個小說家的天性跟你完全不同。有的小說家他是傳教士,他有滿腔的信念,他認為他的作品,只要能夠說服你、傳教成功就好了;他不在意有一些詩意的表達什麼的,那你沒辦法溝通,你不能跟他說我們來談談小說是怎麼回事,因為在本質上就不同。

我其中有一個類型是「salvage hunter」,對我來說我自己就比較是這類的,「拾荒獵人」,意思就是我們這一代沒有太多的人生經歷,需要打撈別人的故事來寫。其中我還有一類叫「Digger」就是「挖墓的人」,因為他的人生有很多值得挖掘的東西,那他可以成立;他可能是雷馬克、海明威,他是參加過戰爭的人,他挖掘自己的這些生命,就足以成為他寫作裡的重要成分,但我們沒有,我們1971年出生的沒有。所以我們要去撿,去找你認為適合、可以成為一個藝術品的,可以成為一個小說藝術的東西、材料,再加上我自己生命的特性,讓它變成一本小說,不管是《單車失竊記》、《複眼人》,還是《天橋上的魔術師》,都是類似這樣子的一個過程。

比方說,《複眼人》裡面這種布農族獵人的思考方式,是我在跟他們接觸的時候不經意發現到的,原來這個人跟我原本的那個世界的邏輯完全不同。我就會把它留下來,留下來當作一個破爛,一個撿到的、人家覺得不是那麼有價值的東西。我盡量都撿人家覺得不是那麼有價值的東西。像台灣的腳踏車史,台灣沒有一個腳踏車博物館,可是我才從立陶宛回來,立陶宛不是什麼腳踏車的重要生產地,但他們有自行車的博物館,他們認為這是很重要的歷史的一部分,而台灣很多東西都認為是破爛、不重要。我就撿了這些東西。撿了這些東西之後,我發現它會默默地結合在一起。

我就是一個撿破爛的人，我認識的撿破爛的人也是這樣子。他賣給我一輛腳踏車，然後有一天，他打電話給我說，他有一個帽子，是日軍的飛行員戴的帽子，問我有沒有興趣？我在《睡眠的航線》最後的一個情節就寫，他在跳蚤市場買到了一頂神風特工隊飛行員的帽子。現實生活也是這樣子，當他買了這頂帽子的時候，他不知道賣給誰，但是他認識我了，他讀到我的小說寫了日本時代的一些故事，他覺得我會有興趣。他可以賣給我一個好價錢，比賣給別人更好，而且更適合，他就打電話給我。很像這樣子，故事會一直彼此發生關聯。

像我在寫《睡眠的航線》──這本書比較少人去討論到──它裡面的故事是二次大戰的時候去日本製造戰鬥機的一群少年。我是日本文學的愛好者，三島由紀夫的《假面的告白》裡寫到了台灣來的少年工肚子餓，三島由紀夫是伙房兵，他炒菜給台灣的少年吃，沒有油就用飛機的機油炒菜，他們都覺得好香喔。我父親就是八千多個少年工的其中一個，但我讀了三島由紀夫讀到這一段，我就覺得小說裡面的這個角色，在小說裡一定要遇到三島由紀夫，這在小說世界合理。三島由紀夫把他未來要寫的一篇小說講給他聽，就變成小說裡的一個情節，讀者會說：「哎！好像很真實！」但小說中我沒有用三島由紀夫這個名字，而是寫平岡先生，因為平岡公威是他原本的本名，不過大部分的讀者不知道三島由紀夫的本名叫平岡公威，大部分人沒有讀出來。但是漸漸地就會有人發現：「欸！這個好像是三島由紀夫！」

這就是我自己的方式。我只是一個沒有太複雜的人生，在大學教書，生活也很單純、單調的人，難道我就沒辦法寫作了嗎？可以，我如果撿破爛的話可以，我如果有眼光去當一個拾荒獵人就可以。

可以談〈複眼人〉2003年的短篇小說版和《複眼人》這部長篇小說之間的互動關係？

我的第一本小說集跟第二本小說集，大部分都是寫實主義的作品，因

為我喜歡的作家也是這樣的風格。所以一開始我寫作的時候，台灣的批評界是很不友善的，他們覺得這個年輕的作家是落伍的，不像那個時候很多後現代主義的作品很特別。我寫〈複眼人〉這篇短篇小說的時候，不是寫實主義了，因為我在構想這個故事的時候，已經開始跟自然團體在野外有活動，所以我接收到很多非常有意思的訊息。比方說有一些蝴蝶牠並不是台灣的，可是會在台灣被發現，因為牠從日本飛過來——從中國大陸飛過來很合理，不過一百公里，可是從日本飛過來，不簡單、不容易——台灣也有一些蝴蝶會飛到菲律賓，有一些菲律賓的蝴蝶跟蘭嶼也是很相近的，就是這麼小的一個生物，牠的運動、牠的流動，比我們的想像更複雜、更遙遠。雖然人類是有一個很壯麗的移動的過程，但這些動物也是啊，那我就覺得這個蝴蝶可以拿來做台灣的隱喻，不是美麗的隱喻，而是那個流動的、變動的隱喻。

　　在寫短篇版〈複眼人〉的時候，當時還是蘇聯時期，還沒有變成俄羅斯，他們有一個計畫，要把月亮位移，這樣氣候會改變，俄羅斯就有更多的土地可以耕種。這個計畫當然很荒謬，沒有做，但是我讀科學雜誌讀到了，就把這個事情跟蝴蝶的移動結合在一起，寫了那一篇短篇的小說〈複眼人〉。我非常喜歡那篇小說。那時候我還很年輕，二十幾歲，但是我覺得那篇小說是台灣從來沒有過的小說，台灣沒有任何人寫這樣子的小說，它好像是我一個未來的、可以試試看的方向，一直到了我2007年的《睡眠的航線》這本小說比較受重視，我就有勇氣繼續寫作下去，所以才會有2011年的長篇《複眼人》。它們的關係就是，我把可能2000年代的這篇短篇小說——寫了以後是2003年出版沒錯，可是1990年代就寫了這短篇小說——在2011年的時候變成一個長篇的《複眼人》。我把裡面的一些描述放到這個長篇小說裡面，可能不一定有讀者有讀到。就像我剛出版的《海風酒店》裡面有一段的文字，跟我2007年的一本散文叫《家離水邊那麼近》一模一樣，我希望有讀者會發現到。

　　因為那時候，我去一個海邊的學校，阿美族的學校太巴塱國小，我在看雕刻。在學校裡面打掃的校工問我喜不喜歡那個雕刻？我說我很喜歡，他

說就是他做的,就是他的作品。他是一個阿美族的藝術家,所以他就給我看很多他的作品。看了這個作品之後,他就問我說:「想不想看蝙蝠啊?」我說:「好啊!去哪裡看?」他說等到6點10分會有蝙蝠,一千隻的蝙蝠從樹上下來。我就等到6點10分陪著他,看到一千多隻的蝙蝠飛走,從五棵、四棵樹上飛下來。這就變成這本小說裡很魔幻的一個場景。現在這四棵樹都被砍掉,蝙蝠也不在了。但是那是我2007年寫在那個散文裡面的,因為那時候我在走路,走路到每個地方散步、拍照,有這麼遙遠的一個關係。我希望讀者能夠發現說:「啊!在那麼久以前,也許這本小說就有一個種子在那裡。」

《複眼人》是很刻意地用同樣的名字,讓我的讀者知道,這是我好久以前就想寫的一個材料,現在才有機會把它寫出來。

邱貴芬|我個人認為「複眼人」這個概念是您創作的核心概念。您認為是否有其他的意象更適合來統括您的創作?

我覺得這個意象對我來說很重要。我小時候住西門町,是一個很熱鬧的地方,然後慢慢台灣、台北市越來越發達,有一些象徵發達的東西出現,其中有一個,可能白睿文老師在美國或者歐洲也會看到,就是一些商場外面擺放的電視牆。他會用很多一台一台的電視放整面牆,但是又不是現在的投影的時代,是真的一台一台的電視,每一台電視放不同的內容。我小時候在西門町看到覺得:「哇!這是什麼?好厲害。」好像每一個電視就是一個世界。後來我知道昆蟲的複眼的組合也有點類似這樣子,它並不是像拼圖,每個小眼接受的光線或者其他東西都可以是獨立的。它變成我一直放在心裡的一個畫面、一個景象,直到現在,我都覺得一個複合的觀點,對於一個民主的社會是非常重要的。

台灣的歷史文化使得我們現在回到台灣本位的時候,會有一個很辛苦的過程,就是你要去容忍別人,容忍中國的意識,容忍這些移民的意識。可

是多數中國的移民者,不會容忍你成立一個台灣意識,那些年紀大了,更上一輩的人,他們接受世界的方式已經關閉了。所以我始終覺得,我們這一代的台灣意識要更有包容性。像我才去的立陶宛,它有俄羅斯人、烏克蘭人、波蘭人,各種人的文化與歷史角色並不相同。因為我們對地理的認識是很淺薄的,我去了才知道,立陶宛語跟愛沙尼亞語不同,跟烏克蘭語也不通,就是他們閱讀上面也沒有辦法馬上讀懂,我是去了以後才理解這麼複雜的一個狀況。所以台灣的複雜也很合理,應該是要有一個這樣子的包容。但那些是多元與包容不包括對專制的投降以及對思考的投降。

這個意象在《複眼人》的這個小說裡面,主要在講的就是生態系的一個觀念,你不可能把某一種生物全部殺死,即使牠對你沒有意義,你都會損失一個看世界的方式。那一顆小小的眼睛,是我自己很喜歡的一個意象;至於它能不能代表我的作品,我不知道,這個問題得由讀者回答。

邱貴芬│您的作品在《複眼人》成功獲得國際注意力之後,開始有具體的國際讀者迴響。您的寫作視野和手法,是否因為讀者群的擴大而有所調整?

調整是一定會的。在心理上你會想說,也許我的讀者不只是台灣人,這個時候,也許我可以更自由地去寫我的心裡面的觀念,因為即使我自己國家的讀者不認同,說不定另外一個語言的讀者會有認同。另一方面,讀者更多元,相對來說也就會更嚴格,因為如果我只寫台灣的東西,翻譯成外國語言的時候,外國讀者並不瞭解,所以他沒有能力去分辨你裡面寫的對不對,他都要接受,就像我們讀一些外國文學的作品。但是同時,有一些作品又會讓我們跟它有精神上面的討論、細節上的討論,而那些細節原本我在作品裡是粗糙帶過的。

像前一陣子我也收到一個挪威的讀者寫給我的信。他說《複眼人》裡面的挪威鯨魚的器官寫錯了,他認為應該是新挪威語過來的一個名詞,我就有跟我的編輯說可能下一次我們再印要改掉。台灣是不會有讀者反應那麼細

心的，畢竟寫到挪威語，我也不懂，當時只是從我讀到的書裡面抄下來的，但遇到真正屬於那個文化的讀者，他們就會非常認真檢視。日本的讀者會對於寫到日本的部分非常仔細，所以日本那邊的編輯也會特別地注意，當我寫到日本的建築物、寫到日本的歷史的時候，他會非常認真地幫我做校對。

所以在我寫作的時候，我以前只要注意台灣的讀者可能會在意的事情，我現在要注意每一個細節。我希望不同語言的讀者讀到他們自己的內容的時候，也會覺得：「啊！對！對！對！你寫得非常地讓我有感覺」，這樣才不會因為對細節的不信任，連帶減損了小說的魅力。

《天橋上的魔術師》已經延伸到很多不同的媒介，除了原著小說和各種語言的譯本，還有楊雅喆2021年拍的電視連續劇和兩冊的漫畫版。您如何看待作品延伸到其他語言和媒介這件事情？您會參與漫畫和影視改編的過程嗎？

我現在有一門課就是世界文學，如果某一篇作品有改編電影的話，常常有學生也會去看電影。他們常常會跟我討論說覺得電影比較好、覺得小說比較好。可是這是兩個創作者的兩個作品，電影有電影的創作者，電影導演不是一個好像服務這個小說的奴僕，他有他的自信、他有他的創作核心。我也抱持著這樣的心態，所以我覺得我很幸運，就是我是一個喜歡電影的作者，我沒有覺得小說家在這個世代很出色，因為很多電影導演影響我更大。在我成長的過程，在我作為一個想做創作的人的成熟過程裡，我覺得很多世界上的好電影，可能跟那些好的小說作品，影響我是一樣的，所以我尊敬、尊重他們的創作權力。

因此等到自己的作品被改編，我都不參與。因為我知道只要一參與了，我就會認為我自己才是一個主宰、我才是一個控制者，因為這是我的作品嘛，從我的作品延伸出來。所以我的經驗是，他們要是開會，我願意去開會，你們問我問題，我聊我的想法，但是我不看劇本，我也不去現場，你們

也不用告訴我進度,才不會過度侵犯另一個獨立創作者的想法,讓自己的作品能更自由地演化成其他型態。

虛構的創作與真實的生活

您除了寫作,也是一名教授。您如何在教學和寫作之間找到一個平衡?

其實沒有辦法很好地平衡。大部分的時間都是很痛苦的。因為在有限的時間裡面,「做創作」跟「當教授」會有一些矛盾跟衝突。像我現在,一個星期有大概三天的時間必須花在學校裡面。我也要照顧我九十歲的母親。所以實際上,每一週真正寫作的時間大概不到半天。但我想世界上有很多作家要面臨比我更困難的狀況,有的人需要逃亡;有人受到國家的壓力,壓迫他們不得寫作,可是藝術的熱情會使人去燃燒自己有限的事物。相對之下,我面對的,教授與創作這兩個職業,我只需要在我創作的時候,用寫論文的態度去面對我的作品;在我寫論文的時候,用創作的一點浪漫感去面對枯燥的體制。(笑)

您曾談到這幾年以來的寫作習慣跟過去有一些不一樣,主要是因為您已經進入「責任之年」。這種轉變如何影響到您的寫作方法和內容?

在我這個世代的台灣作家——我不知道其他國家的作家有沒有這個焦慮——就是希望寫作能夠職業化。我們常常說,我們為什麼不能是職業作家呢?為什麼寫作沒有辦法養活我?但是事實上寫作這個行業又非常難職業化。我相信可能世界上到處都是這個樣子,其中有一個重要的原因,就是他很受到情感上面的干擾、情感上面的變化的干擾。假如說離婚了,也許不太會影響你在公司上班工作,可是它可能對你的寫作有非常致命的打擊。你生了一個小孩,會對你的寫作產生非常根本的影響,或者像我照顧我母親。我

的「責任之年」就是大概在我女兒五歲開始，我媽媽也大概五年前開始生病，沒有辦法走路，她們會各自分掉我很多時間。但是我年輕的時候想成為藝術家，根本不會管爸爸媽媽。

台灣的人不會想著年紀大的去養老院，不會這麼想，他希望還是在家庭這個組織裡面過完他的一生，所以我們就不可避免要面對這個情形。我自己是有這麼一個體認，就是希望我這一代開始，台灣的文化改變了，因為壽命變長了，如果留在家裡會帶給下一代的人太大的壓力，應該要想辦法在一個年紀之後出去。在我自己創作的經驗裡面就是，我必須跟一個沒有精神上溝通的人，就是我的母親——但是我愛她，她也愛我——相處超過我生活一半的時間，因為我要照顧她。另外是一個要精神溝通的，就是我女兒，我想把我的想法精神、我對世界的看法，很有熱情地告訴她。我不可能很有熱情地告訴我的母親，所以正好是兩個極端。那我要在中間寫作，這可能是寫作者跟政治上的流亡者——也是精神的一種流離失所——有一種同等的壓力吧。

所以我一個禮拜可能只有半天可以寫作，這對一些長篇小說來講是很不利的。但是，因為醫學的發達，像我母親的狀況，她雖然九十歲了，可是說不定還可以活二十年。我女兒可能還需要十幾年的時光，才能夠獨立，所以也許我就失去了這十幾年，我就七十歲了，也許就結束了我的創作生命也不一定。所以盡可能在這個時間裡面爭取找到一種新的寫作方法，是我正在努力的，雖然只有半天。

是否可以帶我們走進您的創作過程？比如，動筆之前，您一般會做什麼樣的研究和功課來準備？寫作又是什麼樣的一個過程？是持續不斷，還是斷斷續續？我相信讀者一定很好奇，像《單車失竊記》或《海風酒店》這樣的小說是如何產生的？

我這幾年在建構自己關於對寫作的看法，因為我看到很多我喜歡的作

家會在自己老去之前、腦筋變得混亂之前,寫一本這樣的書。我自己很喜歡的作家,可能包括艾可,或者像保羅・奧斯特(Paul Auster)、土耳其的奧罕・帕慕克,他們都嘗試著寫這樣的一本書。那我的核心就是我剛剛講的「小說感」。「小說感」涉及很多方面,其中一個方面就是我剛剛講的這九種不同的人,他們會吸引的、他們想要寫成小說的東西,是不一樣的;可能有一些很像靈媒的小說家、很像詩人的小說家,吸引他的小說材料是某一種特定的類型。我也是一樣。

對我來說,往往就是得到一個有「小說感」的材料。比方說在寫《單車失竊記》的時候,有一個讀者寫信給我說——我有寫在序裡面——就上一本小說《睡眠的航線》,最後這個父親的腳踏車,怎麼沒有騎回家?怎麼不見了?怎麼沒有寫它?然後我就覺得這件事情好特別,這個讀者為什麼要這樣問我呢?我也不知道啊?畢竟我寫的是小說嘛!可是他很認真啊,他寫了很長的一封信給我。這是一個有小說感的事件,如果拍成電影,它甚至可以變成一個小小的,卻有推動力量的情節。

另外一個有小說感的事件呢,就是我有認識一個小兒科醫生,是會蒐集蝴蝶標本的,他的診所都是蝴蝶標本。我小時候不會覺得很特別,但現在覺得很特別了。他是一個醫生啊,為什麼會有這麼多蝴蝶標本呢?因為他是日本時代培養的醫生。那個時代,日本人在培養這種專業人才的時候,對自然科學的愛好是很要求的,所以他在十幾歲的時候就到處抓蝴蝶,變成了他一生的嗜好。因為他是小兒科醫生,所以長大後我就不會再去他的診所,可是有一次我陪我哥哥的小孩去看,沒想到他還記得我。他送我他放在診所裡的標本,因為他看到我寫蝴蝶的書。他也寫文章,沒有發表,不過他拿給我看,因為他覺得我是作家。他會寫他怎麼抓蝴蝶的,會寫蝴蝶的自然史,會寫一些很細微的事情。

其中一件事情,我寫到《單車失竊記》裡。他小學的時候讀師院附小,就在中正紀念堂對面(那時候當然沒有中正紀念堂),學校裡面有一隻猩猩,他們就養了那隻猩猩。然後那一篇文章寫到,這隻猩猩有一天跑出來

了，日本的老師都很緊張，因為猩猩力氣很大。為了不要傷害到小學生，老師們就商量把猩猩送到動物園去吧！送到台北市立動物園，那時候在圓山。他就寫到，他們其中一個體育老師，是專門養這隻猩猩的，感情很好，別的人都叫不出來，他就牽著牠的手，沿著後來的中山北路，當時的敕使大道，走路走到動物園去了。

哎呀，我覺得這個不是電影嗎？這不是一個美麗又哀傷，又帶著歷史感的鏡頭嗎？這頭叫作一郎的紅毛猩猩，是被日軍從婆羅洲抓來的，所以牠也是一個戰爭的受害者。它是個有小說感的世界，這些材料在我思考的過程裡面、我訪問的過程裡面，我寫作的過程裡面，一直冒出來，所以我把它編織到整個「人的歷史」的故事線裡面去。

從創作的角度看，寫長篇跟短篇的區別是？

寫長篇小說跟寫短篇小說是完全不一樣的工作。

寫短篇小說的話，你自己腦袋裡面的「靈光」非常重要。有時候會有一個小事件，你自己並不清楚它的意義，可是你會念念不忘，會覺得好像有什麼迷惑在裡面。你會很想把它敘述出來、想把它講出來。可是在寫作的過程當中，我們會慢慢接近你感受的本身。當我遇到這樣的一個瞬間，比如說，人生中發生的事情、我從新聞上看到的，或我在書本裡讀到的，我都會把它記到檔案或筆記本裡面。因為這個故事可能要十年後才會被寫出來，不確定。但可以先把它收藏起來。

寫長篇小說的時候，因為目標在很遠的地方。比方說，你現在得到的一個材料是關於第二次世界大戰，台灣十三歲的少年到日本去製造戰鬥機，這就會變成一個很遠的目標，不像是可以用三千字或五千字描出來的一個故事。當你沉浸在這樣的工作的時候，會發現很多細節反過來要求你。比方說，這個少年到日本去的時候，坐的是什麼樣的船？他坐在船的哪一個地方？船裡面有多少人？類似這樣的細節會一直跑出來。這時候你必須像艾可

講的一樣，像一個學者一樣地去鑽研這樣的一件事情。甚至於A船艙走到B船艙有幾步路，你可能都要在你的想像中把它建構出來。

另外一個問題是：你要面臨選擇。因為想這樣很大的故事，這個少年可能會遇到無數的人。選擇什麼樣的人物跟他碰面，完全影響到整部長篇小說的走向。像前面提到《睡眠的航線》的那個例子，我就讓這位十三歲的少年工去遇到日本一個重要的作家三島由紀夫。所以我寫長篇小說幾乎都在圖書館裡面，因為當你想讓小說中的人做一道義大利麵，你馬上可以找到一本食譜來參考一下。（笑）

但動筆之前，總應該有一段時間作準備吧？這一段時間主要是在看相關的資料或者在做田野調查吧？

以剛剛這個故事當例子，也許有一些作者，知道了以後他就會寫一篇散文發表到報紙上，也很有趣。我呢，我決定打電話、寫信給台北市立動物園，去確認有沒有這隻猩猩，因為他們一定有紀錄。他們說：「有啊！」後來又送到日本去了，在日本是非常有名的一隻猩猩，名字叫一郎。我說，那我可以看到這隻猩猩的資料嗎？動物園跟我說：「歡迎啊！」因為我是以我的本名寫信，他們認識我，我就去了，然後就得到很多的資料。因為那些資料是不能帶走的，我開始每天在動物園裡面寫作，寫著寫著，我就看到大象林旺的資料，動物園裡面也有亞洲象，我就會把電腦帶著，在那個大象的前面寫那一段關於大象的故事。這些都不是計畫的，而是在寫作的過程裡面，覺得我應該可以這麼做吧？說不定會不同。它真的不同，發生了不同的感受效果。

最新的《海風酒店》花了七年的時間才完成？

實際上沒有花七年，只是七年前我發生了一件事情，但是我有別本書

要寫，還有就是生活變得很忙碌，七年間斷斷續續也寫一點點。一直到了前年我開始休假，去年我才有一年空閒的時間，可以照顧我媽媽、照顧小孩，我一週又有兩天的時間可以寫作，可以靜下來把它完成。

在您的寫作生涯中，您遇到的最大挑戰是什麼？是自己的焦慮嗎？

我覺得每個藝術家、各種藝術的創作者，都希望自己做得好，做自己喜歡的藝術，可是你也希望別人喜歡，很矛盾。因為你也知道，你的理智很清楚地知道，我喜歡的作品別人不一定會喜歡，但是那個失望還是會存在。我不知道是不是別的藝術家更自信、更強大，或者不在乎這些，但我自己會常常陷在一個猶豫裡面，特別在越來越多讀者喜歡你的作品的時候。在這個每個人都可以發表意見的時代，你會很怕，很擔心人家說並不喜歡你的這個新的嘗試。

這種創作的意見曾經不是那麼重要，因為以前的創作者看不到讀者的反應，他也接觸不到那麼複雜的讀者，像前面說的，有各種專家。可是我們這個時代就是有各種的反應。雖然我已經寫作這麼久了，我覺得還是沒有辦法完全地去擺脫、克服這件事。但是它不好，它對創作是不好的。

文學的意義

邱｜在您的國際交流的經驗，有什麼樣的事件或經驗讓您深受啟發，或者感覺啟發最多？

一個就是國外的讀者，他的意見會完全不一樣，像我去加拿大，他們就會討論殺海豹的問題，因為《複眼人》寫到加拿大原住民狩獵海豹的事，他們很在意，但台灣不會有人在意那個情節，這種是來自讀者。來自專家的意見又不太一樣，比如說我去UC Berkeley（加州大學柏克萊分校），他

們當時請了一位海洋學家來跟我討論《複眼人》這本小說，他就報告了海洋酸化對於具有碳酸殼體動物的影響，從這一點去談小說裡面的海洋垃圾的問題。這個對我來說很有趣，因為在台灣不會有這個機會、這樣子的討論。

同樣是《複眼人》這本小說，在柏林文學節的時候，他們安排我參加氣候變遷會議裡面的一個藝術panel（專家小組），就是邀請藝術家、作家去談作品裡面的氣候變遷問題，《複眼人》也是有涉及這些。對我來說，這種跨界討論會有火花。

我們當代人的生活中，生活節奏越來越快速，越來越速食化，而且這幾年以來新型科技（包括手機、網路、社交媒體、AI等等）好像使得人跟人之間越來越疏遠。您覺得在這樣的背景之下，文學和藝術能夠扮演什麼樣的角色？

因為我是老師，我教書，所以我會一直看到同一個年紀的人。我覺得他們現在即使有很多事情在社交媒體、在網路上完成，還是很需要你的關心。他不懂、不知道怎麼表達他需要你的關心，但是只要你關心他的時候，你會得到很特別的回應，很好的回應。但是隨著我們在這個職業越來越久，我們關心的能量也越來越低、能力也越來越低了，所以我覺得這是在這個時代裡，我在這個工作上最大的焦慮。我好像沒有辦法去做什麼。我曾經也有Facebook的帳號，那個時候Instagram、Twitter開始要取代Facebook，我就想說，那我是不是也要開一個Instagram？可是我又覺得有點不太對，因為我被這些新媒體控制了。成功的新媒體都是針對人性設計的，它給你的鼓勵是你想要的，所以你每天會去看你的Facebook上面的回應、Instagram上面的回應、Twitter上面的回應。但是我的生命裡面，追求這些事情、追求得到大家認同的年紀——二十幾歲、三十幾歲——已經過去了，為什麼我到五十幾歲還在渴望這些事情？我感覺對抗不了「這麼懂人性的產物」，所以我就都不再使用了。我已經五年沒有使用任何社群媒體。我在最後的一篇文

章也是說一生不使用，不知道會不會變得像舞鶴那樣獨來獨往。

　　但是我喜歡到書店裡面去演講，像我以前看到電影裡面，很多歐洲的作家會在書店，很小的書店，朗讀自己的書，只有很短的時間，好像也沒有做什麼，沒有講很高深的、很複雜的東西，沒有講文學要做什麼，完全沒有，就唸唸詩而已。我很喜歡，所以這也是為什麼我這本書，總共跑了八十四間書店。也許書店很小，但是我看到「人」。我不是跟他們在臉書上按一個讚、有一個互動、不是單純簽名，我看到你們；我不是交給博客來或者是Amazon賣簽名書，然後根本不知道是誰買了我的簽名書。在這裡我看到我們有交集了，所以我重新做這件事情，花了兩個月的時間，大概見了四千多人次的讀者。

　　今（2023）年這件事情在台灣，大家很樂於討論它，因為書店也有生存的焦慮，作家也有。台灣不斷地有新的文學獎鼓勵創作，可是沒有讀者，這不是很奇怪嗎？好的作品只有一千多、兩千個讀者，因為作家也不見這些讀者，永遠只在大書店遠遠地跟讀者見面。可是當你在小書店裡面，就一個小房間這麼大，大家進來都看到你在那邊，跟你聊幾句，那個古老時代的那種人跟人的交流，是我喜歡的，我小時候喜歡的那些作家，他們也只有用這種方式讓我們認識他，所以我自己也這麼做。

您覺得文學有改變世界的力量？

　　我覺得大部分的藝術，在現實中看起來是不會發生任何實際的效果。但實質上它發揮效果，需要更長一點的時間。比如說，讀完這些小說之後，你認同某一些角色或情節帶給你的情感衝擊，未來你掌握一些權力的時候，你就不會變成一個破壞環境的人。

　　文學依靠的不是一時的力量，是像潮汐一樣持續的決心。

舞鶴：虛構小說與田野研究

　　舞鶴本名陳國城，1951年出生於台灣嘉義縣，成功大學中國文學系畢業。早期從1974年到1975年發表短篇小說〈牡丹秋〉、〈微細的一線香〉等作品，到了1981年舞鶴突然退出文壇隱居淡水十餘年，專心閱讀和創作，但作品沒有發表。1991年代，舞鶴重回到文壇開始發表一系列重要的文學作品，包括《拾骨》、《十七歲的海》、《思索阿邦・卡魯斯》、《鬼兒與阿妖》、《舞鶴淡水》、《亂迷》等書。曾榮獲台北文學獎創作獎、賴和文學獎、吳濁流文學獎等等。

　　舞鶴半自傳性的長篇小說《餘生》是2000年出版，這本「奇書」記錄舞鶴本人隱居川中島追尋1930年發生的「霧社事件」的歷史軌跡，以及它為後代投射的歷史創傷。這次「筆談」的主要內容是針對《餘生》的創作過程。

> 以下提問為粗黑體
> 其餘主文為舞鶴回答

霧社事件進入生命

霧社事件第一次進入您的視野是什麼時候？

我是在高中的歷史讀本初次讀到「霧社事件」。我成長的1960年代，是威權統治的灰色年代，「想像」成為逃離現實的方法。發生在台灣中部高山上的血腥戰爭，尤其原住民反抗殖民政權的奮力一擊，我想像這種毫無退路的悲愴，在內在深深觸動了我。我讀大學時，在台南發生後來退到玉井的「西來庵」事件，極為吸引我的關注，除了閱讀史料外，由於身在台南，我還做了一些田野訪查，日本殖民政權在此事件中對平地漢人殺戮殘忍，判死刑重刑者太多——時為1915年。漢人知識菁英此時認清無能以武力對抗殖民政權，逐漸改而走向議會請願、成立「文化協會」，以和平手段進行政治社會運動。

料不到十五年後，1930年，也就是二戰日本潰敗前十五年，在高山發生大規模的武裝抗日，彼此血腥爭戰甚慘，「霧社事件」不僅是最後的，也儼然是反抗不公不義政權統治的標竿。我從平地的西來庵仰望高山霧社，不再是少年時代的夢幻想像，而是熱血汩動的歷史事實。

當兵的時候，您好像就在霧社附近服役。您曾跟我說，當年您就一個人走到莫那·魯道的墳墓後面的那座小山坡，一個人走下來思考莫那·魯道和霧社事件。當時是什麼樣的一個情形？然而為什麼那段歷史和莫那·魯道的人生遭遇會吸引您？

我服兵役時在埔里郊外山腳下度過一年。星期假日，午飯後，我習慣走長長的河床道到埔里——霧社公路，剛好有一個叫「大湳橋」的站牌，3點半前到達霧社。我先沿著公路往回走，下了霧社小學的台階，眺望美麗湖

青色的碧湖，穿過教室樓房，到當年事件發生的小學操場，我繞著操場走了幾圈。時年已近三十歲，之前幾年閱讀、研究過台灣政治社會運動史料，走在事件的現場，史料記載的點點滴滴自然在我內心、腦海發酵，我充分意識到當下是走在事件的血腥氛圍中。之後，我回頭循來路，上台階過小小的公路，就是「碧血英風」的牌坊。時為1970年代末，台灣經濟剛剛起飛，莫那‧魯道的墓園一片蕭索，不僅沒有觀光遊客，也無後來企業捐贈的鐵雕群像，墓地四周只有高大的樹以及樹下小山坡的黃土地。

我靜默地在墓碑前駐立，隨後繞著墓的前後且思且走，間或停下來看碑上刻的事件始末。直到黃昏，我坐在墓地右上坡的石塊上，望著墓栦、墓碑以及延伸而去的牌坊、公路、碧湖直到小學操場。我穿著軍服，周遭幾乎沒有人影，我一邊思索一些什麼，關於事件與莫那‧魯道，殺戮與悲愴，寂默與悲情。直到黃昏天黑，我下小坡走出牌坊，左轉公路到站牌小市集，吃了一碗麵，搭晚班車回埔里。我不能肯定這是否是一種「假日儀式」，如同我無法明確感知事件與我的生命有所繫連，更不會說出莫那‧魯道和我有什麼神祕的……

有一年深冬，我走過小學台階時，兩旁的櫻花在風中如雪片飄落。多年後我在《餘生》這麼寫：「當年日本人栽的櫻花，如今都飄給莫那‧魯道一人看……」

從當兵到重回霧社和川中島做田野，相隔二十年左右。什麼樣的因素使您二十年後到川中島開始深度研究霧社事件？

服兵役後，我給自己自閉的十年，十年期間我用來閱讀、寫作、散步。1991年我重新發表小說作品。1997年我在一次浪遊中，無意間到了一個部落，走到部落後見到小小的「餘生紀念碑」，我驚覺身處事件中的川中島——之前，我從未想過書寫「霧社事件」，顯然我無能從有限的史料中轉化成為文學創作——時已日暮，我瞪著那兩字「餘生」，沒有如閃電的亮光、

但當下我曉得我可以試著寫事件，就從「餘生」這個角度、視野切入。

　　1998年秋9月，我再度回到川中島，早睡早起，晨起散步到午後散步，那十年的自閉生活讓我有思考的習慣以及思索的能力，第二天早上我將思索所得以及所見的景象氛圍，記在筆記本上。在此前幾年，我有三年的魯凱族「好茶部落經驗」，我將這個經驗用在川中島：作為一個小說創作者，我沒有「田野計畫」，在部落我不做調查、沒有訪談，我像川中島的居民一般過日常生活，我低調到川中島人不知道這個人來租屋做什麼，但看他日常行徑顯然是無害的。

**　　去川中島之前，您做了什麼樣的準備？有收集材料嗎？**

　　1997年我初見「餘生紀念碑」，一星期內就到川中島租屋，是一棟西洋式的平房，有大客廳和大廚房。我沒作什麼行前的準備，只帶了幾本書，兩本有關「霧社事件」的資料，一冊歐姬芙（Georgia Totto O'Keeffe）的傳記畫冊，一本1996年出版的《思索阿邦・卡露斯》。當時「霧社事件」的資料多是零散的，後來由川中島人寫的回憶錄才出版，我沒讀過。但我不擔心，我在魯凱好茶部落有三年的「田野經驗」，這屬於小說創作的「田野」，讓我順利寫下《思索阿邦・卡露斯》，雖然我去好茶之前、之中，並未有任何寫作計畫。「好茶經驗」令我明白資料或多或少只是作為背景的理解，去田野中生活，許多資料帶來的疑惑與不足，會在生活中豁然而解而且補足缺漏。不同好茶，我去川中島租居生活，是為了寫一本有關「霧社事件」的長篇小說，書名就叫《餘生》。

在田野中生活

**　　到川中島後，您有點「異鄉人」的身分，而且在《餘生》中您非常有知覺地去面對這種身分。在您想融入川中島的生活的時候，這種「異鄉人」**

的身分提供什麼樣的挑戰？

　　我在台灣西部城市長大，對於位居台島中心地帶的川中島以及居住其上的原住民，我當然是個「異鄉人」。急於融入，只會帶來虛假的瞭解；作為小說創作者，我不急，我入夜不久即睡、破曉時分醒來，清晨和午後各有一回散步，我融入川中島的山水，呼吸其中的空氣，慢慢地，散步中遇到的川中島人會自然與我寒暄、交談，他們卸下心防，不會意識到自己是「受訪者」，很平易地說出交談的話題以及內心的話。所以「異鄉人」——我——的融入，並非是一種挑戰，它是日常生活的延伸和給予，就像某個午後，有位壯年的川中島男人敲我門，我們坐在客廳從午後到天黑，他向我講述了他的半生。

　　您在差不多兩年的時間內，斷斷續續地在川中島生活了好幾個月。《餘生》是當時一邊生活一邊寫的？還是離開川中島之後才寫的？整個寫作過程如何？

　　我在川中島度過兩年秋冬。1998年9月中旬，我結束了在台南八年的生活，帶著簡單的行李，搬到川中島原先的住屋。我過著如前的日常，生活本身有許多外在逐漸滲透入我的內在，我思考的諸多細節也慢慢清晰成形，在廚房的大飯桌我將所有這些片段片段寫入筆記，每一處用紅筆給它一個簡明的標題。1998年冬離開川中島時，我清楚意識到《餘生》已經在我的內在成形，渾然洋溢著我的身和心。
　　1999年4月初我啟筆寫《餘生》，在台南，每天午後4時寫到晚上11時，七個小時沒有中斷，5月25日完稿。《餘生》是我唯一沒有修改的作品，在極為專注的情境中，即使寫錯一個字或年代數字也不願意回頭。

《餘生》的寫作經驗又跟您其他小說的寫作經驗有什麼樣的不同？

《餘生》是我寫得最專注、寫作時間最短的長篇小說。同年8月寫的《鬼兒與阿妖》延續之前寫作的餘緒，寫得很順，但設定的題材是小品，往往寫到晚上9點就完成一天的工作量。我每天寫兩千到三千字不等，留有餘裕給隔日接續起筆。

1991年秋，我告別閉居淡水十年的生活，回到台南。我新寫的小說〈拾骨〉、〈悲傷〉直到《餘生》，不再像年輕時的寫作、寫得雕鑿奮鬥掙扎，似乎我在那十年間練好了筆，心境和認知也有極大的轉變，寫作變成一種從生活出發、水到渠成的事。

實驗的質地與「小說之韻」

《餘生》的形式和結構都很特別：整本書都不分段，標點符號的用法非常獨特，本書處理的三個主題也安排得非常巧妙。能否談談《餘生》很有創意性的結構、語法、主題是如何產生的？是一邊寫一邊摸索？還是動筆前就設計好了？

《餘生》必要寫到的三部分內容，是事先在田野就想到的：1.「霧社事件」及第二次「霧社事件」；2.鄰居姑娘的追尋之行；3.我所訪所見的餘生。3個部分不分段，因為它都在「餘生」的同時性內，它以123123123⋯⋯的結構連續下去，只在每個部分結束時才以句點標明。

閉居淡水十年時，我每天早上練筆寫一些文字，因為不發表，這些練習就充滿著實驗性——1991年重新發表的小說，在形式上或多或少可以發現實驗性的質地：「形式實驗」成為我小說的特質，直到《餘生》後的《亂迷》才變成一種追求。實驗帶來「書寫的自由」。而，《餘生》中段落與段落的連結，全靠書寫當下「聲韻」的繫連。每一個字都有聲和韻，一段文字

就是一串聲韻的連綴結合，我在第一篇新寫的〈拾骨〉就發覺這種「小說之韻」，隨後在〈悲傷〉中得以確認。

書寫《餘生》時，我清晰覺知有一道聲韻之流，如潺潺不斷的溪水，連綿在字裡行間；這並非刻意的形式，而是小說文字帶出來的自然。年少時我也寫詩，也認為詩才有聲韻，直到四十歲出十年淡水後，才體會到小說也有聲韻，即如長篇小說《餘生》始終不斷的是「小說之韻」，這是形式上最值得注目的。

文學與社會的互動

生活在川中島和撰寫《餘生》的過程，怎樣改變您對霧社事件的想法？

川中島的日常，「餘生」的生活，令我反思莫那・魯道發動事件的正當性以及適切性：這是身在田野中產生的思索，這思索的艱難在田野生活中反覆辯證，有了初次的想法，但真正的辯難還待書寫時次第展開，指向最後的結論——我不否認「正當性」，但不承認「適切性」。這不是事先預想的結論，它背離一般的歷史評價：完全正面肯定事件的意義與影響；它避開充滿隱晦與陰影的「第二次霧社事件」。假使歷史可以重來，莫那・魯道預見十五年後日本的潰敗，他不會發動霧社事件。所以，我為事件中毫無退路的戰士、倉皇奔跑密林中的婦人小孩，感到無可言喻的愴痛。

《餘生》出版到現在，也將近二十年。在這段時間裡，原住民在台灣的社會地位漸漸地在改善，霧社事件也因為您的書、魏德聖的電影《賽德克・巴萊》等作品，也開始進入很多老百姓的視野。在這二十年來，您還會思考霧社事件嗎？對當年所發生的事情，是否有經過一些改變？

作品一發表實質上就進入了社會，《餘生》是否增多台灣人民對霧社

事件的認識及認知？我認為相當有限，畢竟嚴肅的文學創作，能接受的讀者本就不多。作品本身質地的好壞，幾乎決定了作品的一切。強力為自己的作品做過度的行銷，誤導觀者以為必看，結果看到的是誇張的、平庸的作品——我相信觀眾只記得作品的名稱事關一個霧社事件，很快在變動快速的政經社生活中忘卻了如此的作品，連帶記不起事件的始末及其中的血肉，最後只知道霧社是埔里到清境農場經過的一個地名。

這幾年霧社事件變成一個所謂的「熱門話題」，您覺得最大的誤會是什麼？

我不清楚霧社事件是否成為「熱門話題」，猶如二二八事件，幾十年後它只變成一個紀念儀式中的空殼子。霧社事件會存在莫那‧魯道女兒馬紅的內心，終其一生。隨著時光輒遞，馬紅的後代對於霧社事件逐漸淡薄，最後只存在模糊的印象。

書寫能留存什麼？藝術能留存什麼？恐怕只存在創作的當下而已，未來不可靠，未知永遠無法把握。

＊訪談曾刊登在：白睿文編，《霧社事件：台灣歷史和文化讀本》。台北：麥田，2020。

陳栢青：在同志小說
　　　　與恐怖電影之間徘徊

　　1983年出生的陳栢青畢業於東吳大學中國語文學系。後來到國立臺灣大學臺灣文學研究所攻讀碩士學位。2011年用筆名「葉覆鹿」出版長篇小說《小城市》。後來先後又出版《Mr. Adult大人先生》、《尖叫連線》和《髒東西》。曾獲得全球華人青年文學獎、中國時報文學獎、聯合報文學獎、台灣文學獎、梁實秋文學獎等。

　　2024年11月14日，陳栢青來到加州大學洛杉磯分校進行公開的文學對談。從恐怖故事到同志書寫，又從寫作的技巧到演《洛基恐怖秀》，陳栢青分享了他的寫作旅程背後各種趣事。

> 以下提問為**粗黑體**，其餘主文為陳栢青回答

文學視野的打開

您是臺灣大學臺灣文學研究所畢業的，能談談在讀書期間有關注哪些作家？有哪一些書對您未來的寫作打開了新的方向呢？

大家好，我是陳栢青，1983年出生。我們這一代其實是視覺媒體餵養下長大的，影像可能比書籍對我們的影響更大。如果要特別說影響我的書的話，我小時候偶然翻開一本小說，丹尼斯・約翰遜（Denis Johnson）的《耶穌之子》（Jesus' Son），看完當下，嚇壞我了。嚇壞我的，不是電影裡我以為豐饒富庶的美國有這樣一面——大家要不在吸毒，要不在吸毒後的幻覺裡；那是美國夢的反面，還是夢醒之後——嚇到我的是小說本身，小說家似乎什麼都沒講，又好像什麼都講了。他可以省略，可以「讓你看不到」，但這個「沒讓你看見」中，你其實看見了。我第一次發現有一種東西可以承載「什麼都沒有」。那時候我就想，我想要擁有這樣的技術，我想要成為這樣的人。因此，我開始閱讀小說，一些小說家確實影響我深遠，例如我非常喜歡恰克・帕拉尼克（Chuck Palahniuk）[1]和日本的舞城王太郎[2]。但對我來說，他們給我最重要的影響不僅僅在於他們寫了什麼，而在於，他們創造了一種文體。他們是文體家。

當我讀他們的文章時，彷彿能感受到他們強烈的氣息、腔調，他們的故事構成了一個具體的形狀。我想要重新描繪那個形狀，甚至想要「穿」它。所以我才想成為作家，這些東西影響了我。

---

[1] 恰克・帕拉尼克，美國作家，以《鬥陣俱樂部》（Fight Club）等作品聞名，其作品風格獨特，常聚焦於社會邊緣人物及挑戰傳統價值觀，對當代文學有深遠影響。

[2] 舞城王太郎（まいじょうおうたろう），日本作家，以覆面系作家身分出道，經歷和身分成謎。曾獲三島由紀夫賞。並入圍芥川龍之介賞。

我有個疑惑，因為您是臺文所畢業的台灣作家，但剛才提到的作家有日本作家和西方作家。那麼台灣本地的作家呢？

我的年代是台灣作家駱以軍當紅的年代。小時候看到駱以軍的作品，他的腔調非常明顯且迷人，他的小說裡，當下新聞混雜八卦時事，結合自身奇思異想，那確實讓我們回到華人小說的開端，小說不正就是源自道聽塗說和巷議街談嗎？大俗大雅，最文氣的和最市井的一種結合，被他以獨特的長句編織起來，其實正創造了一種時代的文體。台灣的九〇年代被他寫活了，也寫絕了。他是一個文體家，我開始買他的每本書，一個字一個字地抄下來，後來我抄寫了不少我以為是文體家的作者文章，通過這樣的抄寫，我覺得自己也能成為一個文體家。

文學獎的「調教」

您剛開始寫作時，參加了許多文學獎項，包括全球華人青年文學獎、中國時報文學獎、聯合報文學獎、林榮三文學獎、台灣文學獎、梁實秋文學獎等。這些文學獎對您的重要性是什麼？

台灣有非常多的文學獎項。它提供高額的獎金和我的前輩所謂「進入文壇的入場券」——讓編輯和讀者注意到你，所以文學獎在上世紀是很重要的台灣作家培育機制。起初我並沒有想成為作家，對我來說，是高額獎金吸引我，因為我可以買很多漂亮的衣服，可以去很多旅行和冒險（笑）。

要到很久以後我才發現，文學獎在台灣文學中另一個很重要的影響是，它構成了一種叫做「文學獎體」的文體。所以，白睿文老師說我是文學獎獲獎專家，但我會跟別人說，我覺得我是毀滅台灣文學獎的其中一個人。因為一旦你了解規則，你就會去操作規則，最終這個遊戲會被你終結。一旦我開始明白文學獎似乎有一個隱藏的規則，一旦你開始玩這個規則，

遊戲就變得非常無聊。台灣文學獎在我這一代達到了巔峰，但也因為我們都懂得文學獎的規則，我們會故意去玩它、操作它，這導致文學獎作品變得不再有趣，不再那麼大眾。你可以說，它終於完成它自己——「原來是這樣的條件可以獲得文學獎」，那也就表示，「沒有這樣的條件的，就被排除在外面」，但後來我會想，會不會「被排除的，更有趣？」、「被排除的，才是更被大眾所接受的？」文學獎在我們手中達到頂峰，也同時死掉了。當然文學獎死掉還有很多原因，這是台灣文學給我的一頁啟示錄，它告訴我，「文學真正的規則，在於沒有規則。」以及，我必須不停從外部把東西帶回內部，並讓它輸出到外部。

您的第一部小說《小城市》是2011年出版的——那時您還是用筆名葉覆鹿——它獲得一些重要的文學獎，比如九歌百萬長篇小說獎，並且用了某些類型小說的素材，比如鬼故事。您能談談您如何在小說中縱橫嚴肅文學和類型小說之間，以及它們彼此的關係嗎？

教授問得真好。我寫的第一本小說叫《小城市》，講述的是一個紅衣小女孩的故事。那是九〇年代的台灣，流行一個都市傳說，叫「紅衣小女孩」。當時靈異節目播出民眾登山的錄影帶，裡頭拍到了沒人認識的小女孩，穿著紅衣服。下山後，登山隊伍中有人死掉。這也是我們電視世代共同的記憶。

後來我看到台灣有一個文學獎，就是九歌文學獎，獎金高達兩百萬台幣。我當時想，天啊，兩百萬可以買多少衣服啊！（笑）於是帶著這個願望，我趕快去投稿。當時我並不明白什麼是文學，只是想把最吸引我的故事講出來，那就是紅衣小女孩的故事。

我那時也知道，如果我只是講紅衣小女孩的鬼故事，可能不夠有趣。所以，我用了很多方式去寫它，現在想起來，就是本能地知道，「怎麼說」比「說什麼」還重要，例如，我嘗試從多個視角來寫故事，我試著從不同時

空切入。甚至寫到最後，我連文類的變換都要玩一下，我讓讀者發現，小說乍看是鬼故事，但最後一頁揭露的卻是，這是一個科幻故事。原來紅衣小女孩是未來世界用來控制人們記憶的裝置，紅衣小女孩的誕生，其實是一個由於記憶系統錯誤而產生的「bug」。如果每個人的記憶都是正確的，便不會有鬼。但記憶錯亂了，所以才出現紅衣小女孩。

我覺得這樣的設計可以讓讀者在最後一刻都有種「我在玩遊戲」的感覺，會覺得文學真的很有趣，而對一個寫作者而言，這也讓我覺得，講故事就是在玩。我寫作時始終保持這種遊戲心態。所以，有沒有兩百萬對我來說很重要，但「我們來玩一個遊戲吧」這樣的心情對我來說更重要。教授提到的一個重要問題是，嚴肅文學與通俗文學文間的關係是什麼？在台灣，我們把它稱為「純文學」和「通俗文學」，它們曾經很分裂，我想，九歌百萬小說獎[3]舉辦時，就是台灣意識到想要溝通兩個閱讀市場，想要讓它們有互通的可能，創造更多市場上以及文學審美的利多。

獲得了這個獎的榮譽獎後，我也會去思考，嚴肅文學需要什麼？而通俗文學又是如何構成的？事實是，我到現在都在思考這個問題。我的每一本書都嘗試引入更多通俗元素，我依然想要去打破某種規範，無論是文類，或是文學的分野，我想要創造驚奇。不過最讓我驚奇的是，我這樣做的結果，經常流失兩邊的讀者。所以，如果你問我最新的體悟，我會說，現在的我，倒是想試一次，就是，把嚴肅文學做到最嚴肅，把通俗文學做到最通俗。我想知道兩個市場最極限的部分是什麼，然後去突破它。

那本書如何改變了您的命運呢？

那本書的改變主要有兩方面。首先，它讓我意識到我可以成為一名作

---

[3] 九歌百萬小說獎，由台灣九歌出版社設立，旨在鼓勵華文小說創作，挖掘具潛力的優秀小說家。該獎項提供百萬級獎金，吸引眾多新銳與資深作家投稿，成為台灣文學創作的重要平台之一。九歌出版社透過此獎項不僅推動台灣小說發展，也強化華文文學在國際上的影響力。

家。寫作讓我覺得是世界上最有趣的遊戲。再來，如果連紅衣小女孩都能夠進入文學獎的殿堂，還有什麼是不可能的呢？它也激勵了我，寫任何你可以寫的，寫任何你喜歡寫的。並且，永遠不要害怕別人說不可能。

我之前提到您是1983年出生。1987年台灣解嚴，再過十年就是1996年第一次自由選舉，這與上一代作家的文化氣息完全不同，可以說您是解嚴後的第一代作家。您覺得在寫作方面，這對您的風格帶來了什麼樣的變化？比如說與朱天文、朱天心[4]等前輩相比，您這一代最大的不同是什麼？

提到朱天文和朱天心，之於我，她們是兩位文體家，分別創造了某種時代的文體。我抄寫了她們的小說好幾年，我尤其喜歡朱天文。有一次我認識一個男孩，我去他家時，他忽然向我表白了，「你要和我在一起嗎？」那時我凝視著他，忽然瞥到他身後的窗戶打開了，朱天文正好走過窗前。我立刻大聲喊，「Yes！」對我來說，與其說和他交往，不如說，是答應要和當時心中的文學之神在一起吧。後來我才發現朱家就在這男孩家附近。「神總是在你身邊」，我總是想起那段時光，我在物理上，也在精神上靠近文學。

就像剛才提到的，我是解嚴後的第一代人，但我一直覺得，我就是自己筆下的紅衣小女孩吧。我的故事中，紅衣小女孩是控制我們記憶的裝置。但我何嘗不是被控制了記憶。畢竟，我這代人，從小讀的課本是由國立編譯館統一發行，我腦中的歷史，是由國家統一書寫，那意味著，我是解嚴後的第一代人，但我也是被政府控制記憶的最後一代人。要到我十七、八歲，去了台北，才知道什麼是二二八事件、什麼是白色恐怖。

關於台灣土地上發生的現代史，多暴力血腥，課本都不會記載：白色恐怖，黨外風起雲湧，美麗島事件，八、九〇年代社會運動，野百合運動，

---

[4] 朱天文、朱天心，台灣作家姊妹，生於高雄市鳳山區，父親為作家朱西甯，母親為翻譯家劉慕沙。朱天文以小說《荒人手記》及與侯孝賢合作的多部電影劇本聞名；朱天心則以小說《方舟上的日子》等作品享譽文壇。兩人對台灣文學與電影創作影響深遠。

這些我完全不知道。比起我的上一代，他們真的經歷過；我的下一代，他們會在不同版本的課本上讀到——我一生都有一種記憶空白的恐懼。我是一個被製造出來的失憶者。

我是自己筆下的紅衣小女孩，是記憶空白和錯亂的產物。我相信我這一代作家或多或少跟我有一樣處境。我們同時作為第一代人，也是最後一代人，我們是夾縫的一代。

我覺得我們整個八〇年代的作家都是處於夾縫之中，新的還沒有來，舊的還沒有毀掉，我們到底是誰？我們就是「鬼」。

您的很多小說涉及到同志題材，其實在同志文學領域，幾十年以來台灣文學一直有一種非常蓬勃的傳統，從白先勇的《孽子》[5]與林懷民的《蟬》[6]一直到邱妙津、陳雪、紀大偉等作家。這些作家給您帶來了什麼樣的靈感和養分呢？

是的，白先勇的《孽子》出版於1983年。書中的主角被喚為「阿青」，我叫陳栢青，我出生於1983。我一直覺得白先勇的《孽子》像是寫給我的，之於我，這本書不僅是文學作品，更像是一本旅遊指南。因為全台北、全台灣的同志都要去台北、去新公園、去找《孽子》中的角色，去書中那些景點。所以我跟著《孽子》去台北，開始尋找那些地方。後來，您提到的那些同志作家給了我新的視野，讓我對同志文學有了更多的認識。

我想說，同志文學可以這麼叛逆、反叛，對我來說是一種新的樂趣。

---

[5] 《孽子》，白先勇於1983年出版的長篇小說，以臺北新公園為背景，描寫了一群被家庭與社會遺棄的同性戀少年。透過主角李青的經歷，展現了這些少年的情感掙扎與生存困境，深刻反映了當時社會對性少數群體的偏見與壓迫。此書在臺灣文學史上具有重要地位，被譽為華文文學描寫同志議題的經典之作。

[6] 《蟬》，林懷民於1969年發表的小說集，其中同名小說《蟬》以臺北西門町為背景，刻畫了一群年輕人在咖啡館中度過的青春歲月。作品以細膩的筆觸描寫了1960年代臺灣年輕人的生活、思想與情感世界。

當我讀到很多台灣文學作品時，他們要麼自稱是城市的，要麼是鄉土的，都有一定的規範。他們已經發展得差不多，突然間，出現了一票人，他們古怪，他們不被任何人接受──「寫給那一群，在最深最深的黑夜裡，獨自彷徨在街頭，無所依歸的孩子們」，這是《孽子》的開頭獻詞，也是我們的身分，既然無所依歸，那就表示，哪裡都可以去；既然徘徊在街頭，那就表示，路還很遠，遠方還是空白的，無論白先勇、你提到的邱妙津、陳雪、紀大偉，他們就是我的街頭夥伴，世界還很大，我們還有很多可以玩。他們的反、他們的叛逆、他們的不羈，給我了全新的刺激。甚至，我覺得正是同志文學，給了台灣文學全新的活力。

成為「鬼」，成為「怪物」

除了閱讀，寫作也需要經驗和想像力。您個人的經歷，比如當兵或跳舞──我聽說您跳了八年的《洛基恐怖秀》[7]，是否對您的寫作產生了決定性的影響呢？

一開始，我並沒有想過要成為作家，只是個物質慾望很強的傻小孩（笑）。我的前半生都想活在舒適圈裡，想被父母保護，想被朋友圍繞。三十歲之前，我的目標就是逃避兵役。因為台灣每個男生都得當兵，我決定這一生都不要當兵，於是我選擇了逃兵。

逃兵的方法是什麼？在台灣，就是成為殘廢。但如果我殘廢了，我在同志市場的吸引力會大打折扣，所以我不能殘廢（笑）。於是我只能選擇過胖或過瘦，但這樣也會減少吸引力。所以，為了保持競爭力，我只能一直念

---

[7] 《洛基恐怖秀》（The Rocky Horror Picture Show），1975年上映的音樂劇電影，改編自理察・歐布萊恩（Richard O'Brien）的舞台劇，以怪誕風格與跨性別主題成為邪典經典。在台灣，《洛基恐怖秀》自2010年起成為金馬奇幻影展的固定狂歡活動，結合放映、表演與觀眾互動，深受影迷喜愛，展現跨世代的經典魅力。

書。高中後上大學，大學念了七年，為了逃避兵役；研究所又念了七年。所以，三十歲前我全部的時間都在學校，從未走出過學校的圍牆。

碩士畢業後，政府還是要我去當兵。我決定去一個我從未去過的地方。當時政府推出了替代役，於是我選擇了海外服役，我去了菲律賓。

在菲律賓的經歷，真的對我產生了很大影響。那時剛好遇到廣大興漁船事件[8]，菲律賓軍艦掃射台灣漁船，台菲關係異常緊張。同年，軍中還爆發了受虐事件[9]。我想，在這個風口浪尖，讓我去菲律賓，我要不是被自己人殺死在軍中，就是在異國為外鄉人憤怒的獻祭。

等我抵達駐地。那是我待過最破落的飯店。史蒂芬・金的「鬼店」[10]跟它一比，真的像是皇宮一樣。

我抵達那一晚，菲律賓被那年亞洲最大的颱風暴風圈所籠罩。我哪裡也去不了，只能困在房間裡。這就是我第一次一個人出國。離開舒適圈的第一晚。窗外暴風像是某種人生的預言。

我上了床。我以為我睡著了。至少睡了有一會兒吧。某一刻，忽然醒來，發現四周一片漆黑，按床頭燈，燈沒亮，發生什麼事了？停電了。還好對一個台灣長大的小孩來說，停電是常有的事情。我安慰自己，不怕不怕。我在台灣受的訓練就是為了這一刻。

黑暗中，雖然眼睛看不見，但在我的內心，在潛意識裡有個聲音低低地對我說：「可是，栢青，你不覺得房子裡有哪裡怪怪的嗎？」

真的是什麼都看不見啊。我只能安慰自己：「陳栢青，你不要亂想，你是個瘋子。」我用盡氣力安撫自己。就在心跳趨緩，就要重新入睡的那一

---

[8] 又稱廣大興28號事件。事件發生在2013年5月9日，於巴林坦海峽，台灣與菲律賓皆主張重疊的經濟海域上，菲律賓公務船與台灣籍漁船廣大興28號發生衝突。菲律賓公務船以機槍掃射台灣漁船，造成船長身亡，船員分別受到輕重傷。事件發生後一度引發台菲兩國關係緊張。
[9] 此處指洪仲丘事件，乃2013年7月，中華民國陸軍傳出士兵受虐死亡案件。事發後經調查，洪仲丘生前曾遭受虐待、霸凌等。本事件引發台灣社會高度關注，最終促成軍方修法。
[10] 編按：史蒂芬・金的長篇恐怖小說作品The Shining，台灣翻譯為《鬼店》，故事發生地是名為全景飯店（Overlook Hotel）的一間飯店。

刻，忽然，一道雷打下來，雷光非常亮，我想那雷就打在窗戶旁邊，一瞬間，整個房間都在發光。

耳邊嗡嗡作響，在那轉瞬而滅的雷光中，我忽然知道，房間裡哪裡怪怪的了。

因為剛才的雷光，我清楚地看見，原本應該散落在房間的三張椅子，不知何時正有序地排列著，以我的床為中心。像開圓桌會議般圍繞著我。

黑暗中，我被三張椅子圍繞著。

認清這件事的第一時間，我只冒出一個念頭：「所以，剛剛，在那樣的黑暗中，有什麼東西在椅子上看著我？」

那時候我真以為自己就要掛掉了，要被黑暗吞噬在這間旅館裡。但跟著，我又想起來，畢竟我是看著港片長大的孩子，眾多港產恐怖片告訴我一個奇怪的知識是：鬼最怕的，是軍人和警察。當下我想，哎喲，這麼巧，我可不就是中華民國軍人嗎？於是，我立刻展示我在軍中受到的優良訓練，三十秒時間掀開棉被，四十秒時間翻身滾下床，六十秒快速著裝，然後踢著正步走回床前。

我用軍中教我的坐姿端正地坐在床沿，我想，「鬼」既然看著我，那我也要看著它們！於是，我瞪大眼睛，一直盯著那三張椅子，一直瞪到天亮第一縷陽光射進來。這是我人生第一次出國，也是第一次在海外的經歷。

雖然已經超過十年了，但每次回想這段經歷，我總感覺又回到那個房間。我仍然記得那三張椅子。但不知道為什麼，最近想起那三張椅子，一邊害怕，我也會想像，如果當時我踢著正步，走到椅子旁邊，卻就著椅子坐下來，那會發生什麼事？如果當時，我踢著正步，卻直直穿過那三張椅子，走向椅子後面的黑暗，會發生什麼？

黑暗是那樣恐怖，卻又甜美，現在如果有人問我，寫作是什麼，我會跟人說，寫作，就是去那三張椅子後面的黑暗看看，並從那後頭帶回來什麼。

從那一晚之後，我嘗試從黑暗裡帶回去什麼。我成為了一名作家。

謝謝您分享這麼精彩的鬼故事。說到鬼故事，其實您的小說《尖叫連線》好像跟日本恐怖電影《七夜怪談》[11]有種特殊的關係？可以講講這部小說與恐怖電影的特殊緣分嗎？

白老師剛介紹我時，提到了我每年都會去電影院參與《洛基恐怖秀》的演出，這是台灣金馬影展舉辦的活動，會有表演者扮裝在電影院裡隨著電影劇情一起演出，和觀眾直接互動。我記得第一次受邀演出時，驚訝地發現，在這個世界上，一個男孩可以被允許穿女裝、化妝，而沒有人會討厭你，甚至所有人都為你鼓掌。與其說那是我第一次感受到什麼是「自由」，不如說，是讓我感受到，什麼是「無限」。

有一年表演完我妝還沒卸，就直接從演出的戲院走出來，想直接回飯店去。

剛進飯店門口，管裡櫃檯的大媽正低頭在吃東西，她一個抬頭看到我，臉色忽然大變，我和她同時聽到筷子掉在地上的聲音。

從大媽身後掛的鏡子，我立刻知道她看到什麼——鏡中的我經過一整天的表演，現在是最醜的模樣。頭髮已經歪了一邊，裡面的髮網都露了出來，高跟鞋也有點歪了，衣衫不整，臉上妝容多半也脫落了。一下巴新鮮的鬍渣。

怪物。不男不女。醜八怪。死人妖⋯⋯

大媽其實沒有說出這些詞彙來。但看著她的表情，以及她身後鏡子中的我，我耳邊像有無數人正張開口，那是從過去到現在曾經傳入我耳邊的聲音。我以為它們已經消失了，但其實沒有，它們隨時會冒出來⋯⋯

只要一個夜晚、一張鏡子，一切就會重現。一切就會回來。

「我走錯了飯店了，對不起。」我正準備轉身要逃跑。突然間，大媽

---

[11] 《七夜怪談》，1998年上映的日本恐怖電影，改編自鈴木光司的同名小說，講述觀看神祕詛咒錄影帶後在七天內會死亡的故事。此片掀起了日本恐怖片的潮流，對亞洲恐怖文化影響深遠，是日本恐怖片經典作之一。

叫住了我。

她低頭窸窸窣窣不知道在翻找什麼，接著，遞出一根吸管，對我說：「用這個喝，口紅才不會掉。」

我忽然明白，大媽並沒有嘲笑我，她反而關心我的口紅有沒有掉。

就在那一刻，我突然覺得，就算你是怪物，你也會被某人寵愛，被人喜歡。

那時候我就想我要寫一個怪物的故事，所以我有了第二本書《尖叫連線》。《尖叫連線》是本長篇小說，故事講述台灣發生了一種恐怖的傳染疾病，叫HLV，只要感染三天後，感染者就會變成喪屍，然後死掉，所以台灣正面臨滅島、滅國的危機。

可是我們的女總統想到一個方法，她小時候看過一部恐怖電影叫《七夜怪談》。《七夜怪談》這部電影大綱是，只要你看了被詛咒的錄影帶，七天之後貞子就會爬出來殺死你。女總統就想，按照這部電影的邏輯，只要我讓全台灣的人都看了《七夜怪談》，那大家就會被貞子詛咒，感染者就不會死在三天後，而是會死在七天後。

於是，總統派出了一個小隊去尋找這卷被詛咒的錄影帶。《尖叫連線》描述的是這個小隊的故事，我設計小隊裡全都是好萊塢恐怖電影裡最早死掉的那些失敗者，比如《十三號星期五》（Friday the 13th）[12]裡第一個被殺的啦啦隊隊長，比如《半夜鬼上床》（A Nightmare on Elm Street）[13]裡只愛看書考試的眼鏡妹……

我想把所有恐怖片裡一看就知道他會死掉的人集合起來，例如那些

---

[12] 《十三號星期五》，1980年上映的美國恐怖電影，由尚恩·S·坎寧安（Sean S. Cunningham）執導，講述水晶湖營地接連發生的神祕兇殺事件。該片開創了經典殺人狂題材，並成為影史上最知名的恐怖系列之一。其核心角色傑森·沃赫斯與標誌性的冰球面具，成為恐怖片文化的象徵，影響深遠。

[13] 《半夜鬼上床》，1984年上映的美國恐怖電影，首集由衛斯·克萊文（Wesley Earl Craven）導演。電影描述殺人魔佛萊迪於夢中殺人，現實中人也會隨之死去。只有一票青少年發現這樁祕密，與殺人魔在夢境和現實中展開一連串對抗。電影成功引起風潮，一拍數集。電影中佛萊迪一手鐵爪，一身條紋衣的造型成為影史上最為人記憶的邪惡角色之一。

愛亂講話娘娘腔的gay，有色人種，亂搞的辣妹，只有身材沒大腦的體育生……

我想讓這些人來拯救台灣。對我而言，我相信，能夠拯救世界的，是這些受過苦，是這些被遺棄的人們。

就像我在跳《洛基恐怖秀》時遇到的旅館大媽。我想把詛咒變成一種祝福。

那從《小城市》到《尖叫連線》，是否有一些在寫《小城市》的過程學到的寫長篇的技巧，直接用到第二本呢？

我學到某種技術，不如說，從《小城市》的紅衣小女孩，到《尖叫連線》的諧仿、搞鬼，我真正感受到的是，我越來越逼近某個自己在意的核心。你會發現，我很喜歡寫鬼，不如說，我真正想要它現形的，並不是電影中的鬼，而是真實人生的。那麼，在真實世界中，什麼東西是「看得見，又好像看不見」的呢？對台灣社會而言，就是同志。

我的第三本書《髒東西》就想寫台灣男同志史。不是透過電影的鬼來象徵，我要寫台灣社會中的鬼。台灣歷史中的鬼。社會禁忌中的鬼。我要讓他們從歷史中現形，如果他們消失了，我就替他們招魂，如果他們不存在，我就要讓他們附身，我要讓男同志的幽魂遊蕩在歷史的地平線上，也就是說，我不但想替台灣男同志寫史，我還想在台灣史中創造男同志。

是否可以借用這本書來談您的寫作過程呢？最早的動筆念頭是什麼時候？整個構想的過程大概要花多長時間？動筆又是什麼樣的一個過程？

準備時間很長。我發現台灣歷史上有很多很gay的瞬間，也有很多汙名和形塑「同性戀為何變成如今這樣」的決定性時刻，例如，HIV在本土的流行；例如，台灣男同志曾經可以透過被判定「精神異常」而免役不用當

兵⋯⋯。但很奇怪，人們不談論這些史事，人們沒有繼續延續這些記憶，於是一切就像沒發生過。隨著我發覺更多的材料，我明白一件事情是，並不是gay沒有故事，而是找不到一個連結點。有很多事件確實發生了，但這些事件和此刻缺乏連結。於是事件成為歷史。而偏偏我們又都想活在當下此刻。我們依然是紅衣小女孩，缺乏記憶。

於是，開始書寫後，我有幾個寫作策略，其一，回到時空當下，呈現事件在當時的面向。其二，找到某一個跨越時間連結的元素，讓當時的事件和此刻產生勾連。對我來說，後者比較讓我想要挑戰。甚至，我試著顛倒過來，我把當下此刻同志所焦慮所在乎的事情，例如同婚，例如同妻，例如性別游移與跨界，丟回過去的時空，試著看看如果發生在過去，會發生什麼更激烈的事情？我依然想玩，而且，我想玩歷史，也在歷史中玩。一開始寫作很慢，但抱著這樣遊戲的心情，寫作忽然加快了。

那因為每一個章節都要處理不同的一個歷史階段，您會需要依賴歷史資料嗎？或者有作一些其他的準備？

我熱衷於搜集史料。我做了很多研究。比如有一個章節，我很著迷於蔣經國的死亡。正如你們所知，蔣經國跟他父親蔣介石一樣，作為國共衝突最劇烈時期的兩位領導者，他們的屍體沒有埋到土裡，而是經過防腐處理後就放在台灣的陵寢裡。他們的遺言是，政權奪回日，才是安土下葬時。

這樣的死亡太讓我著迷了。死掉了，卻成為永恆？彷彿埃及法老一般。有一段時間，我大量搜集蔣經國葬禮的資料，我讀到的內容包括，送蔣經國棺木往停放定點那天，台灣為他舉辦一個「奉厝大典」，台北城沿路有民眾跪地哭號，夾道送走蔣總統。若這時有衛星從地球上空往下拍，拍到這條跨縣市哭泣的隊伍，它可能構成20世紀地球最長的一條眼淚公路。一想起那畫面，我就覺得好震撼，我想為此寫個故事。

但我一直在想，為什麼我會著迷這個死亡與送葬的故事？後來我發現

一件事，蔣經國死亡的新聞總是放在報紙頭版頭條，但如果翻到報紙第二頁，第二頁經常會有另一條新聞，那是關於台灣愛滋病的本土傳染和散播情形。

所以實際上有兩種死亡同時在八〇年代的台北發生；同時有兩條隊伍正穿過八〇年代的台北城。其中一隊，是替蔣經國送葬的隊伍，蔣老先生雖然死了，但透過防腐，透過眾人的崇拜與擁戴，他像是活著一樣，他將永遠存在。而另一列隊伍，則是同志的隊伍，人們會說你很髒，你是同志，就會感染了愛滋病，你就會死掉。這樣汙名化的鎖鏈也是在這個年代成型的，它構成另一條死亡的隊伍，隊伍中人雖然活著，但其實又都死了。遲早會死。相愛就會死亡。而這兩列隊伍——死了卻像活著的，和活著卻像死了的——在八〇年代的台北交錯了。

所以我就想到寫一個故事，我要去寫蔣經國的葬禮，我要寫那個送葬樂隊的隊長，他是台灣最早感染愛滋病的幾個人之一。可是這隊長太愛中華民國了，他不想讓愛滋病散播出去，他想把自己的疾病藏起來。

那麼，在那時的台灣，哪裡能把他的身體和疾病永遠封存呢？

對了，就是蔣經國的棺木裡。

所以這個故事就是這群樂隊男孩，他們好愛好愛隊長，於是男孩們一邊替小蔣送行，一邊把隊長搞進蔣總統的棺木裡。那時，愛與死亡，全台灣最尊重與最卑賤的，最恐懼與最愛的，最威權和最輕賤的，都會被永遠放在一起。

當然，台灣史上並沒有真的發生這種事。但是，它可能發生。它可以發生。我要寫出這個故事，不如說，我想借這個故事，傳達某種情感的真實。

「什麼都不是」的當代文壇

如果在場的朋友對台灣當下的文壇不太熟悉，您是否可以介紹一下2024年現在台灣文壇的狀況？您對目前的狀況有什麼樣的觀察和批評？台

灣的當代同志文學又處在什麼樣的狀態呢？

2024年的台灣文學，可以從幾個面向來看。

其一，台灣文學館舉辦的「金典獎」，這個獎歡迎去年7月到今年7月間所有的出版品報名，並從中選出優秀的作品。2024年入圍作品可以看出一個過去沒有的景象，就是有眾多非虛構作品入圍。這反映了台灣從新世紀至今一個閱讀趨勢，市場上一方面是「實用」，一方面是「心靈成長」類書籍暢銷，乍看是兩個極端，但說到底，「心靈成長」何嘗不是「實用」的一環。金典獎中非虛構作品的大量入圍，既是反映了讀者對於現實的焦慮，另外就是，對於「文學轉譯」槓桿的拿捏——這裡的轉譯不是指語言的翻譯，而是指「如何將文本和現實的距離縮短」——小說或眾多虛構作品不是即拿即用，他們距離此刻現實，無論是知識的填充、精神的安慰、資訊的立刻補充，都需要更多投入，更多次在腦中進行審美和思考的翻譯和跳躍，遠不如非虛構作品在感覺上更有一種「即拿即用」，「似乎和現實更貼近」的錯覺。

其二，上述觀察還有一個佐證，那就是今年有不少和我同世代的作家出版作品，無論是我自己的《髒東西》，我的朋友黃崇凱的小說《反重力》、林楷倫的散文《廚房裡的偽魚販》，我學長馬翊航的散文集《假城鎮》，或是顏訥女士散文集《假仙女》，你可以看出一個書名的趨勢：反，假，偽，髒……

這些書名都「以反為是」，以「反」、「假」、「偽」、「髒」不是負面，而是比起「是」什麼，創作者潛意識中用「不是」去指出「是」。就我自己的解讀，「不是」竟比「是」多了詮釋的空間，一方面是叛逆藏在字面，一方面是用拒絕代替肯定，以退為進。這些書名用的字眼比起「非虛構」更指陳出文學和現實之間，正好「存在一段距離」。那個距離，「什麼都不是」，也許這就是2024年的台灣文學用虛構文學努力保留的地方。這個「什麼也不是」、「以反為是」的距離，也是現實的一種，而必須透過文學

指出。

　　提到2024年的同志文學，其實同志文學在台灣不行很久了。它不是真的不行。而在於，這本來就是一個人工製造的標籤。它有它的階段性目標，在出版而言，那通常是為了「好賣」，但任何商品都不可能永遠暢銷。但我依然覺得同志文學大有可為，例如我們有位作家叫做楊双子，她的《臺灣漫遊錄》[14]被翻譯成英文，並獲得美國國家圖書獎翻譯文學大獎。小說中描述日治時期日本女作家和台灣翻譯之間若有似無的感情，你可以說她們是同志嗎？好像是，又好像不是。小說中除了性別，也牽涉了國族、旅行、飲食等元素，小說跨足新的時空，作了新的嘗試，是非常有意思的小說。

　　像《臺灣漫遊錄》這樣作出新嘗試的小說還有很多。我以為這反映了我剛剛說的「如何將文本和現實的距離縮短」，乍看之下，無論是小到同志文學，大到各類虛構作品，文學其實用不一樣的方式在和現實進行連結。它並非如非虛構那樣直接性的連線現實。但它的迂迴，某種柏修斯（Perseus）用鏡子照出梅杜莎（Medusa）之臉的鏡映方式，反而能捕捉到另一種更逼近現實的現實。

許願，然後不停止寫作

　　謝謝。那我最後再問一個問題，然後我們再開放時間給觀眾提問吧。您身為一個長期寫作的作家，寫小說最大的挑戰是什麼？如何去超越自己、突破自己？過去是不是常常面臨重複自己的問題？

　　今天我遇見白睿文老師的時候，我就問了老師我最想知道的問題：

---

[14] 《臺灣漫遊錄》，楊双子於2020年出版的小說，背景為1937年日治時期，描寫日本作家青山千鶴子與臺灣女子王千鶴的鐵道旅行故事，細膩呈現殖民時代的臺灣風貌與人物間的文化交融。該書獲2021年金鼎獎，並被翻譯成日文及英文，英文版於2024年11月由美國Graywolf出版社出版，是第一部贏得美國國家圖書獎翻譯文學大獎的台灣文學作品，也是台灣文學走向國際的重要作品。

「您是怎麼如何保持旺盛的創造力的？」對我來說，保持創造力和抗老化一樣事關緊要。因為我真的很怕，怕寫作不再是個好玩的遊戲，怕有一天它不好玩了怎麼辦？

我想跟老師偷偷分享，我的小說為何可以寫得好？答案就是，許願。

對，跟神明許願就行了。

我想要成為作家，但我害怕無法寫出好的作品。有一段時間，我逢廟就拜。台灣是一個廟宇很多的地方，我們有百萬神祇，如果每許一個願望就像向吃角子老虎機投下一個硬幣，你就把台灣想像成許願的拉斯維加斯吧。

我每到一間廟，就去拜託神明，我會說，請讓我寫出很好的作品。請讓我成為成功的作家。我願意跟你交換。

交換什麼呢？我跟每個神明說，我這一生，我願意沒有友情。沒有愛情。沒有親情。我願意把我的感情都獻給你。把我的朋友愛人親人都給你。只希望你讓我寫作寫得好。

我不知道是哪間廟的神明收下這個願望，總之，從某一刻開始，我連續獲得多個文學獎，從此踏上寫作之路。

但也從那之後，我沒有感情生活。我和朋友必會決裂，我親情淡泊。我這一生，感情非常激烈，最後卻好像活在無菌室一樣。無依無靠，情感上沒有任何歸宿。

神明真的收走我的一切嗎？

一開始我會這樣想。有時我也會想，這樣真的值得嗎？我可以收回我的願望嗎？但我不知道我到底跟哪個神明成功許願的嗎？總不能要每個吃角子老虎機都吐回硬幣吧。

但現在我會想，也許那都是我應得的。寫小說最大的挑戰，就是你不知道人。你永遠無法進入人類的心。我這一生都會在激烈的情感中度過，和人吵假，決裂。許諾，應承，接著背叛，拖延，逃離。我將失去朋友、愛人、親人。但就是這些失去，讓我痛苦，讓我理解什麼是人。神並沒有收走我的情感。祂只是放大我的體驗。讓我感受到所謂活著。

小說不能脫離人。我所恐懼的，正是成就我小說的。

不要害怕受苦。不要害怕接觸別人。不要遠離人類。去感受這一切。去活。去永遠的活。這是目前想到，寫小說最大的挑戰。以及超越和突破自己小說的方法。

觀眾｜我很好奇，談到同志議題，從台灣的合法同性婚姻事件到現在，同志的生活有改變嗎？還是說歧視變成了另一種形式，仍在發生？第二個問題是關於您的新書《髒東西》，從同志的角度介入歷史。我注意到最近台灣很多文學作品都在尋找介入歷史的方式，比如黃崇凱的《反重力》[15]或甘耀明老師的作品。他們在藉助歷史、想像歷史。您覺得這是一個潮流嗎？第三個問題比較個人化。您剛才講到房間裡的鬼怪故事，很有趣。為什麼您覺得寫故事是這麼黑暗的事情？是因為要深入挖掘內心的黑暗層面，還是有什麼其他原因？

我想把這連串問題倒過來回答。我先回答第三個問題。我一直好奇故事是怎麼形成的。之於每位作家，是有一個完整的圖像才去描述？還是只知道某個部分，慢慢把它湊起來？我的結論是，每個故事誕生的方式都不一樣，有時只看到一個畫面，有時知道全部，有時只知道結局，有時只擁有一個開頭，我覺得這增加了寫作這一行業的難度，因為你會發現，創造並沒有固定的公式。他們就像在黑暗的房間中摸索。每次都必須嘗試帶回一些東西，這需要挖掘自己的黑暗部分。每次挖掘，我感覺有一部分自己留在了那裡，像是一種創傷。我在講故事的時候也在受苦，擔心回來的自己不再完整。可是，也正是因為黑暗，所以創造了無限。寫作是在黑暗中摸索，寫作是與黑暗交換。寫作是，自己變成黑暗。

---

[15] 《反重力》，黃崇凱於2024年出版的小說，以1970年代台灣為背景，結合彭明敏案、泰源監獄事件等歷史事件，探討威權體制下的壓迫與反抗。透過紀實與虛構交織的敘事手法，揭示歷史變遷與人權意識，成為當代台灣文學的代表作品之一。

第二個問題，你談到目前眾多小說家著重於藉助歷史，我想那正證明了「文學總是設法反應社會」，此刻台灣社會最在乎的問題是什麼？那就是「我是誰」，「我們從哪裡來」。

「我是誰」夾帶的問題是「所以我不是什麼」，「我們從哪裡來」同時需要回答的是「我們將往哪裡去？」

那小說家怎麼回應這些命題？可不正是回到歷史中？重新書寫歷史也是對未來的一種想像。檢視歷史，重構歷史，和歷史對話的同時，也就是變著方式和現在對話。小說作為一種後見之明，卻實現一種可能，「把既定的歷史打開來」，如果過去未必如此，未必只有一種聲音，那未來就有無限可能。台灣作家透過這樣的方式回答了自己是誰，和自己從哪裡來，也就解答了我不是什麼，以及我將往哪裡去。

所以我可以回答第一個問題了。

同婚之前，台灣很多人擔心「同性結婚，社會倫常都被破壞了」，還有人說「人不照規矩，天不照甲子」，好像一切都亂了套。但同婚通過，社會沒亂，萬物和諧，台灣也沒因此沉沒，天空沒降下毀滅的雷電。當然，同婚沒有改變一切，但是同婚的意義在於，法律作為最低限度的社會保障，同志因此獲得價值觀和存在感上的正向加強。當然，我相信人類永遠會找到方式折磨彼此，歧視也會永遠存在，可是，那就是為什麼文學存在的原因。它去問為什麼，它去探究人類心靈不可言說之處。我仍然相信，文學永遠會先指出問題。文學總是在提問，恰如它問「我從哪裡來」和「我是誰」，有了問題，就有知道答案的可能。如果有一天，連文學也無法提問，那才是真正的危機所在。

觀眾｜延伸出來，我另外還有兩個問題。第一個問題是關於您的寫作經驗。您提到希望像玩遊戲一樣寫作，所以我想知道在寫作過程中，您是因為感受到了恐懼，想通過荒誕的方式表達，還是希望製造某種情感反應？第二個問題是，我想知道現在台灣文學有沒有什麼禁忌，或者不能說的話題，還是說

是一個完全自由、開放的創作環境？

你的問題很棒，足以讓我深思。我是否太沉溺在文學的技術上了，因為可以玩，為什麼不一直玩呢？我覺得我太喜歡玩了。我的編輯經常用駱以軍小說裡的一句話問我，「為什麼你的故事裡沒有認真悲傷的人物？」我的故事總是充滿驚奇和反轉，像逛迪士尼樂園一樣，他們問我為什麼不描寫悲傷，不去引動更多讀者內心的情緒反應，我自己也思考，如果能引起更多情緒，除了可以賣更好，其實也可以讓故事更深入人心。我想那就是現在吧。你的提問，讓我想進入遊戲的第二關。

此外，我還想到一件事情，也許我一直在抗拒某種情感的膝反射，也就是，痛苦就叫，難過就哭，開心就笑。這是多即時的反應。我以為，文學的妙處就在「不笑反哭」「不怒反笑」這種情緒上。它不是膝反應，它延長了膝蓋到大腦的距離，在那中間有多少折衝和反反射，那是人性的奧祕所在。這樣說來，白睿文老師在《煮海時光》[16]提到，有一段時期，侯孝賢用情緒操作鏡頭，我覺得寫作也是在操作情緒，好的寫作就像侯孝賢漂亮的長鏡頭，排除膝反射，展現各種長足而不同的情感反應。

關於第二個問題，台灣文學是否有禁忌？其實我反而希望它有。因為「禁忌」意味什麼？意味「暢銷」啊我的朋友。你看看中國的禁書，本本暢銷，洛陽紙貴。禁忌，就是最新的流行。

當前的台灣文學當然有禁忌。現在的我擔任很多文學獎評審，經常目睹各方評審為了政治立場或性別位置等火力全開彼此角力的修羅場。這當然牽涉到意識形態，牽涉到立場。我深知不可能有一個完全自由的世界，我們身處的，其實是一個經過「選擇」的世界。一定存在禁忌的，沒有禁忌的世

---

[16] 《煮海時光：侯孝賢的光影記憶》，白睿文於2014年編訪出版的書籍，透過深入訪談，記錄導演侯孝賢的成長經歷與電影創作歷程。書名取自元代雜劇《張羽煮海》，象徵侯孝賢對電影創作的堅持與執著。內容涵蓋侯孝賢的電影美學、台灣新電影運動及其對歷史與社會的深刻觀察，是了解侯孝賢及台灣電影的重要作品。

界其實就是無序。但相比起「你沒有選擇」，我願意相信選擇，理解多數人的選擇，並持續讓某些少數發出他們的聲音。比起禁忌，我想讓人們永遠有選擇，我覺得這就是所謂「自由」的最新意義。

觀眾｜在事業發展上，您在台灣影響了很多人，啟發了很多思想，您會認為自己是社會的推動者，或者甚至是一位革命家嗎？您覺得作者有沒有這個責任去推進社會，還有為他們的文字負責任？

　　這個問題我也思考了很久。關於革命家這件事情，我小時候的偶像就是「切」〔切·格瓦拉（Che Guevara）〕，我會買他的T恤，然後買他的貝雷帽。雖然他抽雪茄，但因為我不會抽菸，所以我會叼一根巧克力。（笑）

　　我相信所有作家都首先是一名革命家。文字引起思想，思想的改變就是一場革命的發生。你談到作者有沒有責任去推進社會，這其實也是我這代作家一直在思考的。

　　拉遠一點說，我都會跟我朋友和問一樣的問題的人說，不要。不要夢想當作家。

　　不要夢想成為作家，但要持續寫作。

　　為何不要夢想做作家？那與謀生與否無關，我只是覺得，立志在台灣當作家，那既限制了你對自己的想像，又放大別人對你的想像。

　　這年代在台灣當作家實在太累了。一旦你掛上作家這個職業，別人要從道德上審視你，從行為上檢討你。他們要你成為社會運動的代言人、議題的倡導人、知識的傳播者、道德的先行人。你結合運動領袖、工會頭頭、地下反叛軍頭目、火堆上的聖女、十字架上的耶穌於一身。

　　我是說，作家好忙。作家好多身份。作家好多禁令。作家要負擔那麼多社會責任道德期許……

　　那你要怎麼寫作？

要我說，人不是因為成為作家才寫作。但可以一直寫作，就算你的職業不是作家，你終究成為作家。

作家有沒有社會責任。有的。但他的社會責任就和其他醫生消防員警察小吃店老闆一樣。沒有更多，也不會更少。這是身為一名公民該有的責任。但作為作家，說到底，我們又只有一個責任。那就是把小說寫好。把那該死的文字放在它該死的位置上。像是那句話，「上帝坐在寶座上，人間都和平了」，把文字放在對的位置上，這是我們唯一的責任。也是唯一能代表作家的東西。

觀眾｜請問要怎麼把故事說好？怎麼去說好？

說了這麼久的故事，對於能把故事說好，我有兩個信條：

第一，永遠不要抱持著「把故事說好」這個念頭去說故事。那不會讓故事變好。

第二，我們應該這樣想：怎樣能透過故事展現出最完整的自己？說了這麼久的故事，我發現一件事是，如果你願意把自己內心最害怕，或最想要的東西坦誠出來，反而能引起別人的共鳴。你要不害怕去展示自己的慾望，揭露自己的恐懼。我覺得把故事說得好聽的要素就是，不怕展示脆弱，但是真誠。

那也解釋了什麼樣的故事稱得上好──因為你的脆弱和真誠，別人會在故事裡頭看到自己。那時，我們超過形體的限制，在靈魂上成為一體。故事讓我們在感情上同步了。那就是好故事的誕生。

觀眾｜在成長和寫作過程中，香港的媒體、音樂和電影對我影響很大，這對我是一種文化衝擊。您如何看待台灣與香港在文化交流上的關係，特別是上一輩對香港文化的親密連結？比如在台灣，朋友在去KTV時點了很多黎明的歌，他們覺得非常棒，對我來說這非常有趣。現在這種關係可能沒那麼密切

了。我想問您對港台文化交流的看法，或者您現在對當代香港文化有關注嗎？您覺得港台文化之間的關係是錯綜複雜的嗎？

　　我聽到白睿文老師說之後要去台灣發表論文，論文內容是探討台灣的「美國夢」，就是台灣電影裡的美國。而對我們這一代來說，最影響我們的不是美國，而是香港。

　　我們八〇後這代人全都看周星馳的電影長大，我們每個人都背得出周星馳一部乃至多部電影的知名台詞，並且能在上一個人唸出第一句時，逐句輪流把它背完。我們去KTV至少會點一首粵語歌，我們或多或少崇拜林夕，著迷過不同時期的王菲，我們長大的年代，有線電視林立，二十四小時播放港片，所以我們這代人轉開電視就是香港的鬼片、搞笑片、愛情片……，我們每個人從小的男神可能是梁朝偉是吳彥祖是陳冠希，女神是張敏是吳君如是鄭秀文……

　　為什麼我這麼愛香港。除了香港電影就是我們的日常之外，我有另一個理論是，因為比起新世紀以來的英雄或是反英雄，比起刻意政治正確或政治不正確的偶像，七〇到九〇年代香港電影裡的人物，總是些不正經的小人物。他們就是些小市民，他們有點壞心眼，偷拐搶騙，貪財，貪色，貪愛。他們小奸小詐，日行小惡，容易動搖，但面臨重大抉擇時，你要看到他們展示人性良善的一面。他們和我們很像，不如說，這就是普遍的人性，香港電影從普遍人性中提煉出一點真心。長大後我回想起這些橋段，我甚至感受到某種寬容，乃至慈悲。

　　楊千嬅有首歌叫做〈每當變幻時〉，我覺得這首歌名很代表我著迷的香港。她是那麼模糊，那麼不確定，她總是在「每當變幻時」，但就是這種變幻，像是辛波絲卡（Wisława Szymborska）的詩句，「而變幻無常更為美麗」，讓人著迷。

　　當然，現在台港交流更密切了。尤其在政治一番風起雲湧後，很多港生來到台灣求學，很多香港人來台定居，我觀察這些年台灣文學獎，香港議

題以及探討運動現狀和後遺情況的小說與散文占有一定位置,在香港回歸後,台灣和香港之間乍看更遠了,但經歷種種運動,台港關係其實更近了。我非常確信,香港的文學和藝術將再起,它會用不一樣的方式在台灣轉生。

觀眾｜剛才您提到作家有社會責任,我想反過來問,作家作為一個職業,在台灣不免面臨經濟壓力,您選擇成為專業作家的原因是什麼?非專業作家在台灣也面臨書籍銷售等經濟問題,您的作家朋友們如何看待這些壓力?此外,您提到文學有時滯後,現今社交媒體如推特和臉書允許發布長文,特別是您經常發表長文,您認為這對當代台灣作家的寫作方式有何影響?最後,關於台灣的敏感話題,如政治議題或不同政治立場,您如何看待文壇內部的關係?例如,有作家認為駱以軍的《明朝》借用了劉慈欣的《三體》,暗示對中國投降,您對此有何看法?

　　確實,你問到很嚴峻的問題。作家在台灣無法維生。我的作家朋友們要不有其他職業,要不降低物慾,盡量維持最低生活需求,盡可能找機會寫作。生活確實是壓力,但我也要讚美我的政府在推動文學這塊的努力,例如文化部、文策院,或是國藝會,他們提供不少補助試圖減緩寫作者的生活壓力。當然,補助永遠是不夠的,投入永遠是不足的,但怎麼說呢?此刻我會站在這裡和大家聊天,多少要感謝他們贊助了機票。

　　那我成為作家的原因是什麼?也許我可以成為任何職業。但不管我做任何職業,我都想要寫作。那還不如直接掛上作家這個職銜比較快。說起來,我成為作家,但我還是什麼都做的,如你所見,我演講,我表演,我跳舞,我走秀,我採訪⋯⋯

　　你提到作家在臉書等社交媒體發長文,對當代台灣作家的寫作方式有何影響,這讓我想到一個切身的問題是,我這代作家,八〇後,乃至九〇

後，其實是經歷過太陽花運動[17]的人，這個運動應該是新世紀台灣的一個斷代，經歷過這場運動的作家們一定都有我以下焦慮：「一個作家之於時代，他能付出什麼？」太陽花運動改變了台灣當時的政治風向，但運動如此即時，群眾力量如此巨大，無論你在運動中感覺到什麼，當這些感悟變成小說散文或詩，那個時間總是已經過去了。傳統文學相較於社論乃至社群媒體上的一篇短文、幾句格言，甚至是一張貼圖，它總是「後來」的，是遲到的。我反覆地思索這件事情，現在的我會想，但這個「後」，其實也是「前」——畢竟之於別人，政治運動是一場記憶，但你卻留下紀錄。

而且，你留下的，不只是紀錄，你所有的書寫，都是對於未來的一種運算，你不只是預言未來，甚至，你的語言、你的思想，主導了未來，有人將因你的話改變。虛構，或者說，文學，真的可以創造現實。

最後我想談談駱以軍《明朝》事件。事件發生是當時有作家以為駱以軍的小說《明朝》借用了中國作家劉慈欣小說《三體》架構，並試圖從《明朝》一書中找出蛛絲馬跡推敲作者對中國抱有「投降」意識。這件事情在當時台灣文壇引發軒然大波。這也是我少數參與論戰的時刻。

在過去台灣文學史中，有作家余光中「狼來了」事件。余光中對其他作家扣上紅帽子，說某些文學是「工農兵文學」，指某些作家是共黨爪牙。我很遺憾，多年後還是有人用同樣的手法打擊台灣作家。

我想說的是，文學有自己的政治。

我相信的是，文學有自己的國度和規則，你可以說駱以軍借鑑《三體》。但實質上駱以軍是「借他人酒杯澆胸中塊壘」。像是《女巫前傳》借鑑《綠野仙蹤》，但他說的是自己的故事。此外，我還相信，文學有它自己的法理和統治權，我絕不接受，輕易含沙射影或是透過蛛絲馬跡推斷，就輕

---

[17] 又名為318學運，乃指2014年3月18日至4月10日之間，由大學學生和公民團體占領台灣立法院，所引發的一連串社會運動。事件起因是台灣立法院強行通過《海峽兩岸服務貿易協議》審查，引發場外抗議者不滿，學生與公民團體於3月18日深夜強勢挺進立法院，封鎖建築，展開與公權力一連串對峙。事件發生後引起台灣社會普遍檢討此次審查和經貿政策，在一定程度上改變了台灣與中國之間的貿易進程。

易把小說的等於現實的，又把虛構的移植到真實的人生中，並把小說當成法庭判決書，武斷決定寫作者的政治思想和立場。這對我來說，既是文學判斷上的失準，也是吃文學的豆腐。輕易把文學當成作家的罪責，又成為審判作家的刑具。當然，現在你問我，後悔當初站出來反駁嗎？後悔啊我會說。我那時被罵得多慘。但你要是問，如果再一次，我會不會站出來，我會說，我會。這一生，如果我要對抗，我要對抗的就是這樣的人，這樣的事情。

在寫作裡，無所畏懼

觀眾 | 您剛才提到讓讀者達到情感共同體，那麼您個人有沒有收到過有趣的讀者反饋？比如奇聞趣事？

我出的第一本書是散文集，那時候我還年輕，甚至用了自己的臉作為封面。後來我頻繁收到大家的留言，有時候提到頭髮、香水，只要點開臉書，就會看到各種男人的裸體照。我當時想，我還要交友軟體幹什麼呢？出本書不就好了。對，後來年紀大了，就不再收到這些了。我現在非常想念那些瘋狂時光。

但我確實得到了一些支持。有時路上碰到人來跟我打招呼，有些人說是因為在《洛基恐怖秀》看到我演出。有時他們說是因為讀了我的書。似乎我的寫作也是一種扮裝，一種表演。

有時我會問這些人，你們有這麼喜歡我的作品嗎？這些人中有些特別誠實的，會搖搖頭說，根本看不懂啊。那我會追問，這樣你還喜歡我嗎？這樣你還支持我嗎？

他們會用非常奇怪的眼神看著你，又理所當然地回答：「可是，那就是你不是嗎？」

似乎只要我繼續寫作，只要我在寫作裡繼續無所畏懼，那就足夠了。就算別人不懂也沒關係。因為就連那樣的不懂，都可以是一種更巨大的懂。

不懂，可是被需要。

　　有一年金馬奇幻影展主辦單位告訴我，有一對新人就是在看《洛基恐怖秀》時認識的，現在他們要結婚了，決定在《洛基恐怖秀》上穿婚紗走紅毯。我記得那一天我本來有演講，但我努力改時間，就是為了趕回去參加《洛基恐怖秀》上的婚禮。那真是我參加過，怎麼說，最奇怪的婚禮了。我在高鐵上換裝，在很窄的車廂廁所裡化妝，拖著很長的裙襬跑過車站直往電影院去，路人問我怎麼了，我說，我要參加怪物們的婚禮，他們甚至幫我開道……

　　闖進黑暗的電影院，那一刻，原子恐龍、外星人、連體嬰、殺人魔、異形魔花……，無數怪物回過頭來，他們為我鼓掌，他們真切地擁抱我。黑暗中有香水和粗魯的喘息聲。這是一場怪物的婚禮。當然，我知道這一切都是假的，可是，我又覺得，那是真的，甚至，比真還真。就算當新人登場了──當然，他們也是兩個怪物──掌聲轉向他們，但我依然覺得，掌聲是為我響起的。

　　我也把它當作我的婚禮。我把自己嫁給了寫作。我想跟你進行盟約。一場黃金約誓。我願永遠對你忠誠，不離不棄。不管生老病死，富貴貧賤……

　　有那麼一刻，我真心希望，神啊，請讓這一切是真的吧。讓這裡有真的怪物存在，他們一定很寂寞吧。也許，只有在這樣既熱鬧又擁擠的黑暗裡，他們能找到融入的地方。就算只有幾秒，搞不好，他們真的能找到回家的感覺。

　　搞不好我就是那個怪物也說不定。

　　我們總依賴陌生人的善意過活。

　　好吧。那也是出自《慾望街車》（*A Streetcar Named Desire*）裡的台詞，我更喜歡這句：「我不想要現實，我想要魔法！」（I don't want realism. I want magic!）我想，小說就是魔法吧。在那裡，在黑暗裡，那不是現實，但它比任何現實還要現實。

陳思宏：文字在鬧鬼

　　陳思宏，1976年出生於彰化縣永靖鄉，旅德國的台灣作家，演員和翻譯。2004年移居德國柏林。其作品包括長篇小說《態度》、《鬼地方》、《佛羅里達變形記》、《樓上的好人》、《第六十七隻穿山甲》；短篇小說集《指甲長花的時代》、《營火鬼道》、《去過敏的三種辦法》，以及散文集《叛逆柏林》、《柏林繼續叛逆》、《第九個身體》。

　　2019年出版的《鬼地方》到了2020至2023年被翻譯成十幾個不同的外文版。2023年4月25日，就在《鬼地方》到處鬧鬼的時候，陳思宏悄悄地來到洛杉磯與我進行兩場文學對談，上午在學校進行中文對談，晚上在學校對面的公共圖書館進行英文對談。這次紀錄把兩場的精髓編在一起，焦點還是放到「鬼」的身上。

> 以下提問為粗黑體
> 其餘主文為陳思宏回答

遇見「鬼」

非常榮幸可以請到陳思宏先生來與我們對談。我預備了幾個問題，但是接下來我希望可以開放時間讓大家與陳思宏先生有更多的互動。

首先，要替陳思宏先生做一個簡短的介紹。陳先生目前生活在德國，他過去是一位非常資深的演員，曾出演包括《曖昧》、《宮保雞丁》，有台灣電影也有德國電影。同時，他也是《表演藝術雜誌》（Performing Arts Review）的專欄作家，過去為他們撰寫專欄。陳先生的著作相當之多，有小說和散文集，包括《樓上的好人》、《佛羅里達變形記》、《第九個身體》、《叛逆柏林》、《柏林繼續叛逆：寫給自由》，以及我們今天主要討論的──《鬼地方》。最近，《鬼地方》被石岱崙翻譯成英文，而且《紐約時報》等各個媒體都給了非常正面、非常好的評價，我們為陳先生感到非常高興，可以把台灣文學推到海外。所以我們今天的主要討論，要圍繞著《鬼地方》這本書展開，但我想，我們討論的範圍可以非常地廣，非常地開放。

那麼第一個問題，我想我們就從「鬼」開始吧！因為「鬼地方」，這個標題很有趣。當然，「鬼地方」是有「ghost」這個層面的意思。但另外，我也看了很多台灣當代作家會用「鬼」當作同志圈的一個概念，像舞鶴有一本小說叫《鬼兒與阿妖》、陳雪有一本叫《鬼手》。反正既然被借用在同志圈子裡面，能不能先從「鬼」這個概念開始？

好，沒問題！各位覺得「鬼地方」這三個字翻譯成「ghost town」你們滿意嗎？因為其實石岱崙在翻譯成「ghost town」的時候，很坦誠地和我說，他找不到一個英文的詞彙可以代表「鬼地方」。因為其實「鬼地方」這三個字講的不是「鬼」──不是「喔喔」那種鬼（笑）──因為這三個字在中文裡面其實很複雜。我不知道在講中文的幾個華人社群裡面這三個字是不是有什麼不一樣的意思，但是至少我問過香港人，他們對這三字的

用法和台灣很像。比如說我今天在UCLA唸書，我很討厭這個地方，我就會說：「UCLA這是什麼鬼地方！」——像這樣（笑）。但它不是講嚇人的那個鬼，其實它有很多意思，比如說它可能是一個偏僻的地方，中文裡叫「雞不拉屎，鳥不生蛋，烏龜不靠岸」。反正通常它是一個負面的詞彙。但是我們把它翻譯成英文的時候，我們想到幾個詞，比如說「god forsaken place」（淒涼之地）、「deserted place」（遺棄之地），想了半天之後石老師決定就是用「ghost town」這個詞——它其實並不是可以很完整地表達中文裡面的意思，所以我覺得我們可以回到「鬼」這個字。因為的確，在台灣文學裡面，「鬼」是一個非常重要的詞彙。比如說李昂，很喜歡寫鬼，寫女鬼。

我覺得身為一個台灣人，很難不去想「鬼」，因為「鬼」在我們的台灣文化裡面是一個很重要的事情。我想大家都可以同意吧？就算你信仰不同的宗教，你一天到晚、從小到大，都會接觸到「鬼」這個字。每個學校裡面一定都會有很多鬼故事；你去露營的時候，就不知道為什麼，大家都會講鬼故事。不知道你們這一代人怎麼樣，可是我們那一代人，就是你在學校去上洗手間的時候，一定會有一隻手從馬桶裡面伸出來，然後幫你擦屁股。忽然現在想一想，這不就是免治馬桶嗎？（笑）其實每一代都有這些東西。尤其在台灣，我們男生都要去當兵、服兵役，在服兵役的時候，就有更多的鬼故事，而且永遠都有一個穿著紅衣的女生⋯⋯我自己在當兵的時候，有遇過完全沒有辦法用科學解釋的超自然現象，我不知道那是不是鬼，可是我有遇過。我覺得我是大學畢業的人，怎麼相信這種怪力亂神呢？我就試著用各種科學的方法去解釋，可是我完全沒有辦法解釋。而且我也不是唯一一個感受到這件事情的人，還有另外兩個人，跟我一模一樣，體驗過這種奇怪的事情。

所以，我覺得「鬼」這個字在台灣，是一個沒有辦法被忽略的重要文化。包括我很喜歡講一件事情就是，我不知道你們其他人怎麼樣，但是我們台灣人住飯店的時候——白老師你會嗎？——就是，比如白老師你今天來到Beverly Hills Grand Hotel，你拿了房卡，準備進房間。在進房間之前，你

會做什麼事嗎？你會直接就刷卡進去嗎？

會啊。（笑）

對，可是你知道我們台灣人會做什麼事嗎？我們會先敲敲門。你知道為什麼嗎？因為我們覺得全世界每一間飯店房間裡面都有鬼。（笑）所以當我們敲敲門之後，那個鬼就會：「喔？有人要進來了哦。那我就趕快穿牆過去，把房間還給他。」就是聽起來很白癡、很好笑，對不對？怎麼鬼會這麼好合作？可是幾乎所有的台灣人，不論他是什麼宗教，他們在進入飯店房間前都會敲敲門。

我去年在紐約的公園大道（Park Avenue）上面有一個亨特學院（Hunter College），那邊的學生就問我會敲嗎？我就說：「我現在是一個不信教的人，我怎麼會做這種白癡的事情」——我就不敲。可是就發生了一件事情。當天晚上我就在布魯克林住一家飯店，然後我要進房間，就想到今天有一個同學問我會不會敲門，我想：白癡，敲什麼敲啊！於是我沒敲就進去了——結果裡面有一個人！我馬上就退出來，心想：應該是我看錯了。然後我又打開房門，這次第二次打開的時候，這個人就看著我，我就關上門，趕快衝下樓，跟櫃台的人說：「我的房間裡面有一個人。」那個櫃台的人就表現出來：怎麼可能？那個房間是我們最後一個房間，之前的房客早就退房了。他不相信，也不肯上去處理。後來我跟他說：「裡面有人！」我想是不是我瘋了，是不是我真的看到鬼……？後來櫃台的人還是不情願地上去了，過了一、兩分鐘他就衝下樓，說：「Call the cops! Call the cops!」（報警！報警！）原來是有人入侵進入那個飯店，就住在裡面。這樣的事情就發生在我身上。當時就是一陣混亂，我記得我當時在大廳就看著警察把那個人拖出來，然後就是尖叫這樣子，之後我還是去住那間房間——很荒謬的事情對不對？（笑）

過幾天之後我必須到華盛頓去，又要住另外一間飯店，我就想說：不

可能吧？我怎麼可能又要敲門？所以在華盛頓這間飯店，我一樣是沒有敲門，我就刷卡進房間了——又有人（笑），又有另外一個男人。我心想說：怎麼可能？我們現在不是大家都有科技嗎，如果看到鬼，我要把它拍下來，我還可以把它放到YouTube上變成一個很多人看的影片。所以我又第二次打開房門，確定裡面有人，於是我就下樓。和上次一樣，那個receptionist（接待員）和我說：「沒有，怎麼可能有人呢？」我就把手機給他看：「Look!」然後他再上樓，查看後和我說，原來是一個工程師在修空調。所以，我就覺得「鬼」這個字很有趣，這個東西不只在文學裡面，它在我們生活裡面是無所不在的。

而且，台灣人信鬼到一個地步，尤其是我爸媽那一代。比如說「鬼月」，就是大概農曆七月那個時候，那一個月有親戚想要離婚，我爸媽還說：「不行喔，鬼月不可以離婚。」很荒謬吧？既不能結婚，也不能離婚，就是不能嫁娶，也不能旅行——所以說這一個月就是一個靜止的狀態。

我這本書寫了一個很重要的節日，就是中元節，它對我們來說是一個非常盛大的節日。因為鬼門關開了，鬼都出來了，你要確定它們都吃飽了，才不會來煩你；所以你會準備一個盛宴，讓鬼吃飽。剛好我去（2022）年來美國的時候遇到萬聖節——老實說萬聖節對我這一代的台灣人來說是不知道在幹什麼，因為我那個時代的人是沒有過萬聖節這件事情的。你們後來有過萬聖節嗎？幼稚園對不對？

國小就會。

對，國小就會。可是長大之後就沒有了。可是在美國，我想，在UCLA萬聖節應該也是一件很重要的節日。我那時候在華盛頓那邊的大學城，每天都有幾千幾百隻鬼在我身邊飄來飄去——我就覺得這件事情很有趣——不論各式各樣的文化對於「鬼」的詮釋都不一樣，都有不一樣的想法。

在台灣，「鬼」已經成為我們生活中很重要的一件事情，甚至它會影

響到我們的決定。比如說我們前幾天在帕薩迪納（Pasadena）的一個活動上就講到「撿紅包」這件事情。大家知不知道「撿紅包」？就是在台灣的路上看到有紅包，你就說：「哎，有錢！」──不能撿。為什麼呢？因為台灣有一種東西叫「冥婚」，通常是未嫁的女兒，她在適婚年齡過世了，父母覺得很可惜，想要讓她嫁出去，就會有一個方式是把她的生辰八字放到一個紅包袋裡面，再把紅包放到地上，誰要是撿到紅包的有緣人，就必須要和她結婚。這件事情到現在還是如此。七姊，我本人的姊姊，是在小時候過世的，她當時的男朋友後來就的確有來迎娶她的鬼魂。所以這件事情的確是存在的。

我在《鬼地方》最後有寫到「哈姆雷特」──其實莎士比亞裡面的哈姆雷特也是鬼嘛，每個文化裡面都有「鬼」。所以我當時在選這本小說的標題的時候，我就覺得「鬼地方」是一個非常曖昧不清的一個詞彙，也沒有辦法被翻譯成各種語言。我這本書現在被翻譯成其他語言了，日本譯者和我說，這個詞翻譯成日文是「亡靈之地」。有沒有人會講法文？你知道，在法文中他們也找不到對應的翻譯，結果到最後就決定書名用「ghost town」──很奇怪吧？因為書裡面是法文。

所以「鬼地方」其實是翻譯上很難處理的一個詞彙。但是我覺得對我來講，這本書我的確是在講「鬼」──這個對我來講，鬼不鬼，人不人的，很有趣的文化，和文學的母題。

走出「鬼地方」，走進《鬼地方》

是的，而且這個「鬼地方」它也直接指的是永靖，就是您個人生長的地方，也是您眾多小說發生的一個背景。但我覺得在這本書裡面，它不僅是一個背景，它也是整個故事中的一個角色。請您當我們這些沒有去過永靖的人的導遊，分享一下，為什麼會一直不斷地回到這個地方來書寫您的家鄉？

永靖其實連很多台灣人都沒有聽過。我以前去台北讀大學的時候，大家問我從哪裡來，我就說我是彰化來的。他們就問是彰化哪裡？我就說「永靖」，他們就沒有人聽過了。但是永靖這個地方很特別，永靖出了台灣首富之一——大家有沒有聽過「頂新魏家」？在中國就是「康師傅」——大家聽過康師傅吧？他們有做很多食品的。他們其實是我爸爸的世交，就是非常要好的朋友。他們來自這個小地方，可是他們「西進」了——當時台灣把中國大陸想像成西邊的、很值得墾荒的一個地方，就好像當年美國人從東岸開始往西邊移民，來到加州的那種感覺，是在「淘金」。當時很多台灣商人去中國也是一樣抱著去「wild, wild west」（荒野西部）淘金的一個心態，和當年的美國很相似。頂新魏家在八〇年代就過去了。當時，我爸爸是第一批的投資者之一。但是，在最後一刻，我媽把那個錢給抽回來。後來頂新魏家變得很有錢，台北一〇一大樓有一大部分是他們的。我每次經過的時候就會說：「要不是當年我爸把錢抽回來的話，這六十七樓就是我的欸！」他們家飛黃騰達之後就回到永靖，蓋了非常富麗堂皇的建築。

這就是華人社會裡面說的「光宗耀祖」。我不知道你們其他地方怎麼樣，可是我相信一定都會有，特別是來自一個鄉下小地方，你要是飛黃騰達了，就要透過一個頂級的建築來讓你的鄉里們知道：「老子現在有錢了！」台灣有幾個大的建築，比如台南很有名的「奇美博物館」，它就是在一片荒涼的農田上蓋了一個非常古典、希臘式的，我覺得非常突兀的一個建築——其實那就是一個「我有錢了、飛黃騰達了，我現在是一個有文化的人，我要讓大家知道這件事情」的宣示。頂新魏家在永靖也做了類似的事情，而且經過風水師的精密測量和計算，說是會讓子孫八代飛黃騰達。不過之前頂新魏家有人入獄了，還被判刑。

所以說，永靖是一個很有趣的地方。如果你來到永靖，你會覺得它明明就跟台灣各個鄉鎮沒有什麼太大的差別，但是⋯⋯因為它是我的家鄉，我在這地方看到的各種荒唐事情，我很希望透過小說的語言把它寫下來，是因為我覺得，這個「鬼地方」可以不只是永靖。我覺得永靖有可能就是在密西

西比的某一個小地方,或者是新墨西哥州的一個什麼鬼地方,因為我覺得「鬼地方」是一個很有趣的詞彙。

我花了一輩子都想要逃離永靖,我就是想要離開那個地方。我必須要透過教育的手段,要好好讀書,才能夠去外面讀大學,然後才能夠離開這個地方。因為這本書出了不同語言,我後來發現,原來這件事情真的是人類共通的——大家都想要逃離自己原來的那個地方,不管你來自台北、紐約,還是漂亮的UCLA。所以我覺得永靖不只是地理上一個無聊、沒什麼好講的小地方,我希望永靖不只是我的永靖,我希望它是大家的永靖。

這本書的另外一個特點就是分為三個部分的結構,每一個部分有十五章,每一個章節都是從另外一個視角來講述這個故事。可不可以分享一下您是如何去塑造這樣一個結構?

我不知道現場的朋友有沒有想要寫小說?想要去創作?因為在寫小說的時候,你有一件事情要決定,就是你要去決定那個敘事(narrative)。我想你們在分析一本小說的時候都要去想它是第一人稱、第二人稱,還是什麼全知視角(omnipresence),就是這些「鬼東西」。這個東西在你自己寫小說的時候也很重要,你必須要決定誰要說話,是第一人稱說話還是第二人稱說話。還有,它是不是一個可靠的敘述者(reliable narrator),然後怎麼樣怎麼樣⋯⋯

我當初在做這件事情的時候,就發現自己很掙扎,因為書中的角色很多。我剛好回家跟我姊姊們吃飯——大家有沒有看過《飲食男女》?我剛在白老師辦公室看到《飲食男女》的簽名海報,我就想到了那部電影。《飲食男女》講的就是圓桌吃飯,而圓桌吃飯就是華人儒家社會一個很重要的事情。我不確定這是好是壞,但我就是非常喜歡吃。吃飯是我們連結的方式。食物是我們唯一的聯繫。我不清楚在座大家是怎麼想的,因為大家有不同的文化背景,但是在我們的文化中,吃飯是一個家庭建立連結的唯一方式。那

的確，我們家每個禮拜天，不論你在哪裡，都要回家跟爸媽圓桌吃飯。我爸媽已經過世了。我在寫這本小說的時候，我回去跟我姊姊也是圓桌吃飯，那我就講到我爸爸喪禮上發生的一件事情。明明大家都在場，大家都同時聽到哪個阿姨說了什麼話、哪個舅舅說了什麼話，可是講到這個事情的時候，我們就開始吵架——「沒有啦，他才沒有說那句話，他才不在那裡咧。」那另外一個姊姊就說：「你才說錯呢！」——全世界的姊妹吵起架來都非常地好笑，大家就是為了那一個回憶、那一個片段在吵架，她們都覺得自己的回憶才是最可靠的。在姊姊們的脣槍舌戰中我才發現，其實大家的回憶都不可靠，每個人存取那個回憶的方式都不一樣。那我就想到：如果我讓書裡面的每一個角色都從自己的角度說話呢？然後讓所有事情在結尾才匯聚到一起。

我就此確立了這部小說的創作思路——一切都始於我家那個看起來像是每週例行儀式的「瘋狂」圓桌——四十五個章節，每一章都在切換角度。因為我當時沒有想太多，所以我後來來到學院的時候，就會遇到很多很難的單詞，比如說「polyphonic」（複調性）——我在寫的時候完全沒有想到這個東西。我的法文出版社的總編輯跟我說，他用了「希臘歌隊」（Greek chorus）來講、來比喻這件事情。法國人問的問題都會非常地哲學，他說整本書就像是一個「歌隊」一樣，每一個角色都是一個歌隊成員——「they don't sing in harmony, they sing out of tune」（他們的歌聲並非整齊劃一，而是此起彼伏），不管怎麼樣，他們都唱出了自己的聲音，到最後唱成一個家族合唱。

但是寫的時候，我沒有想那麼多（笑），因為你沒有辦法想這麼多理性的東西。我只知道，我找到了一個切進這個故事的方法，我要讓每一個角色說話，讓他們都有敘述的聲音（narrative voice）我甚至讓鬼說話。中文裡面我們有一個說法叫「鬼話」、「鬼話連篇」，我注意到這個詞彙的曖昧性——如果讓「鬼」來好好說話呢？本來在中國文學裡面，鬼就是會說話的。《牡丹亭》裡面的杜麗娘，她本來是舊社會裡面很受壓抑的女性，變成鬼之後她才能夠重返人間享受愛情，享受身體的歡愉。我就覺得，鬼也可以

說話,為什麼不讓「它」說話呢?所以我最後才決定讓大家都說話。

　　參考您的作品表,我知道您做過很多非虛構寫作、論文寫作以及小說創作。那麼這個故事的哪些點影響到您,令您選擇不去直接寫一本自傳呢?為什麼要虛構呢?或許我們可以以此為基礎,來談談您創作的非虛構作品與小說之間的關係,以及是什麼驅使您在寫《鬼地方》時,選擇朝這樣的方向發展?

　　首先,當我準備寫這個故事的時候,我真的非常想用小說這個類型,因為如果我的姊姊們來找我,問我:「你為什麼這樣寫我?」我會說:「拜託,這是虛構的,是假的……」,這樣就很方便了。

　　我的姊姊們很愛我,我是家中永遠的寶貝,但她們與我的哥哥總是保持了距離感──因為他是我們家裡的太子。在我哥哥十八歲時,他的女朋友就懷孕並且生了孩子──一個男孩──所以想想看,就好像是《獅子王》開頭那樣!(笑)我當時感到如釋重負,因為這意味著我不必做任何事情──我哥哥是父權家庭中的完美兒子了,所以我們家總是圍繞著哥哥轉。儘管法律規定「不論性別,每個人都有繼承權」,但是我爸媽總是和我姊姊們說:「你們是女孩,沒有繼承權。一切都會歸你的兄弟所有。」最終,我的姊姊們真的相信了,她們接受了這一點,並放棄了繼承權。我不是在開玩笑,這是真實發生的事情。

　　但無論如何,我的姊姊們對我真的很親近,她們一直非常支持我所做的事情。她們總是買我的書,但是永遠不會去讀。其實她們會抱怨:「你能寫一點可以讀的東西嗎?不要是那種文學性的……」這是真的,我沒有亂說。這本書是2019年12月出版,她們當然也買了這本書,但從沒讀過──她們總是這樣做,我對此很滿意。但不知怎地,這本書逐漸在台灣獲得關注,這是一個很大的驚喜,它開始暢銷,我也因為這本書獲得了幾個享有盛譽的文學獎。人們讀了這本書,然後開始在我姊姊們面前閒聊。人們會說:「天

啊，你丈夫打你了？」——他們認為這本書裡的二姊就是我的二姊，所以我的姊姊們便想說：我應該認真讀讀我弟弟寫的書了，於是她們讀了這本書。這讓事情變得很尷尬。

我不知道在座各位是怎麼想的，但我認為，我的家人們正在讀一本我寫的，基於我們家裡發生的事情的小說，這可不是什麼好事情。我真的很擔心。我還可以告訴你們一個有趣的故事：有一天我和三姊約在鼎泰豐吃午飯——那是一家台灣餐廳，在加州也有，他們家的小籠包非常好吃——我們約定那天在鼎泰豐見面吃小籠包。她來得很早，所以當我走進去的時候她已經坐在那裡了，她當時正在看《鬼地方》。我當時想：天哪，這太糟糕了，她正讀到了我根據發生在她身上的事情寫的那一章！我擔心我們最終會大吵一架。她看到我，放下書，開始點菜。我當時想說：好吧⋯⋯。然後，你也知道，她剛剛讀了深受她的啟發而寫出來的章節。她看著我說：「書裡那個姊姊真是個賤人！」我回答說：「OK，那我們點菜吧！」我由此意識到一件事，那就是她無法在書中察覺到「她自己」——就好像，記得在高中時，我們有一個愚蠢的高中派對，有些孩子在模仿某個人，所有人都在笑我，因為他們在模仿我走路時的樣子。但我不知道他們其實是在模仿我，所以我當時的反應是：你們在做什麼？到底是在模仿誰？這讓我明白了，因為一個人無法「直面」他自己，就好像我姊姊也察覺不到書裡的角色靈感是來自於她，所以不知怎地，她讀完了那個章節卻沒有觸發任何焦慮——這太棒了！

我前幾天晚上剛學到一個詞，叫作「自傳小說」（autofiction）。寫作的時候，我並不清楚這些標籤、類型，因為我認為在進行創作時，你應該迴避這些東西，停止訴諸理論，而是激發出你自身的情緒、你的痛苦，然後讓自己沉浸在這段創作旅途中——我當時就是這樣做的。到現在為止，第一章講的是這個叫Keith Chen的角色——並非Kevin Chen——他回到了家鄉，為什麼呢？因為他殺死了他的德國男友，因此不得不在德國監獄服刑一段時間。之後他就回台灣了，而他返鄉的那個期間，正是台灣的「鬼月」——整個故事就這樣開始了。

現實中，為了領取那些文學獎項，我不得不飛回台灣。那時，我必須要進行為期兩週的可怕隔離。在兩週的隔離之後，我見到的第一個人是我的親戚A。我們的文化裡面，人們之間是不擁抱的。那是另外一種肢體文化。我們不擁抱，不說「我愛你」，我們不討論也不分享自己的感受——我們一起吃飯，但不擁抱。但是那天，不知道為什麼，和我一起長大的A一看到我就給了我一個大大的擁抱，她不放手，並開始抽泣。我當時說：「好吧，A，快停下來！我們以前從來不擁抱的，到底發生了什麼事？就因為你有兩年沒見到我嗎？」她說：「我不知道你殺了你的德國男朋友……」她繼續說：「天哪，我讀了這本書，我不知道你這麼痛苦，你殺了他。」我回答說：「不，這其實是虛構的！」她問道：「你說的『虛構』是什麼意思？」我說：「A，我們幾乎每天都在線上聊天，如果我在監獄裡，我怎麼能每天和你聊天呢？」A很認真地說：「我想說那裡是德國，他們注重人權，可能每個牢房裡都有網路什麼的。」她是和我一起長大的人！我差一點就要做一個簡報，向她解釋「小說」和「自傳」的區別。

　　所以即使是瞭解我的一切的人，他們仍然會感到困惑。現在，這本書在台灣已經出版三年，我可以把這種「困惑」當作一種讚美，因為人們總是問我：「哪一部分是真實的，哪一部分不是？」我很喜歡引用印度作家阿蘭達蒂・洛伊（Arundhati Roy）的話——我超愛她，她是布克獎（Booker prize）得主，請去看她寫的《微物之神》（*The God of Small Things*）和另一部書叫《極樂之邦》（*The Ministry of Utmost Happiness*，編按：另譯《極樂司》），是關於印度那些璀璨奪目卻又令人心碎的故事——她曾說過：「我相信小說就是真相。」我完全同意這一點。如果你的小說不是基於你的真實感受，你如何能夠感動他人並與他們建立聯繫？這就是我開始寫這本書的初衷——我感受到了這些情緒，而且我必須分享它們，我需要全世界來讀這本書。有東西告訴我，這個世界必須聆聽我的傾訴，也就是讀這本小說。

我剛剛介紹您的時候，提到您過去演了很多電影。我非常好奇，表演天分是不是跟寫作有一個直接的關係？尤其像這樣一本書，每一個章節就是另外一個角色——您好像都是通過表演來呈現一個角色的性格。能不能請您講一講表演與文學之間的互動？

　　我想白老師一定處理過很多——就是很多作家骨子裡都是英文中說的「drama queen」（戲精）——就算他們可能是一個外表看似沉靜的人，可是很多作家其實都是內心波濤洶湧。而且很多作家其實非常地難相處，他們有很多的稜角，然後你需要服服貼貼地和他們相處。我覺得這的確可以講到「表演性」這件事。因為我以前是讀英文系，後來讀了戲劇，的確我在台灣的劇場裡面演了很多年戲。後來到德國，就開始去試鏡，去演了電影和電視劇。我覺得表演性在寫小說的時候是有幫助的，或者說它們是無可分割的。因為小說其實講的就是「action」嘛，我覺得「action」這件事在小說裡面是沒有辦法避免——當然也有可能某本小說從頭到尾都沒有所謂的「action」，這也的確是小說藝術的某一個層面——但是我喜歡的小說是，我希望它有很多的「動作」，因為我是很愛演的人，所以我覺得那個表演性對我來講，在寫作的時候有很大的幫助。

　　我們說起文學藝術時，幾乎所有的寫作方式都已經被嘗試過了。比如我們在討論意識流時就會想到《尤利西斯》，還有其他後現代小說。如今想要寫出真正富有創造力的、令人耳目一新的作品，變得很難了。但《鬼地方》就是這樣一本讓人感到耳目一新的作品——您是如何在文學創作中發現新意的？在如今這樣一個似乎所有創新的可能性都已經被窮盡的文學環境中，您是如何塑造自己的寫作語言，並形成個人風格的？您在搭建小說的結構上還需要做哪些功課？您有做過實驗性的嘗試嗎？您是否試著為每個章節都確立一種「聲音」？還是說您只是一頭扎了進去，隨著故事的展開即興發揮？

你用「即興」這個詞很有意思，因為我覺得小說中有很多即興的地方。事實上，剛剛聊到寫作中的「戲劇表演成分」（dramatic performance quality）時，我的確就有這樣的感受。當我找到表達的方式以後，創作就變成了一次神奇的體驗——我相信你作為一個寫作者也會有同感，當你在寫作時，你會被某種魔幻的表達欲推動著，某種魔幻的力量牽引著你去往一個你從未到過的地方——這就發生在我創作《鬼地方》時。

我開始寫作這本小說時是三十三歲，我當時無法寫完它，但我知道自己始終希望寫一本關於我的家庭的書。我出生在一個有七個姊姊和一個哥哥的大家庭裡，我是第九個孩子。猜猜看為什麼我有這麼多姊姊？很容易猜到，對吧？為了能再生一個兒子，我的父母嘗試了七次！我沒開玩笑，這就是我家的真實情況。這件事其實特別有意思，因為我去年在紐澤西州的一所高中談到了我的這本書，我問在座的學生：「猜猜看為什麼我有這麼多姊姊？」那些孩子們說：「大概是你爸媽特別喜歡小孩子！」（笑）我說：「不，並非如此。事實上，他們並不喜歡自己的女兒。」因為那是七個他們原本不想要的女兒，就是如此。

容許我簡單介紹一下我家的情況：我父親是他們家四兄弟之中的長兄，這四人都結婚了，並一起居住在一個三合院內。每個兄弟的妻子都生了一個男丁，而我的母親，作為長兄的妻子，卻一連生了七個女兒。你可以想像我母親的遭遇。她一生都很抗拒自己必須要生兒子這件事。最終，她總算生了一個男丁，也就是我哥哥，她心裡想：這是我的救贖，這是我的榮耀時刻。但那並非一個真正的榮耀時刻，因為它發生得太晚了！所以我的母親又計劃著再生一個男孩——我是1976年出生的，也就是一個龍年——所以我爸媽當時想的是：再試一次吧，說不定我們就能抱得龍子！於是我就此誕生了。

這些精彩的故事為我的小說提供了豐富的素材。我在三十三歲開始寫這本書時，已經有了二十多頁的積累，但我無法繼續寫下去，便就此擱筆了。當我四十三歲時，我的編輯找到我並提供了一份條件十分誘人的合約

——這是一份三年的合約，每十二個月內，我必須要提交一部合理長度的作品——你們想像一下，我要每年創作一部小說，很瘋狂，對吧？於是我想要拒絕他們。但當我看到他們應允的酬金後，我就說：「好吧！為何不試試看呢？」（笑）我計劃寫一個三部曲，於是我就想：我該寫點什麼呢？我突然想到，我三十三歲那年曾經寫過一部小說……當時它並不叫《鬼地方》，而是有另外一個名字。我在翻閱資料時找到了這部小說的word檔，就決定重新著手完成它。為了創作《鬼地方》，我踏上重返台灣的旅途，回到了我的故鄉小鎮——永靖——那個我與姊姊們成長的地方。

我返鄉時剛好是台灣的選舉期間。或許在座的各位並不瞭解，台灣有著極其熱鬧的選舉文化，與美國的選舉文化有很多相似之處。在選舉期間，所有人都看對方不順眼，家庭裡也是紛爭不斷——和美國這裡很像。每當我看到發生在美國的選舉場面時，我總會想到，我們在台灣也是如此！這其實是一件很美好的事情，你們想，世界上仍有許多地方不允許選舉。我認為擁有熱鬧的、多姿多彩的、生動的選舉文化，是一件美好的事。2018年選舉期間，有一場反對同性婚姻的公投，教會動員了一切力量發起這場公投，而我當時正好在台灣。我積極參與了這場運動，並最終在星期六去投票。根據台灣法律，你必須到你的戶籍所在地投票。在美國你可以郵寄選票，但這在台灣是不被允許的。

選舉期間我就在我的家鄉。我走路途中有個人突然叫住我，並把一張傳單塞到我的面前：「明天，我們就要進行反同性婚姻的公投了。」說完後，那個人便向我宣講起同性婚姻是多麼「邪惡」等等。我對他說：「讓我打斷一下，我就是gay。」（笑）那個人看著我，好像在說：你這話是什麼意思？——他並不理解我的意思。更有意思的一點是，那個人是一個長髮男子。我告訴他：「以前，當台灣還有戒嚴令的時候，男人留長頭髮是違法的。如果你是男性卻有著一頭長髮，警察會攔著你、逮捕你，接著把你帶到警察局。他們接下來會做什麼？他們會直接在警察局裡幫你把頭髮剪掉。我不是在開玩笑，這是真實發生過的事情。因為男人應該有個『男人樣』。」

於是乎，我開始和他大講特講社會正在發生變革之類的話。直到最後，那個人還是盯著我，一臉疑惑——他不理解我在說什麼！對此我感到很遺憾，而第二天的投票也完全是一場災難。

我從這次選舉中得到的重要訊息就是：整個小鎮都討厭我，以及台灣還是有令同性婚姻合法化的希望。我於是帶著苦澀的心情回到了德國。但我想告訴大家，如果你是一名作家，苦澀真的對創作有幫助。因為當你足夠痛苦時——我不瞭解你，白老師——如果你正在創作一件藝術作品，當你正在寫一樣東西，有時那種痛苦真的會把你帶到一個你從未去過的地方，這對你的創造力來說是最完美的——這就是發生在我身上的事情。我擁有這麼多素材，我找到了我的表達方式，所以這次我重新坐到了書桌前——我感到不吐不快。當時我四十三歲，剛好是這本書起筆的十年後，我花了大約六個月的時間才完成這本書。

關於此事我有一個非常有趣的故事。完成本書的時間大約是2019年5月底，我提前一個月完成了任務。當時我正要去五漁村（Cinque Terre，編按：又稱五鄉地、五色漁村）度假——那是一個美麗的義大利鄉村，皮克斯有一部動畫叫《路卡的夏天》（Luca），故事舞台很大程度上就是基於五漁村的風景，在動畫裡表現得淋漓盡致——我正要去那裡，還報名了當地的跳傘、滑翔翼、潛水……你可以說我正準備要開始一場「搏命」之旅。但我想到：等等，我想寫完這本書，如果我死在義大利，那就沒人能讀到《鬼地方》了！於是，在飛往義大利前，我有一個星期沒有睡覺，日夜寫作。這很奇怪。因為我除了睡覺之外，我沒有別的天賦——我就是愛睡覺，隨時隨地都能睡覺，這是我最大的天賦。（笑）但我幾乎一週沒睡，完成了這本書，並在登上飛往義大利的航班前將它寄給編輯。我的手稿沒有任何改動，只是發現了一些錯別字。你今天讀到的就是那天的初稿，所以實際上沒有任何變化。

這真是一次神奇的旅程，因為很多人會問：「你花了多少年去修改這本書？」我想說的是：這是一種我無法用語言來描述的震撼體驗。因為我被

某種魔幻的「聲音」牽引著，我自己也不清楚；有的時候，這種體驗也蘊含著「鬼魅」。我在寫書期間，有一些來自台灣的朋友拜訪我家。某天我正在家裡寫作，我的台灣朋友們有時差，所以這些女孩子們早上四點要起床去上洗手間。當她們打開客房的門時，她們會先看到我的書桌，然後才是我，她們簡直尖叫了起來！我當時想：發生什麼事了？是我啊！她們說：「哦，我們還以為見鬼了呢。」所以很顯然，當我在寫作時，我處於一個「慘淡」的狀態裡（a bleak state of being），我也不知該怎麼說，當時的我可能意識不到自己的境況。我就是這樣完成了這本書的，我無法解釋——我覺得十年的創作真的讓我變成了一個苦澀的人，我變老了，我不確定我是否成熟，但我確定我已經足夠痛苦了——這對我很有幫助。當我發現那些「聲音」後，我決定以此為創作的出發點，同時，當時的我身上帶著來自台灣的那股可怕的負能量——這次它起作用了。

在我的職業生涯中，我遇到過很多的作家，他們通常都很安靜、憂鬱，思宏和我見過的任何作家都不一樣，而我認為這是因為思宏還有電影和電視演員的身分。您在電影和電視中的表演，對您的文學視野產生了怎樣的影響？您的寫作經歷是否也影響了您的表演？我不清楚這兩者之間有多大的關聯。就好像您的書中那樣，每一個章都有不同的「聲音」——頗有鬼魅的意味，幾乎就像是您必須將自己獻祭，讓這些「聲音」接管您。那麼，您能接著分享一下您對表演與寫作之間複雜關係的理解嗎？

我喜歡這個問題！

在寫作的時候，我只有我自己，世界上沒有其他人可以幫助我。但當我拍電影時，那實際上是團隊協作。所以我不再拍電影了。此刻我們身處好萊塢，對吧？這段時間以來好萊塢都在討論亞裔形象（representation），今（2023）年我們有楊紫瓊（Michelle Yeoh）和關繼威（Ke Huy Quan）贏得了那些令人驚歎的獎項——在德國，亞裔形象卻是不存在的。德國好像落後

好萊塢六十多年。作為一個亞裔演員，在德國試鏡真的是一場災難。幾天前我才分享，我真的做過很多次試鏡。即便是在好萊塢作為一個演員參加試鏡很痛苦，但在德國我有更多這種可怕的經歷。

例如，我有次參加試鏡，他們沒有告訴我太多跟我的角色有關的資訊。當我到了那裡，他們突然要求我做一些肢體動作。我問他們想讓我做什麼？他們讓我做一個後空翻——「真的嗎？我會死的⋯⋯」但是試鏡的工作人員卻說：「但你是亞洲人啊！」——這是真人真事。

還有一次我試鏡一個廣告，工作人員在背景處貼了很多有趣的東西，我不知道那些都是什麼東西，但工作人員相信它們都是漢字——可是它們不是！那是工作人員在網上找到的圖案，它們甚至不是日文或韓文，或任何文字！它們就像是網路上的瘋狂代碼一樣，但是工作人員還是把這些圖案貼在了場景中。我當時正在試鏡，就告訴選角導演這些不是漢字。你知道工作人員對我說什麼嗎？他們說：「你怎麼知道的？」此後，他們不僅抱怨我的眼睛太大了，還說我的德語沒有口音，諸如此類的事情，真的是一場災難。所以最後我停止了試鏡。

但是在那些我深度參與的作品，我每次都玩得很開心。因為拍電影的時候，很多人都在寵著你、照顧你。我有一輛自己的保姆車，人們會給你梳妝打扮，給你準備好食物，確保你在外面不會受凍——我當時就想：天哪，我是超級明星嗎？工作人員會像對待嬰兒一樣對待你，並確保你可以在場上的那一刻表現出你的情緒，因為一切都是為了「那一刻」作準備。但問題是，當你在電影拍攝現場時，你總是在等待。你等待燈光、等待某個人記住台詞，等待這個等待那個，可能要等幾個小時，而你卻什麼也做不了。所以說真的，當一名演員拍電影時我需要一直等待，這太可怕了。

當你寫作時，你是一個人。雖然你也在等待，但相較而言，那完全不一樣，因為你在等待的是你自己。我可以說，當我在寫作——尤其是寫作這本書時——因為每一章都有不同的「聲音」，所以我實際上是在和自己做角色扮演。也許這就是為什麼我的台灣朋友們來德國拜訪我時，以為他們看到

了鬼魂，因為我可能一邊寫一邊把那個狀態給演了出來。當時我並沒有留意到我的這種狀態，因為我看不到自己。但是我相信，當我以這樣的方式寫作時，戲劇訓練的經歷確實對我有幫助。我在寫這本書的時候的確融入了很多視覺元素，所以我必須確保我不是在寫劇本。但我嘗試用文字把故事像是在大銀幕上那樣，用視覺呈現出來。我畫畫很爛，但我還是會畫一畫，並想著如果我是導演，我會怎麼做。

我們應該欽佩作家，你們應該欽佩我——開玩笑！因為作家包辦一切，他們是建築師、化妝師、特效師，他們做這做那……你在奧斯卡提名名單上看到的每個部門、每個工作，在文學的語境之中，都是由作家一人完成的。一本沒有任何圖片和視覺呈現的書，但不知何故，你讀了某些段落——我並不是單單在談我自己的書——你能感受到它所描繪的視覺場面，這就是文字的力量和想像的力量。這就是為什麼我一直告誡我的侄女和侄子們，儘管他們現在有了iPad和iPhone，但「不要忘記想像的力量」。因為現在他們只有看到圖片或者影片的時候才會相信某些事情的存在，而我認為不應如此。有的時候，純粹的文字可以帶人到達世界上任何視覺效果都無法呈現的，令人驚歎的地方。這就是所謂的想像力。不同的人讀《鬼地方》，會有完全不同的解讀、不同的想像、不同的聲音，就好像每個人腦海中的大姊，長相肯定是不盡相同的。我非常享受這一點。所以當我寫這本書時，我假裝自己是在視覺效果部門工作——這確實對我很有幫助。

白老師你的研究領域之一是電影，我相信你一定看過很多電影，也常常去電影院——我也是如此。我喜歡去電影院。對我來說，在家看Netflix並不是真正的「看電影」。我們不妨來討論一下：在家裡的Netflix上看電影，和在電影院裡看電影有何不同？我認為大銀幕上的體驗，與居家觀影的感受截然不同，它會迫使人們把注意力集中在電影上。當你在電影院的時候，你是和人們在一起的，氣氛會非常不同，因為你不是一個人。我不知道在座的各位是否也有過我這樣的經歷：在家看Netflix電影時，你有一個遙控器，你可以停止，你可以暫停。你的其他設備都開著，所以你會收到訊息；你手邊

有爆米花，還能使用微波爐；你有這個那個。你的丈夫在煩你，你的孩子在哭，所以你停下了Netflix電影。我不清楚各位是否如此，但是我在Netflix上有很多看了一半的電影。在電影院裡，在一個黑匣子的氣氛裡，你的周圍全是陌生人；如果你不是個混蛋，你會把手機調靜音，不會時不時看看其他設備——你會將自己全身心地投入觀影中。即使你睡著了，也不會影響這部電影照常放完。假設這是一部五個小時的台灣藝術電影，人們可能會睡著，但是也會醒來，並繼續以某種方式和銀幕上的一切保持連結。現在我們身處後疫情時代，讓我們都回到電影院吧！

　　其實每個人都有很多不同的身分——我想，不管是從心理的角度，還是有時候從周遭環境的角度。比如您現在生活在德國，但又回去重構您的家鄉，這也營造出了一種距離感。能不能談一談這種地域性的距離如何影響到您對家鄉的想像，或說是嚮往？

　　如果我此刻還住在我的家鄉永靖的話，我絕對寫不出這本書，因為太近了。我是離開了之後，而且一直到三十三歲以後，我才開始想：我要去寫我的家鄉。之前我完全不想寫到我的家鄉。

　　我可以講到一個人，就是台灣女同志文學的代表——邱妙津。邱妙津已經過世了，但是我後來發現有一個連結，我知道這個連結以後我非常崩潰——其實邱妙津的爸爸是我永靖國小的老師。邱妙津以前讀的國小就是永靖國小，她是員林人，但她也是永靖人。雖然她爸爸也已經過世了，我知道這件事情以後仍然非常崩潰：第一，我是邱妙津的讀者，但在她的書裡我完全讀不到彰化、永靖、員林，一個都讀不到。但是我又完全可以理解在她自殺之前為什麼不想要講到自己的故鄉——因為一定會有一段時間是你完全不想提到你想要逃離的那個地方。我自己是到了一個年紀之後，才覺得我可以去回望，因為有一個距離。

　　於是我就在想說，如果當年邱妙津沒有在巴黎過世的話，說不定她此

刻的寫作,已經開始寫彰化了。我是這樣猜的!你看到她的作品會以為她就是一個台北人,但她真的不是。很特別的是,她在永靖國小讀完書之後,在隔壁的員林鎮讀了國中。因為她成績太好了,老師建議她去台北考試,所以她就考上了台北最好的女子中學叫北一女。你可以從她的書寫裡面看到,她到了台北之後,其實整個寫法是《臺北人》的腔調,就是她是一個「台北人」,但是她其實不是,她從來沒有講過她的原鄉和她的背景——所以我覺得就是距離不夠吧?

我覺得我夠老了,心裡面的疙瘩夠多了,到了一個年紀之後,因為我住在德國,所以我覺得我可以盡情地講故鄉的壞話,不會有事。(笑)如果此刻我人在彰化,我覺得我這本書一定不可能寫得出來。

那些「鬼地方」的文學滋養

可以介紹一下您小時候的閱讀經驗嗎?您剛剛提到了邱妙津,還有哪一些作家,不管是台灣的還是海外的,給了您啟發?或是在整個寫作的成長過程中,誰給您帶來了最大的影響?

我1976年出生,剛好遇到台灣經濟要起飛的重要時代,當時有一件事情叫「家庭代工」——這是一個台灣近代史上很重要的四個字。「家庭代工」什麼意思?因為當時全球有很多工廠都是「made in Taiwan」——比如說,我亂講的,工廠在做芭比娃娃的時候,因為當時的生產線沒有那麼先進,所以很多小的部分需要手工來做;蔣經國時代就喊出了一個叫「家庭代工」的口號,每一個客廳都是一個小工廠。因為我們家有七個姊姊、一個哥哥和我,我們的人特別多,所以工廠特別愛我們家!他們只要把一堆東西丟到我們家,我們就可以做完。我從小生長的環境是我一直在包東西——把娃娃的頭塞到娃娃的身體裡去啊、把火車的輪子黏上去啊等等各種東西。我們當時也沒有電視,也沒有娛樂,所以我們唯一的娛樂就是讀書。

我覺得那個時期很有趣就在於，台灣每一個小鄉鎮都有一個租書店。我記得蘇偉貞寫過一本書叫《租書店的女兒》，現在租書店在台灣應該還僅存一些，但是應該已經完全式微了。租書店的確就是我們精神的來源，我們會去租很多的書來看。我小時候在做代工的時候，我們會把書平攤在桌上，我們在塞那個娃娃的時候就會一邊翻書看——現在如果有小孩做這種事情的話，媽媽應該會哭吧？（笑）當年，我們的書就是我們的iPad。我從小在租書店就讀了很多東西，如果你問我讀過什麼，我就是姊姊讀什麼我就跟著讀什麼，所以小時候真的讀了很多瓊瑤、金庸、古龍，包括林海英的《城南舊事》，品味非常非常地雜。在當時，這是在尋找一種生命的出口啦！其實做代工是不好玩的，因為你在勞動。你在一個窮苦的狀態，而且你知道賺到的錢媽媽絕對不會分給你一毛——全部都是給媽媽（笑），你要想家裡要養九個小孩有多貴。所以做代工是一個非常辛苦的童年記憶，但讀到一個福爾摩斯的偵探故事，就可以嚮往到遠方，書就變成了一扇窗口，那個窗口就讓我知道，有一天也許我可以離開這個地方。

我們從小的品味就非常非常地雜，我真正開始比較進入文學這件事情是到高中以後。因為高中是另外一個不同的階段，我覺得那個年代台灣的高中教育是一個非常可怕的環境，我們都是填鴨式教育——我想現在應該也沒有什麼差別——我逃脫那個環境的方式，就是大量閱讀各國、各式各樣的翻譯文學——我根本不挑的，只要有我就買。所以真的要我講到幾個影響我比較大的作家，其實有一點難講，因為我什麼都讀。後來，我去讀了英文系，開始讀西方的各種經典文學作品。到現在，台灣有很多人都不知道讀English department（英語系）是要讀文學，到現在很多人還以為讀英文系是要背單詞，metabolism（代謝）什麼的（笑）……我們英文系的第一堂課，就是要讀William Faulkner（福克納），全台灣英文系選William Faulkner讀的都是同一篇，就是〈A Rose for Emily〉（〈獻給愛蜜莉的一朵玫瑰花〉），一個短篇小說。我永遠都記得那個老師，我們的美國教授，在台上講了一句話：「So this piece of short fiction is about necrophilia.」

Necrophilia？什麼東西？（笑）那時候我們只有字典，就查查查——「戀屍癖」——即使是中文我們都不知道是什麼意思。然後老師會給我們三天時間把小說讀完。我不知道白老師會這樣對你們嗎？（笑）

因為我們剛從一個白癡的高中環境來到這個地方，突然開始讀William Faulkner，還是英文的，也找不到翻譯本，所以我們需要查字典。於是我們英文系的幾個男生就通力合作，比如說：白老師，你來查一到二頁，我查三到四頁，這樣弄一弄就不用一個人來查全部的字典了。當我在查的時候，就感到我身後有一片烏雲，我就想，我應該去關心一下這位同學，比如說是白老師，我就說：「白老師，你怎麼了？你查的一到二頁有那麼可怕嗎？我知道William Faulkner很可怕，可是怎麼樣啦？」那個同學說：「我一到二頁只有兩個詞沒有查。」我就說：「啊？是哪兩個詞？」他說：「就是『a』和『the』，其他都查了。」（笑）你想那是一個多恐怖的回憶！你突然來到英文系，就要去讀John Keats（約翰・濟慈），你要讀Odyssey（《奧德賽》）、Greek mythology（古希臘神話），這種是我們以前在高中腦子裡完全沒有想過的東西，但是現在就突然要讀了——所以那是一個非常創傷的經驗。

但是，我後來發現，讀這些美國文學、英國文學，包括medieval（中世紀）文學那些恐怖的文本，對我日後的創作有很大的幫助。因為讀很多書會讓你有很多的資源可以用。你們一定要讀書。我去每個地方都講到這個事情。我很怕去台灣高中以下的地方演講，因為沒有人要讀書啊。你問他們為什麼不讀書？「因為無趣啊。」Netflix這麼好玩，他們為什麼要讀書呢？還有手機和iPad這麼好玩，他們為什麼要讀書？所以，的確講到閱讀這件事，我就是什麼都讀。我到現在也是什麼都讀——科幻我也讀，推理我也讀。

沒有「鬼」的地方

聽眾｜我住在瑞士。我覺得德國是一個比較特別的地方，德國比較

冷,不是很容易交朋友,周圍也都是空蕩蕩的⋯⋯我想知道把自己放在這樣一個空間裡,對創作會不會有影響?

因為我住在德國柏林,所以我很理解你說的這種空曠感。我的姊姊們偶爾會來找我,而柏林是一座有三百三十萬人口的大城市——很多吧?可是,每次我和姊姊們吃完晚餐,去散個步,我的姊姊就會說:「人呢?不是三百多萬人嗎?」其實一般的歐洲人生活是很單純的。如果你來自台北、北京、上海這種地方,你會知道其實晚上生活的花樣非常地多!當然在歐洲也一定有像night clubs(夜店)這樣的地方可以去,可是其實基本款的歐洲人就是認為家庭生活很重要,所以大家都很早就回家、在家裡待著了。煮個飯,或者很早就睡覺。所以我可以理解那種空曠感,而且我覺得那種空曠感對我的寫作是很有幫助的。

這樣講好了,如果說你是很快樂的人,我覺得對寫作是很不好的。如果你是一個很悲慘、快要爛掉的人,那也不好。你要找到一個中間點,讓你可以在這個光譜裡面擺動。你不能太安逸,也不能太悲慘——這個狀況是一個我覺得寫作剛剛好的位置。柏林是一個很奇怪的地方。我不知道你在瑞士的哪個地方?

聽眾｜蘇黎世。

我去年度假有去過蘇黎世,因為是一座大城市,她的確非常安靜。雖然我本人是會講德文,但是我到蘇黎世就一個字都聽不懂,因為他們講的是瑞士德文,真的很難懂。其實德文是一個特別難學的語言,大家都會說德語地區的人比較冷漠,因為確實不太容易交朋友。

我覺得我生活在「柏林鬼地方」對我寫《鬼地方》是非常有幫助的。柏林這座城市有非常多的黑暗歷史。你在德國每一天都會聽到「納粹」這兩個字,然後你會看到德國總統去波蘭獻花啊、道歉啊、下跪啊;你生活中每

天都會經過柏林圍牆啊、碉堡啊、希特勒自殺的地方啊；你每天會遇到的就是這些東西。我覺得很有趣是因為德國人面對他自己黑暗的歷史是很直接的。我們台灣人是一直到八〇年代戒嚴之後才慢慢開始面對過去，而且直到現在還是沒辦法好好地面對。可是德國人是透過司法的角度、透過教育的角度、透過各種方式來無孔不入地跟你講「納粹、納粹、納粹」……其實我們在台灣很多人是把德國idolize（偶像化），覺得他們做到了轉型正義。在德國他們不會講這個字，他們會說「erinnerungskultur」，「remembering culture」，意思是說我們整個文化都要去記住這些事情——我們殺過幾百萬人、我們發動戰爭，我們做過的爛事，我們要記得。我覺得在那樣子的文化裡面生活，對我作為創作者來說是很有養分的。

講到「鬼」，德國人是不信鬼的。我試過一件事情：日本很喜歡拍鬼片，其中有一部的台灣翻譯叫《七夜怪談》，英文叫*Ring*。故事就是說你看了一個錄影帶，七天以後就會死掉，而且沒有人知道你為什麼會死掉。電影結尾就是那個鬼從電視裡面爬出來，然後把你嚇死。我就跟德國人看了這部電影，那幾個德國人就想：這不合理啊！電視後面不可能裝一個人啊。（笑）就是他們無法理解亞洲鬼怪。

亞洲電影裡面，「鬼」是很重要的一件事情。這件事情我覺得很有趣，因為「鬼」不在德文的vocabulary（詞彙）裡面。你要想，柏林是一個死了幾百萬人的地方，又有希特勒，那個地方不應該到處都是鬼嗎？可是沒有。因為他們的語言裡面不會說「鬼」，他們也不會有鬼故事，也不會用鬼故事來嚇小朋友，完全沒有。當他們的詞彙裡面沒有「鬼」這個東西的時候，鬼就不存在了。因為大家都不相信，所以「鬼」是不存在的介質跟媒介。比如說《鬼地方》這本書我們要賣出去了，我們要賣德文版很難賣。所有德國的大出版社讀完那個manuscript（文稿）就說：好多鬼啊！沒有人要讀鬼啊。（笑）的確，在德文文學傳統裡面鬼不是一件重要的事情。

其實美國文學裡面是有的，包括美國南方的gothic literature（歌德文學），比如William Faulkner或者是Tennessee Williams（田納西・威廉

斯）這樣的南方作家，他們的作品中常常會出現很鬼魅的場面，人物也很grotesque（怪誕），那種東西很多時候是可以和亞洲文學互通的。可是德文文學雖然有「歌德文學」，但是──尤其是在現代文學裡面──他們講的「鬼」是過去歷史的冤魂。我還記得我大學的時候要讀一部我覺得超級難看的書叫 The Turn of the Screw（《螺絲在擰緊》，又名《碧廬冤孽》），就是Henry James的一部小說，把我給搞死了。（笑）那部書裡面也是講鬼，我發現原來美國也愛讀「鬼」的東西。所以說，每個文化都有不同的，解決鬼的方式，可是的確德國人他們不怕鬼。這件事情對我來講很有趣，因為每次回台灣，比如我在飯店裡面吃飯的時候會感覺到「有鬼……」，可是我在德國反而完全不會想到這件事情，完全不會去懼怕鬼。如果這樣的東西能夠通過小說的格式來寫出來的話，會非常有趣。

　　我有一個好朋友，他和我講了一個故事，我覺得他明明就是在飯店裡面遇到鬼──他說他在飯店裡面睡覺，醒來發現他的床邊坐了一個小丑。我當時就說：「小丑！你當時有沒有打電話問櫃檯？」他說：「沒有啊。」我又問他是怎麼解決的，他說：「我想要跟小丑說話，但是我發現我碰不到他。」我問：「那你要怎麼辦？」他說：「那我就繼續睡啊。」他又說：「後來我睡不著就醒來，然後他就接近了我一點。」然後我就問他到底怎麼樣，他就說：「早上醒來他就不見了。」我說：「你就是遇到鬼啦！」他想了想說：「不是，不是，不是……」（笑）我覺得很有趣，因為他一點都不懼怕。那你想想看，我們亞洲遇到這種事情，一定是當天晚上就搬離那家飯店，對不對？我也不知道是不是他們比較理性還是怎麼樣，但是的確他們的文化面對這種所謂超自然的東西，處理方式完全不一樣。我還滿欣賞德國的這種方式，真幸福啊，完全不怕鬼。（笑）因為我覺得怕鬼是一件很可怕的事情。

「同志」與「鬼」

因為您的很多小說都和同志議題有關，像白先勇的《孽子》和紀大偉的《膜》，這些作品都給您帶來了什麼樣的影響？您在當代台灣同志文學中又是怎樣找尋自己的位置？

我沒有位置（笑），我很不重要。講一個真實的經驗：我讀白先勇老師的《孽子》的時候，是高中的時候夾在數學課本裡面偷偷看的，而且我不敢讓任何人知道我在讀《孽子》，因為它是一件羞恥的事情。白先勇老師這本書當時在台灣出版，他自己也遇到了一些社會的阻力。所以我高中開始閱讀台灣不論是男同志還是女同志的文本，都是偷偷摸摸地來，不敢讓大家知道。我覺得紀大偉的《膜》真的很有趣，雖然已經隔了二、三十年，但是現在這本書開始被翻譯成其他語言，比如說英文版出版了。後來，我認識了紀大偉老師——我覺得遇到他對我來說是一件有趣的事情。

當年我在讀《膜》的時候，紀大偉是一個台灣同志界一個橫空出世的人物，而且他也說自己是一個怪胎、是一個酷兒。當時，他在臺大外文系讀書，他那樣的文學存在，他在文學的試煉和衝撞，對我影響很大。我想說：哇，當時怎麼有這樣一個人在臺大可以做出這些事情？的確他們對我的影響非常大。我也永遠都記得，那時候我收到消息說邱妙津在巴黎過世了，後來一段時間之後《蒙馬特遺書》就出版了。《蒙馬特遺書》出版的時候，我永遠都記得，因為那個年代大家都會買書，我去臺大誠品買《蒙馬特遺書》，結果買不到，賣光了。可是我後來買到之後，讀了十頁就沒有辦法繼續了。我必須承認我到現在都沒有辦法讀完它，因為它對我來講⋯⋯我沒有辦法承受。

包括後來的陳雪，現在的台灣同志文學已經來到了另一個階段，比如我發現現在大家不再講所謂的「lesbian literature」，而是出現了一個我比較

不熟的詞叫「百合小說」——大家知道這是什麼意思嗎？包括幾個代表作家比如楊双子，她有一本書叫作《臺灣漫遊錄》，好像今年或明年也會出版英文版。她講的是百合，而我不太知道這個詞是什麼意思。我真的不敢說我在台灣同志文學界占有任何位置，我想應該是沒有啦！不論怎麼樣，因為我本身是一個男同志，我的確在書寫的時候會意識到自己的存在，所以我會在我的書裡面放置這個議題。

聽眾｜我是UCLA媒體藝術系的研究生，我研究的主題也是關於中國的各種同性戀文學，包括古代文學。想請問一下，作為一個台灣出生長大的男同志，您有怎樣的生活體驗？您成長的文化環境給您帶來了怎樣的影響？

我們先講到，「同志」這個詞應該是香港那邊傳過來的，因為台灣以前沒有這個詞；尤其在中國，「同志」是黨裡面在互稱的一個詞彙，後來，它在台灣就沿用下來了，變成了一個很不同的詞彙。

先講我自己出生的年代好了——我是1976年出生的嘛，所以我剛好經過台灣的戒嚴和解嚴。解嚴之後就進入了九〇年代，我覺得九〇年代的台灣是一個非常有趣的年代，經濟非常發達，面對十年後所謂的「末世」——2000年可能世界就要結束了——大家都很喜歡消費，很會買東西，也對世界很好奇。當時的台灣就出現了一大堆同志的影像、文化、文學、文本，包括再往前回溯一點就是李安的《囍宴》在柏林拿了大獎。《囍宴》和我有一個故事，當時《囍宴》在柏林得了一個大獎，然後回到台北演出的時候，我聽說李安把幾個演員都找來，而且會在西門町的一家戲院裡面做首映。歸亞蕾、郎雄、趙文瑄和裡面演Simon的人全部都會去。當時我好想去啊！可是我在一個「鬼地方」，我困在「鬼地方」不能去……於是我買了一本《囍宴》的劇本書，把書寄到台北請我的朋友幫我拿去簽名。我當時就發現，困在一個鬼地方，我連想要去看一部電影都不行。我覺得還有件事情很有趣，只要有什麼東西得了國際大獎然後來到了某個地方，雖然說當地還是會有反同性戀

的勢力，但是因為這個東西已經得過大獎，所以就不能說它壞話。於是《囍宴》那時候有一些「反同性戀」的聲音就比較沒法起來。《囍宴》後來又入圍了奧斯卡最佳外語片，是全世界最賣座的獨立電影，因為它只花了幾百萬美金就拍出來了，李安真的很厲害。我當然後來在彰化就看到了這部電影，有時候，我們彰化這種小地方電影膠卷還不會來，要等其他地方放完之後才會輪到我們。我就發現我跟台北不僅有距離，我還有時差。

後來我在柏林影展工作，當筆譯和口譯。然後有一天，我在當翻譯的時候，突然發現有一個人在我身邊閃過——是誰呢？就是當年演《囍宴》的那位Simon，那位演員！他已經老了，他成為了一個導演，他的作品入圍了柏林影展。他就從我面前這樣過去，我大喊：「Simon！」他也回頭了。這真的很電影。他已經回頭了，我心裡想：我終於可以和他說這個故事了嗎？可是中間攔著一百多個人，於是我們倆就被沖散了。我再也沒有機會見到他了。我小時候，因為我困在鬼地方沒有辦法到台北，很遺憾。但我竟然來到柏林，看到了他在我面前。

我這個年代的台灣人還剛好遇到一個歷史的大轉變，前幾年我們通過了《同性婚姻法》[1]。我本人也為了這件事情從柏林回去到台灣好幾次。2018年教會在台灣發起反同性戀的公投，我當時剛好在寫《鬼地方》，就為了這件事情回去投票。

那是一個非常慘烈的經驗。我在台北也參加了很多活動，台北有一個博愛特區，就是所謂的行政特區——華盛頓也有嘛，全世界的首都都有一個行政特區——那邊就有立法院，而立法院前面就是一個主要的戰場。我參加的那幾個場次，是支持LGBTQ+的群體租到了立法院前面的區域，而在兩條街之外，應該是在中山南路上，教會所發起的立場相反的活動，人們都穿成白色——你就可以看到一邊是彩虹旗，一邊就是白色。很有趣。那雖然你要抗議、你要造反，但是你還是要尿尿、還是要大便，所以那裡就放了流動

---

[1] 編按：正式名稱為《司法院釋字第七四八號解釋施行法》，以專法之形式，就相同性別二人所成立具有親密性及排他性之永久結合關係規範其權利義務，藉以保障當事人之婚姻自由及權益。

廁所。最好笑的是——因為我兩邊都想看——我跑去反同那邊,因為我怕被打,我就沒有穿彩虹色,一陣混亂之後,不知道為什麼我領到了一個便當。(笑)我打開一看,好豐盛啊,我還和他們說謝謝,然後把便當吃掉了——有東西吃為什麼不吃呢?(笑)然後我就看到,不知道為什麼,反同人士租的流動廁所叫「彩虹流動廁所」。我就很無聊啊,假裝我是這個陣營的人,問他們說:「兄弟姊妹,這些廁所後面都是彩虹怎麼辦?」他們一下子驚到了說:「彩虹!怎麼辦?」這些人就想要把廁所拉走。可是流動廁所都是公司開卡車載過來的,不能隨便拉走。他們之後還拿膠帶啊、紙啊想要把那個彩虹貼起來。整個都是好荒謬的畫面!我就在那裡想說:我要把你們寫進我的小說⋯⋯(笑)

　　我這個年代在台灣生長的人遇到過最壓抑的年代,跟最奔放的年代。對我作為創作者來講,這是一種很不可思議的身體的體驗。的確後來就設立了專法,同性戀群體可以結婚了。但是這個法還沒有完善,以前是台灣的人,不管男性女性,他要和跟自己同性別的人結婚——比如和美國人結婚是可以的,因為美國也通過了同類的法案;但是如果要和日本人結婚就不行,因為日本法律不允許。後來修訂的一個辦法改善了這個情況,如果說我要和日本人結婚是可以的,不過不能和中國——香港可以哦!這其中就有很多奇妙的政治角力。但是,這件事情是可以修的,一個法律可以慢慢修到完善的地步,包括同性戀伴侶想要生小孩的話——我是不知道大家為什麼要生小孩啦——surrogate(代孕)這件事在美國是合法的。在台灣,也有很多人想要小孩,但法律還沒有完善過。

　　就像我說的,體驗過我小時候那種非常壓抑的時代——連讀一本《孽子》都要偷偷讀,到現在台灣最好賣的小說叫「BL」,你只要貼上「BL」的標籤,只要在誠品書店看到「BL」然後上面寫「十八禁」,那本書就會賣!很奇怪,好像「同志」已經變成了一個很主流的文化。但這不代表大家都自由,完全沒有。你只要離開了大城市,很多人對這件事情還是沒有辦法接受。很多年輕人他們真的走入了婚姻,但是他們家裡完全不知道。所以

說，和美國一樣，有巨大的城鄉差距，到達真正自由的那一天，還是需要經過許多抗爭。但是我很感激我剛好在一個最被打壓的年代活過，也在這個奔放的年代活著。

成為「鬼」

聽眾｜今天我要問的問題可能偏台灣文學一點。在我讀《鬼地方》的時候，我會想到李昂也寫過類似的，而且她是鹿港人，和彰化也有相似之處。那麼您有想要和台灣「鄉土文學」的傳統作連結嗎？

我先講鄉土文學好了。我們剛剛討論的那些東西，我在寫書的時候從來都沒有想過。但是很幸運地，因為我後來會不斷地講這本書，這本書就會從原來的文本長出新的生命，所以我的確會一直被問說：「你是不是想要透過《鬼地方》跟『鄉土文學』作一點回應？」我心裡想說：我才沒有咧。（笑）

台灣的鄉土文學，可以講到那個年代的「鄉土文學論戰」，那裡面有好幾個重要的人物，包括余光中，當時他們在報紙上有很多的大論戰，罵來罵去。到這個世紀出現了「新鄉土文學」，有幾個重要的代表，比如說楊富閔寫的《花甲男孩》。但是我在寫的時候，完全沒有想到「鄉土」這件事情。我只知道說，我要寫一個以我自己為出發點的小說。的確這本書必須要有土地味，但是我沒有想過要跟鄉土文學對話。

你講到了李昂，因為李昂來自鹿港——鹿港真的很多鬼——（笑）鹿港是一個台灣很有趣的古都，它以前是一個港，可是後來就失去了港口的位置。李昂的小說裡面常常會出現「鬼」，我覺得有一個文本很有趣，叫《看得見的鬼》，是一本大家可能比較不熟悉的小說，李昂在裡面講到了一個很重要的點是「女鬼」。什麼意思呢？在父權社會，女性是一個絕對被壓抑的身分。這件事情在她的出道作品《殺夫》裡面也講到了，就是在一個極度父

權的社會裡，女性必須要通過什麼樣的手段——包括殺人——才有可能得到自由和解放。在一個父權社會裡面女性要怎麼自由呢？根本不可能。但是，當她死掉、變成鬼，反而擁有了某一種能力——是她們活著的時候沒有的能力，她們可以去謀害人、她們可以去陰魂不散、她們可以去復仇……。包括鄉野傳奇，你從小到大聽過的故事裡面都是女鬼。我覺得這件事情一定是和父權社會有關，就是女性不自由，但是做鬼之後終於自由了，終於可以復仇了。

這件事情對我來講是一個非常有趣的主題，為什麼都是女鬼、穿著紅衣的女鬼？那一定是有原因的。台灣有一些鄉土鬼故事，包括「林投姊」什麼的，都是女的。所以我覺得講「鬼」，是和我們這個時代可以完全呼應的。的確啦，我怕鬼。但是我覺得鬼故事有很多面向，可以寫進我們一直到2023年讀，都會覺得津津有味的一些現代文學故事。

永靖老鄉，您有沒有問題要問呢？

聽眾｜我覺得，讀這本書的過程回想到很多。我基本上都在台北，不常回家，但讀這部書的時候，就會想到家鄉的事情。我要問的是，您對「鬼」有沒有區分？因為我知道在鄉下我們是有各種鬼，像彰化還有「送肉粽」，所以我很好奇您有沒有區分各種的鬼？

我必須要說，我在講「鬼」的時候有去請教一些民俗專家，可是我後來發現真的太複雜了。台灣很多的民俗專家其實都是騙子啦，他們都是神棍。（笑）他們會講得一副什麼都懂的樣子，他們跟世界是通的之類的。

但是回頭講到宗教，我覺得道教的文化在台灣長出了很不可思議的奇花異草。台灣有很多宗教領導者——應該不能指名道姓，但是我說一個真實的故事好了——台灣有很多這樣的宗教人士，覺得可以通過字符、發咒語什麼的，讓毒蛇變成柔順的蛇，不會咬人。在密西西比州一些可怕的教會，有

一些牧師（pastor）會揮舞響尾蛇說：「你看，百毒不侵！」然後就被蛇咬了、死掉了──很荒謬。（笑）其實在台灣道教一樣有這種東西。當宗教人士給這些東西「賜福」之後，他們就把這一袋一袋的毒蛇拿去山裡面放生。所以為什麼台灣山區會有一些毒蛇，這些蛇不是野生的，牠們是被奇怪宗教的追隨者──而且很多是高知識分子──用來放生的外來種。宗教、鬼神的事情，在台灣有多麼複雜，已經侵入到人們生活中的每一個決定。

　　我小時候看過一件事情，就是台灣的鄉下神棍，他們說自己是「乩童」，這些乩童在被膜拜的時候振振有詞，然後他們的桌子就會搖晃，表示說神或鬼來到了這個地方。因為我小嘛，我躲在桌子下面，然後我就看到有一個機器在搖那個桌子。（笑）我小時候就發現這個事情是假的。可是這是一件很重大的事情，包括我小時候有個同學，他就是一個乩童。很有趣的是台灣鄉下乩童很多都是男傳男，一定要父親傳給兒子，女生不能做這件事，他們相信他們的神力可以傳給下一代。乩童做的事情真的很驚人的──他們是神或鬼跟人之間的一個媒介，通過他們的身體讓鬼神附身之後，乩童可以講出一些預言，或是解決你的疑難雜症。我覺得這是一個非常有趣的畫面。大家有機會可以去台灣看一下乩童。

　　此時此刻，台灣正在大甲媽祖出巡，就是一個宗教盛事，廟裡面的一尊神像，她要去遶境──我一直覺得她就是on vacation（度假）啊，就是她在廟裡面住了一年好累，要出去度個假、兜個風。整個台灣會「瘋媽祖」，瘋到一個地步就是，大家會徒步跟著媽祖走很久的路，而且大家都會睡在路邊。因為我們家就在路邊，所以我記得我們家在遶境的時候會突然睡了五、六十個陌生人，他們在我們家洗澡，我爸媽還會煮飯給他們吃⋯⋯，家家戶戶都會在門口擺很多很多的食物給大家，家裡讓你洗澡、讓你睡都沒關係，這就變成了一種集體的體驗（collective experience）。對於台灣中部人來講，一定會有一個經驗叫作「鑽轎腳」。因為媽祖出巡，on vacation嘛，所以她會坐在一個「賓士超跑」上面──其實是人在抬著的。你一定要躺在地上，讓那個轎子從你身上過去，表示你被賜福了。通常生病或不開心的人會

覺得這是一種治療。這是一種幾乎大家都有的身體的體驗，一定都經歷過，大家一起著魔——我覺得這是一個很有趣的文學意象。

聽眾｜在書中我感受到，有時候不講話可能也是一種傷害，因為這樣就沒辦法解決問題。我在想，我要是在生活裡遇到了這樣的情況，我會想辦法溝通，不然要怎麼做呢？我覺得寫作可能也是一種生活方式，我把我的憤怒、懊惱，還有那些負面情緒都寫下來，可能就會感覺比較好一點。因為我是寫在日記裡面，所以有的時候覺得自己就是在講「鬼話」。我在想，身為作者，您在寫作中，會不會覺得自己像一個「鬼」？就是有東西要說，可是又不能直接說出口，只能通過寫作的方式來表達出來。

　　我先講說話這件事情。我想大家應該都有一樣的身體經驗——我問你們哦，你們會擁抱你們的家人嗎？因為我要是去抱我媽媽，我媽媽一定會說：「你幹嘛？你要借錢哦？」（笑）我們有身體的界線，我們沒有擁抱的習慣，我想整個亞洲應該都差不多。但美國人就喜歡擁抱，就是bear hug（熊抱）嘛，很愛抱來抱去。我覺得身體的距離和語言的距離是有差異的。比如說，因為我這個週末才在洛杉磯書展跟很多路人聊天，我發現美國人說話都非常地直接——「Oh my god, I love your shirt.」（天哪，我喜歡你的襯衫。）、「Awesome!」（太棒了！）我不管他們是不是真心的——我覺得不是真心的。（笑）我們的文化裡面哪有這種東西，尤其跟家人，我們是不會說出真心話的。

　　其實我很多時候在想，說出真心話到底是不是一件危險的事情？我成長的過程當中，當我們家有了電視之後，台灣人很喜歡看美國的影集，所以我從小看過很多影集。你看到影集上面呈現的美國人之間身體的距離以及語言，你會想說：如果我媽和我說「我愛你寶貝」，我應該會瘋掉吧。我們不會把愛說出口，而且其實我爸媽那一代是不會稱讚人的——這樣講好了，我們會罵人，但是絕對不會稱讚你。（笑）比如說小孩子考了九十八分，我們

台灣父母會罵失掉的兩分，可是美國父母會稱讚那九十八分，在美國文化裡面，稱讚是一個很重要的事。在台灣的話，我們就會一個巴掌上去——就是有這個差別嘛！

我覺得這個就是很有趣的文化差別，透過小說來寫這些事情的時候，這些人變成鬼之後，才把想說的話說出來。作為人的時候，他是這輩子都不可能把那些話給說出來的。我覺得這個東西，尤其是在一個講華文的文化裡面——其實日本也是啦——話要卡在喉嚨裡，不可能說出來。你知道日本人也是不會親親抱抱，完全不會，他們的身體距離比我們更拘謹，尤其他們家人跟家人之間還要敬個禮。我最喜歡跟日本人在電梯裡送別——他們會把你送到電梯口，然後一直跟你敬禮，一直到電梯門關上他還在敬禮。我發現日本人在新年的時候，會跟家人行禮說「謝謝你這一年對我的照顧」之類的，就是非常正式的禮節，可是他們很多心裡的話是不會說出口的。

我覺得這是文學裡面很有趣的東西，沒有說出口的有時候是最大聲的。你要怎麼透過文學的語言把它挖出來？這是我想要做的事情。比如說我的姊姊們好了。因為我有七個姊姊，算算她們的小孩，我的侄子姪女一共有十七個。我媽過世的時候，我們需要租一臺大車才可以把大家載去參加喪禮。我看我的姊姊們和孩子相處，其實也是這樣的。不管親密或怎麼樣，我們講中文的社會裡面，很多時候情感是根本沒辦法表達的。

普世的鬼地方，所有人的永靖

您提到當讀者在您的書中有一些收穫時，您會很高興。這是一本內容豐富且脈絡複雜的書，就像是您寫給過去、寫給您家鄉的一封充滿鬼魅的情書。那麼這本書中的哪些東西對您來說最重要？或者說是您希望讀者能從中得到哪些收穫呢？

這本書中描繪的這個小鎮是真實存在的，當我還是一個孩子的時候，我意識到自己是同性戀、與眾不同，作為一個七〇年代末、八〇年代初長大的小鎮同性戀男孩，這確實是一種詛咒。所以我從來沒有快樂過。我知道外面有不一樣的世界，我想出去，我想盡一切方法想要離開這個小鎮。然後我意識到：我如何能夠走出去呢？透過教育。我很努力讀書，我必須成為名列前茅的學生——為什麼？因為那樣我就可以上大學。如果我此刻是一個小鎮男孩，那我會夢想進入UCLA，這是一座大城市，有劇院、博物館、一個像樣的圖書館——你可以想像，我的小鎮上沒有這些。我十八歲之前的人生都是關於逃離，充滿了逃離的渴望。最終我做到了，我去了台北。當時我就想：天哪，台北！這裡有現代舞蹈、有各種各樣的博物館、有各色人等，非常多元，這讓我有了一種解放之感。

但問題是，不知道為什麼，總是有一種力量會把我拉回家鄉。通常是婚禮或葬禮。這其實很有意思，因為我喜歡婚禮，以及——我不應該這麼說——但我喜歡葬禮。（笑）它們真的很有趣，因為台灣的儀式非常瘋狂而且豐富多采。諸如此類的事情總是把這個年紀的我拉回家鄉，所以我更想逃脫了。因此，我認為作為這部小說的作者，我想傳達的核心內容是：這是一本關於「走出去」的書。

我確信所有人都有去到別處、去到「另一邊」的強烈願望。如果我是白老師，我大概會非常討厭UCLA吧！（笑）但是這個願望大概永遠不會被滿足，因為這就是生活，生活就是這麼悲傷。你永遠不會對你當下身處的地方感到真正的快樂。那種想要逃離的渴望很像《白鯨記》。這本書是關於「走出去」、與那些阻擋你的力量對抗，並且相信如果你到達彼岸，一切都會好起來的——但並非如此！因為總有一些東西會阻礙著你，這就是生活，這就是我寫這本書的原因。因為生活是那麼複雜，即使你真的逃離了，你的過去還是會一直困擾著你。不管怎樣，「過去」總是在那裡守著你。所以無論發生什麼，我們都要努力「走出去」。

觀眾｜這本書的內容很豐富，從不同的角度講了很多故事。能否請您和我們分享一下您的寫作祕訣——您是如何組織起這些故事的？當您在創作的時候，是否已經預想到了整本書的全貌？

我真的不知道，我想這就是寫作的奧祕。我無法解釋。我剛剛作為發言嘉賓參與了今年的洛杉磯書展。發言結束後，一個在倫敦大學學院念書的時十九歲男孩——我記得他學的應該是心理學——提了這樣一個問題：身為作家，我們是否認為寫作訓練營可以幫助他未來成為一名作家，因為這是他畢業後想要做的。在場的嘉賓們都有不同的答案，但我一時語塞，我想誠實地告訴他我內心所想。我告訴他我從來沒有上過寫作班，也沒有學過寫作。我突然想到，我上學的時候就一直很喜歡寫作，我非常喜歡學習語言，並且很擅長學習新的語言。我相信你讀的是《鬼地方》中文版，對吧？所以你知道我經常「玩」語言，我實際上涉及了許多新奇的表達方式。但創作這件事非常神祕，我無法解釋它。因此如果要我教別人如何寫作的話，我會拒絕——這是一個誠實的回答。

創作就是如此神奇，神奇到你無法解釋它。但我不得不說，儘管這個過程本身很魔幻，但你也必須遵守規則。你不能有拖延的毛病——雖然我們都有這樣的問題。我本人從不會拖延，我非常自律。當我寫書時，我會在9點上床睡覺，一直睡到凌晨4點30分，然後我的角色會叫醒我——我是認真的。（笑）他們會說：「醒醒！」我會走到我的電腦和筆記本前，然後開始寫作。我是被這些角色強迫的。所以說，如果你是作家，你必須非常瞭解你的角色，你必須清楚他們長什麼樣子，這樣你才能把你的故事寫成書。我瞭解他們，非常瞭解，以至於他們成為了我的睡夢的一部分。為了能夠讓他們離我而去，我有強烈的驅動力要去寫完這本書。

觀眾│那樣就可以去義大利度假了！

對！就是這樣！五漁村是由火車連接起來的五個漁村，但我推薦徒步旅行——那真是太棒了。當時，我正在玩滑翔傘，內心裡卻想著：我怎麼在做這些危險的事情，我真是夠蠢的。玩滑翔傘的時候我一邊在自拍，一邊收到了一封電子郵件，當時我在空中，打開了這封電子郵件，是我的編輯發給我的，內容非常短：「好看」——他剛剛讀完《鬼地方》。那個時刻，我想到：哦，我寫了一本書。就是這樣，我好像就此放下了。

這事很有趣，因為我目前正在進行圖書簽售，我必須要一直談論這本書。但對我來說，我已經和它說再見了。我很難再看幾年前寫的東西，因為我必須要遠離它們。讀者們可以對我作品作任何評斷——這都沒關係。只要他們願意去讀，那麼不管是批評它或褒獎它都是可以的。對於身為一名作家的我來說，這本書就像一個孩子，現在孩子可以走出去，經歷自己的冒險了。

觀眾│我有一個關於譯者的問題。是您選擇了譯者嗎？或者是他選擇了您的作品嗎？這個過程是怎樣的呢？

譯者名叫石岱崙。因為這個圈子很小，所以做中英翻譯的人彼此之間都認識。白老師，你討厭石岱崙嗎？（笑）

我非常敬佩石岱崙。石岱崙最令人驚歎的才能之一就是他學習了賽德克語（Seediq）——台灣的本土語言。他可能是世界上唯一一個懂得這種語言的非台灣人。所以說，石岱崙不僅華語很熟練，他更是在這條鮮有人涉足的道路上走得很深——我很少認識有人這樣做，所以我對他能夠承擔這類的案子感到非常敬佩。

我知道！但我從未見過他本人。我的經紀人來找我說：「現在要運作國際版權了，我們和石岱崙合作怎麼樣？」因為石岱崙翻譯過不少台灣作家的書，所以我讀過他的譯作。我當時想：當然！我喜歡他的翻譯。大家都知道，這本書花了我十年的時間。但是，他只用了十天就完成了翻譯初稿！當他告訴我這件事時，我的反應是：天哪！你可真是個瘋子！真的，他花了十天時間就完成了初稿。我看到初稿後就覺得我們可以直接出版了。

我從二十一歲就開始翻譯中國小說了，並且出版了很多部譯註。十天對我來說真是不簡單，畢竟這是一本三百頁的書！

他用了十天就完成了翻譯，他還說這只是一個初步譯稿。當我們找到紐約一家很棒的出版社——Europa Editions——之後，石岱崙又開始作進一步的翻譯。翻譯的過程中他常常詢問我的意見和想法，但經過幾次email交流後我就告訴他：「做你想做的，因為我信任你，所以你可以自行作決定。」他是一個友善的人，但作為譯者你並不需要作者的批准來作每一個決定——至少我是這麼認為的，當然我也是一個懶惰的人。（笑）我真的很信任他，當他完成整個譯稿後發了一個pdf給我讀。我讀了大概二十幾頁就無法繼續下去了——為什麼？因為這本書是我寫的，我很清楚，所以我無法讀下去了。我必須遠離它。但有了這二十頁，我就知道這是一本了不起的譯作。

我們從未見過面，只是在網上聊過幾次。這本書已經被翻譯成十種語言了，第十一種將是芬蘭語。和這些譯者交流真的很有趣，因為他們會發現書中的一些錯誤。比如，石岱崙寫了封郵件給我說：「在小說中你說如果向西看就能看到那條河。我打開地圖查過了，這條河實際上在小鎮的南邊。」（笑）我打開Google地圖查看後發現：天哪，這條河的確在南方——我當時就想：我該怎麼辦？因為我小時候一直相信如果我向西看，我就會看到這條河。但原來它在南方！我真是夠蠢的，這本書已經在台灣出版了，但他發現了這個錯誤。所以說，不同語言的譯者會有特別的發現。我剛剛告訴白老

師，這本書的日文譯本將於5月出版。日本譯者為了翻譯這本書，在新冠肺炎期間去了台灣，並在永靖待了一段時間——當時我就想：這也太日本了吧！（笑）我原本還覺得有點對不起他，萬一他找不到我寫的那些「鬼」怎麼辦？可是他說他都找到了。他鉅細靡遺地建構了整本譯稿，這是一項了不起的工作。我一句日語也不懂，但我相信日文譯本將會非常出色，因為譯者本人去過了我的家鄉。

我有一個想法，我想邀請我的小說的譯者們一起到一個房間裡，他們可以聲討我，或是諸如此類的。（笑）因為作為一名譯者，你有時會想：這個人到底在寫些什麼？語言是近乎無法被翻譯的，我相信這些譯者都有這樣的感受。但是看到你的書被翻譯成不同的語言，真是一次美妙的經歷！

觀眾｜您是如何決定使用哪張封面的？

那不是由我決定的。如果你瞭解版權運作的話，你會知道想要將一本書翻譯成不同的語言並出版，是一件非常困難的事情。當然，如果你是史蒂芬・金或丹・布朗（Dan Brown）的話，你的書一定會有人翻譯出版的。但如果，你是Kevin Chen，拜託，誰認識Kevin Chen呢？所以封面並不是我決定的。但我的經紀人做得很好，我們拿到英文版的翻譯初稿時正值新冠疫情期間，我的經紀人無法親身去到法蘭克福書展——那是各大出版社齊聚的場合：「你手頭有什麼案子？」「有什麼適合我翻譯的嗎？」所有參與的經紀、書商、翻譯、編輯等等，都會相互攀談——但也就是在新冠疫情期間，我的經紀人幾週內就賣出了七種語言的版權。

因為對這本書的迴響不錯，所以這些編輯們都讀了，甚至石岱崙也告訴我說，當他讀到最後，當全書最大的祕密之一被揭露的時候——他哭了。我想：如果我的譯者哭了——並非因為我的寫作太糟糕（笑）——那真是一個好兆頭，對吧？話說回來，雖然我沒有參與選擇封面，但這個體驗很棒，因為你能看到這些不同的封面——每種文化是如何想像「鬼地方」的。英文

版的封面是由一個義大利插畫師畫的。去年在台灣時我們有次討論到這本書的封面，我的經紀人——也就是把這本書賣給一家美國出版社的人——在大學課堂裡當著三百個學生的面說：「當我看到這個封面時，我意識到這其實一個陰莖！這是一個陽具的象徵。」（笑）我當時就想：什麼？！拜託，我從來沒有想過這是一個陽具的象徵。我甚至不得不跑去跟那個義大利插畫師說：「我的經紀人認為這是一個陽具的象徵。」設計師說：「不，它就是一棵樹。」（笑）每個封面都有不同的故事，我很喜歡希臘版的封面，它很漂亮，使用了書法一般的圖案。

我喜歡這些不同的封面設計，以及每種文化對這本書的理解，全部都喜歡。比如說《鬼地方》剛剛在越南出版，越南文化在很多地方與台灣文化都有相似之處。在這些父權影響極深的社會裡面，性別失衡的問題很明顯。某種程度上，這本書講述的故事可以在越南得到共鳴，所以我從越南讀者那裡收到了很多積極的回饋，我很高興知道，我的「鬼地方」也變成了屬於他們的小鎮——因為這就是我所相信的事情，我寫的這個小鎮叫「永靖」，但我相信永靖也可以是世界上任何一個小鎮，不只是台灣中部的某個地方。我猜這可能也就是這本書能走這麼遠的原因。

我很高興能因為這本書而周遊世界，這是一種非常美妙的感覺。儘管出版三年了，但我仍然可以談論它！我在洛杉磯這個美麗的圖書館裡，和你們這些可愛的人們在一起，這就是非常美好的經歷，也是我從未想過的事情。當這本書出版時，除了我的姊姊們會訂購之外，我以為它最終頂多只能賣出幾百本，然後故事就這樣結束了，我的出版社可能會跟我解約之類的。但不知怎地，這本書收穫了巨大的關注，直到今天我仍然能收到讀者來信，告訴我這本書讓他們哭得很厲害，讓他們莫名心碎——讀者們確實在書中看到了與他們的連結。去年我在紐約，有位讀者來找我，告訴我她來自密西西比州的一個非常非常小的小鎮。她說：「你們台灣的小鎮聽起來就像是我在密西西比州的小鎮。」我當時就想：這太棒了！因為我確信雖然我們有著膚色、語言等等不同之處，但我們都是相互聯繫在一起的，因為歸根結底，我

們只是渴望被愛的動物。

　　所以，是時候「走出去」了。

白睿文訪談錄05　PG3150

釀 字裡行間：
華人作家對談錄・台灣卷

作　　　者	白睿文
責任編輯	尹懷君
圖文排版	黃莉珊
封面設計	王嵩賀

出版策劃	釀出版
製作發行	秀威資訊科技股份有限公司
	114 台北市內湖區瑞光路76巷65號1樓
	電話：+886-2-2796-3638　傳真：+886-2-2796-1377
	服務信箱：service@showwe.com.tw
	http://www.showwe.com.tw
郵政劃撥	19563868　戶名：秀威資訊科技股份有限公司
展售門市	國家書店【松江門市】
	104 台北市中山區松江路209號1樓
	電話：+886-2-2518-0207　傳真：+886-2-2518-0778
網路訂購	秀威網路書店：https://store.showwe.tw
	國家網路書店：https://www.govbooks.com.tw
法律顧問	毛國樑　律師
總 經 銷	聯合發行股份有限公司
	231新北市新店區寶橋路235巷6弄6號4F
	電話：+886-2-2917-8022　傳真：+886-2-2915-6275

出版日期	2025年5月　BOD一版
定　　價	380元

版權所有・翻印必究（本書如有缺頁、破損或裝訂錯誤，請寄回更換）
Copyright © 2025 by Showwe Information Co., Ltd.
All Rights Reserved

Printed in Taiwan

讀者回函卡

國家圖書館出版品預行編目

字裡行間：華人作家對談錄. 台灣卷 / 白睿文
著. -- 一版. -- 臺北市：釀出版, 2025.05
　　面；　公分. -- (白睿文訪談錄；5)
BOD版
ISBN 978-626-412-083-8(平裝)

1.CST: 作家 2.CST: 訪談
3.CST: 臺灣文學 4.CST: 臺灣傳記

783.324　　　　　　　　　　114002746